QUÉBEC
HALIFAX
BOSTON
NEW YORK
WASHINGTON
ATLANTIK
BERMUDAS
N
W
O
S

Irmin Burdekat – Christian Pfaff

Hast du mal die Kanuschlüssel?

„Eine wirklich gute Idee erkennt man daran,
dass ihre Verwirklichung von vornherein
ausgeschlossen erschien."

Albert Einstein

Irmin Burdekat
Christian Pfaff

Hast du mal die Kanuschlüssel?

Zwei Outdoor-Amateure in Kanadas Wildnis

ISENSEE VERLAG - OLDENBURG

Fotonachweis:
Bildseite 13 unten, Bildseite 16 oben: Wayne Eardley
Alle übrigen Bilder: Christian Pfaff
Karten: Andrea Pfaff, Christian Pfaff

Das Buch im Internet: **www.kanuschluessel.de**

Bibliografische Information Der Deutschen Bibliothek
Die Deutsche Bibliothek verzeichnet diese Publikation in der Deutschen Nationalbibliografie; detaillierte bibliografische Daten sind im Internet über <http://dnb.d-nb.de> abrufbar.

ISBN 978-3-89995-693-1

2. Auflage 2010

Gedruckt bei Isensee in Oldenburg

Die Autoren – vorher

„Christian, lass uns mal drei Monate nach Kanada in die Wildnis verschwinden.
Wir verstecken da ein Kunstwerk, haben 'ne Menge Spaß und schreiben ein Buch.
Du kannst kochen, was Du willst!"

Irmin Burdekat, August 2003

„100 Tage in die Natur? O.k. Aber ohne Handy und so."

Christian Pfaff, August 2003

VON VERSCHIEDENEN VÖGELN

1. Zwei Tage in der großen Stadt. Und dann sogar als „Referent“. Ich bin von einer Brauerei gebeten worden, an mehreren Gastronomieseminaren teilzunehmen und aus meinem Leben als einfacher Gastwirt zu erzählen. Und tatsächlich hören mir etliche andere Gastwirte und deren Mitarbeiter zu. Da ich mit den Organisatoren das Hotel teile, ergibt es sich, dass wir auch den Abend miteinander verbringen: drei einsame Herren in einem Restaurant, dem ein seltsames Kunstwerk im Garten seinen Namen gegeben zu haben scheint. Draußen im Schnee steht ein schwarzer Vogel aus Holz. Das Ambiente ist zeitlos modern und die Gäste sind zumeist angesagte Typen aus Kulturszene oder Werbewirtschaft – schick, cool und teilweise nett.

Der Abend kommt etwas langsam in die Gänge, die drei einsamen Herren wissen nach dem ganzen Gerede des Tages nicht mehr, was sie sich noch erzählen sollen. Die Stimmung wird erst gut, als einer meiner Begleiter erwähnt, dass er den Inhaber des Restaurants persönlich kennt. „Ein bunter Vogel ist das, eine echte Persönlichkeit, mehr Künstler als Gastronom“, schwärmt er. Ich stachle ihn an, dafür zu sorgen, dass wir „standesgemäß“, also persönlich, vom Chef des Hauses begrüßt werden.

Wir schicken dem „bunten Vogel“ eine SMS – die zweite Flasche Wein steht schon leer auf dem Tisch – und drohen ihm, dass wir seinen schwarzen Vogel im Garten weiß umstreichen werden, sollte er uns nicht sofort die Ehre erweisen. Die Antwort kommt prompt: „Angriff auf Kunst stoppen, bin in 30 Minuten da.“ Der Mann hat offenbar Humor, und ich freue mich auf die Begegnung.

Dann kommt er, und wir sind zu viert, oder besser gesagt: Wir sind drei Zuhörer und ein Selbstdarsteller. Der bunte Vogel schillert in leuchtenden Farben, genau genommen ist er ein Pfau, der uns ein Rad nach dem anderen schlägt. Er erzählt von seinen unzähligen künstlerischen Aktivitäten, von Musikprojekten, in denen er sich verwirklicht hat, und von vielen Prominenten, die schon auf seinem Schoß gesessen haben. Er beeindruckt uns mit Aktionsstandorten von Buenos Aires bis Wanne Eickel. Überall ist er als Künstler, Konzepter und Produzent gefragt, alles, was er sagt, klingt spannend, großartig, gelegentlich authentisch – und auf Dauer ermüdend.

Irgendwann kann ich nicht mehr an mich halten und nutze eine winzige Gesprächslücke, um selbst ein Rad zu schlagen. „Ich plane ebenfalls ein Kunstprojekt", lüge ich. „Allerdings in einer ganz anderen Dimension – viel komplexer und so." Und dann reihe ich Bilder, Personen und Orte aneinander, die vom Wein beschleunigt durch mein Hirn zucken. Ich denke an meine letzte Kanadareise, an die Wildnis, in der mein Schwiegervater dort sein Grundstück hat, ich sehe die atemberaubende Felslandschaft von Killarney vor meinem inneren Auge, kurz: Ich fantasiere drauflos, dass sich die Balken biegen. Ich erzähle, dass ich zusammen mit ein paar anderen Bildhauern nach Kanada fahren werde, um dort an einer absolut geheimen Stelle im Wald einen Fels in eine wunderliche Skulptur zu verwandeln. Die Formensprache sei angesiedelt zwischen besoffenem Hippie und Neandertaler, dabei aber absolut indianerkompatibel. Ich erzähle, dass in der Nähe unseres versteckten Kunstcamps ein kleines Indianerreservat liegt und dass ich mir die Zustimmung der Ureinwohner bereits mit zwölf Flaschen Pernod gesichert hätte. Ich halte kurz inne, weil mir aufgeht, dass Pernod womöglich kein sonderlich typisches Indianergetränk ist. Mein Gesprächspartner sieht mich jedoch nur mit offenem Mund an und nickt.

Also erzähle ich weiter. Die Indianer wüssten den genauen Standort des Kunstwerks zwar auch nicht, ich hätte aber dem Indianerhäuptling zugesagt, dass er in einer mondlosen Nacht als Einziger einen Blick auf den verwandelten Fels werfen dürfe. Ich schildere größte logistische Anstrengungen, Kanus, Proviant, Zelte, Werkzeug und Waffen, die wir zum Schutz gegen Bären und Wölfe mit ins Zielgebiet nehmen müssten. Da immer noch keine Zweifel laut werden, lasse ich mich vom Alkohol endgültig davontragen und behaupte, das Projekt werde auf Film verewigt, großes Kino auf breiter Leinwand, selbstverständlich mit Dolby Surround und so.

Der Erfolg ist grandios. Der bunte Vogel schrumpft vom Pfau zum Zaunkönig, und schließlich fragt er mich, ob er bei meinem Projekt mitmachen könne. Er habe eine „prima Idee", sagt er und schlägt ein „Techno-Konzert für drei Bildhauer" vor – mit 100 000 Watt Beschallung mitten im Busch. Der Alkohol hat inzwischen ganz offensichtlich auch seinen Realitätssinn besiegt. Es wird nun ein sehr lustiger Abend, der viel zu früh endet, da wir am nächsten Morgen vorzeigbar sein und fit unsere Vorträge halten müssen.

Als ich mit meinen Begleitern in der Taxe sitze, entlädt sich die ohnehin großartige Stimmung in ein schallendes Gelächter. Nachdem wir uns wieder beruhigt haben, trifft mich dann ein Pfeil, von dessen Gift ich mich nicht mehr erholen werde. „Das klingt alles sehr interessant", sagt einer meiner Begleiter. „Aber meinen Sie das ernst? Wollen Sie wirklich in die Wildnis nach Kanada, um dort ein Kunstwerk zu verstecken?"

EINE FOLGENSCHWERE BEKANNTSCHAFT

2. Irmin kenne ich nun seit über zwanzig Jahren. Gleich unsere erste Begegnung in den wilden Achtzigern war der Kracher, oder sollte ich lieber sagen, dass die ganze Situation damals der Kracher war?

Als quirliger Youngster, der gerade Zivildienst macht, ein abgerocktes Geländemotorrad fährt und mit ersten Gehversuchen in der Kunstszene versucht, seine Freunde und vor allem sich selbst zu beeindrucken, gibt es etwas, das mir immer fehlt: Geld. Meine Freundin Anna hat dieses Problem nicht. Kaum ein paar Monate in der Stadt, hat sie einen Job als Restaurantleiterin in einem Weinlokal, eine Art gehobener Bratkartoffelküche, in der sich abends die Porschefahrer ihren Chablis reinhebeln. Ich bin ein wenig neidisch, als sie von den Trinkgeldern erzählt.

Aber auch ich soll meine Chance bekommen. Kurz vor Silvester wird der Küchenchef des Lokals auf dem Parkplatz dabei erwischt, wie er eine argentinische Rinderhüfte und einen Kasten Beaujolais in seinen Ford Capri verlädt. Er bekommt sofort die fristlose Kündigung und kann gehen. Meine Freundin ruft in ihrer Not nun ausgerechnet mich an. „Christian, wir haben den Meier beim Klauen erwischt. Der ist gefeuert. Und übermorgen ist Silvester, der Laden ist ausgebucht, und es gibt niemanden, der die Küche schmeißt. Hast du Zeit? Wird auch ordentlich bezahlt."

Mal davon abgesehen, dass ich gern koche (Nudeln mit Käse-Sahne-Sauce zum Beispiel) und tierisch verliebt bin in die Süße, lässt mich vor allem ihre Bemerkung hinsichtlich der Bezahlung aufhorchen. Dass ich noch nie in einer

Restaurantküche gestanden habe, beunruhigt mich kaum. Ich beschließe, mich ein wenig zu zieren: „Hmmh, eigentlich wollte ich ja mit den Leuten aus der Galerie reinfeiern", gebe ich zu bedenken. „Was gäbe es denn so zu verdienen?" – „180 Mark. Essen und Trinken frei, und nach der Schicht zeige ich dir unseren Weinkeller", lockt sie mich. In meinem Kopf beginne ich augenblicklich damit, das Geld auszugeben. Zwei Schallplatten, Motorrad volltanken, vielleicht ein Konzert mit meiner Liebsten, ein bisschen was in den Kühlschrank ... „Ich bin dabei."

Für das Silvestermenü haben sich achtzig Gäste angemeldet. Im Weinlokal, einem historischen Gebäude in der Altstadt von Harburg, ist es noch ruhig, als Anna und ich ankommen. Die rustikal mit Tischen und Bänken eingerichtete und mit allerlei altem Werkzeug verzierte Gaststube riecht etwas muffig. Es ist früher Nachmittag, und ich habe alle Zeit der Welt, mich vorzubereiten. Die Küche sieht aus wie ein langer Flur, an dessen Seiten Edelstahlmöbel aufgestellt sind. Anna zeigt mir die Rezepturen, das Kühlhaus und wie die Geräte funktionieren. Aufgeregt bin ich immer noch nicht. Ich fange gemächlich mit der Vorbereitung an. Später soll noch eine Frau Ongüz kommen und bei den Salaten und Nachtischen helfen. Glücklicherweise gibt es ein Menü: klare Ochsenschwanzsuppe, Salatvariation, Schweinefilet im Reiskranz mit Broccoli, dazu Sauce Hollandaise und irgendwas mit Kirschen zum Nachtisch. Die Suppe kocht sich von selbst. Die kommt aus einer großen Dose. Da muss nur noch Petersilie dran. Für den Salat nehme ich statt des einen Eisbergkopfes, den es üblicherweise bei mir zu Hause gibt, eben drei Kisten und schnibbele sie neben dem riesigen Waschbecken klein. Das Filet ist portioniert vom Schlachter, Reis hat Frau Ongüz schon gestern gemacht, der muss nur in der Mikrowelle erhitzt werden. Brokkoli steht im Kühlhaus. Zur Sicherheit bereite ich alles vor, was da ist. Am späten Nachmittag blicke ich stolz auf mein „Mis én place", wie echte Köche die Menüvorbereitung wohl nennen. Die Edelstahlflächen verbiegen sich fast unter den Mengen, die ich zubereitet habe. Verhungern wird heute jedenfalls niemand.

Während ich in meiner eilig zusammengeliehenen Kochuniform vor einer Riesengrillplatte stehe und Schweinefilets zähle, zupft mich ein Mann am Ärmel, der sich als Regionalmanager der Restaurantkette vorstellt. Irmin. Er ist etwas nervös, will sehen, was ich vorbereitet habe und geht mit mir das Menü durch. Beim Thema „Hollandaise" stutzt er. Ich räuspere mich ein wenig unbeholfen. „Ja, Hollandaise, die habe ich nicht gefunden", versuche ich mich herauszureden. „Wie, nicht gefunden?“, entgegnet Irmin. „Die sollen Sie auch nicht finden – die sollen Sie machen!“ Jetzt wird’s problematisch. Sauce Hollandaise, davon habe ich mal gehört, aber gemacht habe ich so was noch nie. Soweit ich weiß, sind da Eier drin. Nicht mein Ding. „Äähm, ja – hätten Sie das Rezept für mich?“ Hat Irmin nicht, aber er klemmt sich hinter das Wandtelefon in der Küche, ruft in einem anderen Restaurant der Kette an, und wir veranstalten so eine Art Hollandaise-Workshop mit Telefonsupport. Als wir damit fertig sind, haben wir circa zehn Liter der goldgelben Flüssigkeit. Bis jetzt ist meine Tarnung als Kochamateur noch nicht aufgeflogen, aber wenig später reite ich mich endgültig rein. „Sagen Sie mal“, frage ich Irmin. „Nur so aus Interesse. Wenn jetzt in der Gaststube jemand was essen will, wie krieg ich denn das mit?“ Ich finde, das ist eine vernünftige Frage, total praxisorientiert. Irmin schaut mich entgeistert an. „Ganz normal. Mit Bons. Die Kellner nehmen die Bestellung auf, aus der Kasse kommt ein Bon, und der wird hier vorne am Pass hingelegt.“

Ich fühle mich noch nicht vollständig informiert. „Könnte ich so einen Bon mal sehen?“, hake ich nach. In diesem Moment entgleiten meinem Gegenüber die Gesichtszüge. „Wieso, kennen Sie denn keine Bons? Sie sind doch Koch, oder?“ In der Folge kläre ich ihn über das Missverständnis auf, verspreche, das Essen trotzdem korrekt rauszuhauen, wann immer da so ein Bon liegt, und beteuere, dass alles schon klargehen werde. Irmin sieht nicht wirklich glücklich aus. Als ich kurz nach Mitternacht aus der Küche wanke, gibt es noch fünf Kilo Brokkoli, einen vollen Topf Reis und Salat für weitere achtzig Gäste. Aber keine einzige Beschwerde. Irmin ruft noch einmal an und fragt, wie alles gelaufen sei. Ich bleibe cool, während ich über das Schlachtfeld blicke. „Hier war alles gut. Die Gäste waren ein bisschen hektisch drauf und wollten alle zur gleichen Zeit essen. Aber sonst lief alles prima. Wir haben sogar noch sechs Liter von der Hollandaise.“

KREATIVE PAUSEN

3. Dass ich an dem Abend im Schwarzen Vogel ausgerechnet an eine Skulptur und Bildhauerei gedacht habe, ist kein Zufall. Einige Monate davor haben meine Frau Candis und ich bei Bekannten einen lustigen Typen namens Tom kennengelernt. Tom verdient sein Geld als professioneller Bildhauer sowohl durch den Verkauf seiner eigenen Werke als auch durch Bildhauerkurse, die er am Wochenende in seinem Atelier veranstaltet. Da Tom uns auf Anhieb sympathisch ist, wollen Candis und ich schon seit jenem Treffen an einem seiner Kurse teilnehmen, und so melden wir uns schließlich an. Als wir an dem verabredeten Freitag ins Auto steigen und uns auf den Weg machen, bin ich bester Laune und freue mich auf das Wiedersehen.

Wir erreichen Toms Atelier auf einem alten Bauernhof und treffen auf weitere sechs Teilnehmer sowie auf Sybille, seine Assistentin. Da ich Frauen lieber leiden mag, höre ich ihr zu, als sie die bereitgelegten Werkzeuge erklärt und die Ausrüstung verteilt. Dann verhilft sie mir sogar zu einem Stein, einem Arbeitsplatz und der richtigen Einstellung: „Leg' einfach los – das wird schon!", sagt sie in entzückendem Schwyzerdütsch.

Vor mir auf einem blauen Drehtisch steht ein circa sechzig Kilogramm schwerer italienischer Buntsandstein. Ich trage Arbeitshandschuhe und Schutzbrille, halte links einen Meißel in der Hand, der mir irgendwoher bekannt vorkommt, und in der rechten einen etwas eigentümlichen und mir völlig fremden Holzklöppel. So ausgerüstet, laufe ich auf der Wiese vorm Atelier Runde um Runde um den Stein, setze ab und zu den Meißel an, klopfe drauflos – und muss feststellen, dass meine Schläge kaum Wirkung zeigen. Jedenfalls entsteht nicht gleich in der ersten Stunde eine fertige Skulptur, womit ich eigentlich gerechnet habe.

Ich beschließe, eine Pause einzulegen. Als Aushilfsmontagearbeiter habe ich in frühester Jugend gelernt, dass es gut ist, viel zu trinken, um dann regelmäßig aufs Klo gehen zu können. Das verschafft einem die Unterbrechungen, nach denen das Weitermachen überhaupt erst möglich wird. In Toms Küche entdecke ich das Kreative-Pause-Zentrum des Bildhauerhaushalts. Auf einer Küchenplatte steht eine Kaffeemaschine, und es liegen ein Stapel Papier und Bleistifte herum. Ich nehme Platz an einem kuriosen Tisch aus beheiztem Marmor und Holz, lasse meine Gedanken treiben und beginne vor mich hin zu malen.

Was sind eigentlich Steine, welche Beziehung habe ich zu Steinen und welche Erinnerungen verbinde ich mit bearbeiteten Natursteinen? Schnell bin ich in Gedanken bei alten, gemeißelten Viehtränken, die es in meiner Kindheit auf den Bauernhöfen der Umgebung noch gegeben hat. Diese alten Tränken verbinden auf primitive und logische Weise Ursprungsmaterial und spätere Funktion, sie machen die mühevolle Handarbeit nachvollziehbar und sinnvoll.

Dann denke ich an die alten Taufsteine in den Kirchen, die meine Eltern früher auf ihren Ausflugstouren mit mir besucht haben. Ich fand vor allem, dass man in diesen Taufbecken prima mit Wasser plantschen konnte. Letztendlich muss aber auch mein Unterbewusstsein von den behauenen Steinen Notiz genommen haben, von ihren Formen und den eingemeißelten Figuren. Ich gleite seither gern mit meinen Fingern über geschlagene Strukturen, fühle gern den kühlen Stein und versuche, die Botschaften der Vergangenheit aus ihnen herauszuspüren.

Mein Skizzenpapier zeigt inzwischen ein Bassin – ein Gefäß – ein Becken – irgendetwas in der Art. Kurz: Ich habe einen Stein entworfen, der Wasser aufnehmen kann. Von den anderen Seminarteilnehmern werde ich wegen meiner „Vogeltränke“ veralbert, ich schlage aber zurück, als am dritten und letzten Tag ein Lokalredakteur das Atelier besucht. Er will einen Artikel über Toms Bildhauerseminare schreiben und sucht ausgerechnet mich als seinen Interviewpartner aus. Er stellt mir die Frage, die ich später noch unzählige Male hören werde, wann immer Menschen an einen Stein treten, der gerade bearbeitet wird: „Was soll es denn werden?“ Ich nutze die Gelegenheit und gebe dem Redakteur erstmals die Antwort, die ich seitdem immer wieder gegeben habe: „Ein Stein.“ Und dann präzisiere ich: „Ein prähistorischer Wandertaufstein.“ Und genau das steht ein paar Tage später tatsächlich in der Zeitung.

VIERZEHN BILDER, EIN KRUMMES DING UND EINE WELTREISE

4. Im Alter von neunzehn Jahren bespanne ich in einem Anfall jugendlicher Selbstverwirklichungsfreude eines Nachmittags einen zwei mal einen Meter großen Keilrahmen mit einem Bettlaken aus meinem Wäscheschrank und besorge mir Pinsel in jeder Größenordnung, dazu tonnenweise bunte Abdeckfarbe und sogar eine Flasche Rotwein aus dem Burgund. Amerikanischer Gigantismus, gepaart mit französischem Esprit!

Als ich das Bild mit Wandfarbe grundiert habe und gerade zum Pinsel greifen will, klingelt Donald an der Tür, der alkoholkranke Freund meines Nachbarn Detlef. „Ach, du bist es, Donald. Nö, Detlef ist nicht hier. Klar, kannst reinkommen, wollte grad malen." Er lässt sich nicht abschütteln, kommt rein, trinkt meinen Rotwein und fragt, ob er mitpinseln dürfe. Ich bin einfach noch zu doof, um Nein zu sagen. Zwei Stunden später ist die Leinwand ruiniert. Donald wankt mit meinem Rotwein intus ein Stockwerk tiefer zu Detlef. Ich sprühe im Frust mit roter Farbe „Ich bin soooooo scheiße!" auf das Bild. Ein paar Tage später übermale ich es schwarz. Bis auf einen kleinen freien Fleck oben rechts. Ein kleines „O" mit bunten Farbklecksen drum herum.

Zwei Wochen später schleppt irgendein Freund einen gewissen Thomas an. Thomas ist mindestens dreiundzwanzig, besitzt eine eigene Galerie und sogar einen Beutel voll mit Gras. „Geiles Bild", meint er und blickt anerkennend auf die schwarze Leinwand mit dem großen kleinen „o". „Ich werde es ‚I am a monument' nennen", stammele ich, erfreut über das Lob eines so coolen Typen. „Nächsten Monat eröffnen wir eine Gruppenausstellung", sagt er. „Hättest du

Lust, das Bild mit auszustellen?" Ich ziehe noch einmal an dem Grasstick, der kursiert, und muss husten. „Weißt du, Gruppenausstellungen mit nur einem Bild sind nicht so mein Ding", röchele ich. „Ist da nicht mehr drin?" Thomas sieht sich um, kann aber weit und breit kein zweites Bild entdecken. „Na, wenn du noch mehr auf der Pfanne hast, wir haben Platz! Mach mal."

Mir wird erst später bewusst, dass ich jetzt meine erste Ausstellung an der Backe habe, aber nur ein einziges Bild vorweisen kann. Eines ist klar: Weitere Riesenkeilrahmen und Leinwände kann ich mir nicht leisten. Ich luchse meiner Tante unter Vorspiegelung falscher Tatsachen Geld für eine angebliche Motorradreparatur ab und versorge mich mit drei Rollen Malerabdeckpapier sowie einem Sack voller Farbpigmente. Nach zwei schlaflosen Wochen habe ich, was ich will: Vierzehn großformatige Papiermontagen, die ich sogar noch edel rahmen lasse. Der Erfolg auf der Ausstellungseröffnung ist sensationell. Ich verkaufe fünf meiner Bilder zu völlig horrenden Preisen an die Vernissagegäste und werde außerdem Mitglied in der Künstlergruppe „Keine Einigung". Es regnet Gruppen- und Einzelausstellungen. Mein Leben legt noch einmal einen ordentlichen Zacken an Geschwindigkeit zu. Ich male in der Wohnung eines Freundes und genieße meinen Einstand ins Bohemeleben. Was reinkommt, wird sofort für Benzin, Cocktails, Platten und Konzertbesuche wieder rausgehauen.

Einige Zeit später habe ich das Problem, dass meine Freundin Anna andere Pläne hat. Sie will noch mehr Geld verdienen, als sie das für gewöhnlich schon tut, und eine große Reise machen. „Kommst du mit?", fragt sie. Ich habe keinen Pfennig auf der Naht, bin aber verliebt und will Anna unbedingt beeindrucken. „Klar, zuerst auf jeden Fall nach China. Da soll's gutes Bier geben. Ich sage nur: Tsingtao."

Zwischen Zivildienst und Kunst gilt es nun, die schier unmögliche Summe von 10.000 Mark aufzutreiben. Mehrere Wochen grübele ich mit einem Freund darüber nach, ob wir es nicht bei der Hamburger Sparkasse in Wedel versuchen sollten. Von der winzigen Filiale aus würden wir es über zwei Hinterhöfe todsicher in die S-Bahn schaffen. Zur Ablenkung wollen wir zwei brennende Öltonnen hinterlassen. Glücklicherweise bekommt mein Freund das Pfeiffersche Drüsenfieber und Irmin ruft an – der Restaurantketten-Manager, den ich an dem verrückten Silvesterabend kennengelernt habe – ob ich bei einer Neueröffnung in Hildesheim die Küche machen könne?

Ich kann. Parallel läuft allerdings eine Ausstellung in Hannover, die mir ein befreundeter Dramaturg vermittelt hat. Bei der Vernissage komme ich noch nach Küche duftend am Ausstellungsort an. Ich werde kein einziges Bild los. Anna hat mittlerweile ihr Reisegeld zusammen, wohingegen ich mit dem Verkauf meines Motorrades, meiner Plattensammlung und der Küchenknete insgesamt bei 2500 Mark angekommen bin. Ich arbeite Tag und Nacht in Hildesheim und denke immer öfter an die Bank in Wedel. In einem strategisch gut platzierten Gespräch beim abendlichen Aufräumen in der Küche erzähle ich Irmin von meinen großartigen künstlerischen Erfolgen. „Papiermontagen, ganz großes Kino – musst du sehen!“ Irmin ist interessiert und fährt mit mir tatsächlich ein paar Tage später nach Hannover in meine Ausstellung.

Ob es nun an der hinreißenden Qualität meiner Bilder liegt, Irmin nur Kunstwerke für zwei seiner neuen Kneipen braucht oder es schlichtweg ein Wink des Schicksals ist – ich werde es nie herausfinden. Jedenfalls legt Irmin seinen typischen Ich-erzähl-jetzt-mal-was-ganz-Schlaues-Blick auf und sagt:
„Ich mache dir ein Angebot, und du hast eine Minute Zeit, darüber nachzudenken. Ich nehme alle Bilder, allerdings für 2000 Mark unter Listenpreis. Was meinst du?“ Ich sehe die Transsibirische Eisenbahn, Anna im Schlafwagenabteil und erwidere: „Geht klar. Aber was machen wir mit den restlichen fünfundvierzig Sekunden?“

Und wie zum Beweis, dass Irmin und ich vom ersten Moment an auf derselben Wellenlänge gefunkt haben, hängen alle Bilder noch heute bei Candis und ihm im Haus verteilt.

AUFKEIMENDE SEHNSUCHT

5. Nach dem ersten Wochenendseminar in Toms Atelier dauert es nicht lange und ich bekomme Sehnsucht danach, Steine zu bearbeiten. Ich male mir aus, wie es wäre, hauptberuflich und ausschließlich Bildhauer zu sein. Ich spüre zum ersten Mal in meinem Leben, dass ich an einer Stelle bleiben und arbeiten will – nämlich dort, wo ich mit Hammer und Meißel meine Gedanken, Gefühle und Fantasien sichtbar hinterlassen kann.

Candis und ich beschließen, regelmäßig an Toms Seminaren teilzunehmen. Unser Garten wird mit der Zeit zu einem Skulpturenpark. Bildhauerwerkzeug, Arbeitsanzüge und Schutzbrillen liegen immer in Reichweite. Nach Tagen, an denen ich als Bildhauer aktiv war, träume ich nachts von den Steinen. Ich kann mir die Struktur, die Haut und die Sehnen eines Steines auf Knopfdruck ins Gedächtnis rufen, ich fahre in Gedanken mit den Fingern auf den Steinen herum und sehe Ecken und Kanten, Weichteile und Härtegrade. Ich entdecke Schutzzonen, die nicht berührt werden dürfen, und Abrissbereiche, die danach schreien, weggehauen zu werden.

Langsam, aber unaufhaltsam wird die Bildhauerei für mich zu einer ernsthaften Angelegenheit. Mit meinem eigenen Tun eine Spur in die Zukunft zu legen, das scheint mir ebenso faszinierend wie die Suche nach den Spuren der Vergangenheit auf alten Steinen.

Tom, mit dem ich mich während der Seminare immer mehr angefreundet habe, hat sich vor einiger Zeit für eine Weile in einem Steinbruch in Carara aufgehalten und dort eine Skulptur geschlagen. An einem Wochenende im

Juni soll der zwei Tonnen schwere Marmorblock nun aus Italien angeliefert und beim Auftraggeber aufgestellt werden. In meiner Begeisterung für Steine jeglicher Form und Größe habe ich mich als Hilfsarbeiter dazugesellt und bleibe, bis das Werk nach vier Stunden harter Arbeit endlich an seinem Platz steht.

Wir müssen einen zerlegbaren Kran mit Flaschenzügen aufbauen, die Skulptur von Toms Uraltlaster heben und dann auf zwei Spezialsackkarren absetzen. Die beiden Karren hat Tom von einem Friedhofssteinmetz geliehen, der sie sonst zum Transport von Grabmälern benutzt. Ich witzele, dass die Skulptur Grab und Mal in einem sei. Tom hat nämlich an einer Seite des zwei Meter hohen Blocks die Ecke eines Tisches mitsamt des Tischbeins herausgeschlagen. Auf der Tischplatte liegt eine aus dem Material gestreckte Hand – die restliche Figur muss folglich noch im Stein begraben sein. Während der Arbeit sprechen wir von „der Leiche" im Block – und bekommen beinahe noch eine zweite dazu, als sich der Stein im Ausstellungsraum nicht aufrichten lässt, weil die Deckenhöhe für den Kran zu niedrig ist. Wir versuchen mit vereinten Kräften den Block in den senkrechten Stand aufzuschaukeln und erschlagen dabei fast den Auftraggeber, der in genau dem Moment vorbeihuscht, als uns der Stein nach hinten zu kippen droht. Toms Kommentar füllt eine weitere Wissenslücke meinerseits, er sagt: „Ja, Steine sind schwer!"

Bei welcher Gelegenheit habe ich Tom die Geschichte mit dem in der Wildnis versteckten Kunstwerk erzählt? Ich erinnere mich nicht mehr genau, aber es könnte an diesem Vormittag gewesen sein. Auf jeden Fall weiß ich noch, wie ich vor der Ladefläche seines Kleinlasters hin und her laufe, während Tom, lässig mit einem Arm auf die Ladefläche gelehnt, dasteht und mir zuhört. Mein Auftritt im Schwarzen Vogel kommt gut bei ihm an – schließlich ist er ein seelenverwandter Geschichtenerzähler. „Wann fahren wir denn nun nach Kanada?", fragt Tom sofort. Verbale Spontanität ist sein Ding, aber er gibt mir auch sofort das Gefühl, ein tolles Projekt zu haben, das man tatsächlich in die Tat umsetzen muss. Tom fantasiert drauflos, er tischt sehr konkrete, scheinbar lang gehegte Skulpturenpläne auf und unterstreicht mehrmals die Vorteile seiner Espressomaschine, die angeblich auch mit 110 Volt und sogar mit Batterie läuft. Zum ersten Mal wird der Spaß ein ganz klein wenig ernst. Tom redet sich in Rage und gestikuliert nun ebenfalls wild herum. „Das müssen wir durchziehen", sagt er immer wieder, lächelt dabei überlegen und zeigt in die falsche Himmelsrichtung – wo es seiner Meinung nach hingehen soll.

Mir fällt sein Outfit auf, das schon echt wildnisgerecht zu sein scheint, ein dickes Baumwollhemd mit einschusslochähnlichen Gebrauchsspuren, derbe Schuhe mit Stahlkappe und Lederweste in Granitstaubgrau. Seine lockige Mähne lässt auf ein Leben in etlicher Entfernung vom nächsten Friseur schließen. Tom ist optisch schon deutlich besser vorbereitet als ich, und ich habe nicht den geringsten Zweifel: Mit diesem Typ an meiner Seite werden große Probleme klein – zumindest geredet.

Von diesem Moment an fliegen meine Gedanken immer häufiger nach Killarney, zu der Landschaft mit ihren schönen wilden Granitfelsen, die ich – Urlaubsfotos im Kopf – gesehen habe, als ich dem Pfau mein Projekt auftischte.

Mit einem Glas Wein in der Hand sind Tom und ich genau die Spinner, für die ein solches Projekt „kein Problem" darstellt. „Wir brauchen Pumpguns und ausreichend Munition. Damit triffst du einen Bären noch im Schlaf", schlägt er sofort vor, als ich ihm weiter von Killarney und der Wildnis vorschwärme. Wir sitzen jetzt in seinem gemütlichen Atelier an dem Tisch, der auf einem von Tom angebohrten Marmorblock steht. Durch die Bohrlöcher fließt heißes Wasser aus einer Gastherme und sorgt für warme Füße – sogar im Winter. Wir malen uns aus, wen wir mitnehmen wollen, und diskutieren über die Formensprache der zu versteckenden Skulptur. Wenn wir uns von nun an zu Hause besuchen oder mit unseren Frauen zusammen essen gehen, jedes Mal kommen wir wieder auf das Kanadaprojekt zu sprechen. Tom scheint Feuer und Flamme zu sein.

IRMIN IST DIE NUMMER NEUN

6. Im Laufe der Jahre kommen Irmin und ich uns näher. Nach unserer ersten Silvesternacht folgen immer wieder Engagements hinter dem Herd einer seiner Kneipen. Auch privat ist er dann und wann zu Besuch, zumindest bei meinen sogenannten Künstlerpartys. Da ist er meistens der Exot und denkt aber, alle anderen Leute wären es. Meine erste Weltreise liegt – dank der Ausstellung in Hannover und Irmins Spontankauf aller Bilder – erfolgreich hinter mir. Ich habe mir eindeutig den Reisevirus eingefangen, und wann immer es geht, wird gejobbt, gespart und wieder auf Tour gegangen.

Mein erster richtiger Job als Werbetexter in einer Agentur sorgt dafür, dass der Rucksack sehr lange im Schrank stehen bleibt. Von Anna habe ich mich getrennt, meine jetzige Liebste, Andrea, arbeitet mit in der Agentur. Wir sprechen häufiger über das Reisen, und wie es wohl wäre, wenn wir mal „für länger on tour" sind. Wir reden uns heiß, und irgendwann steht der Entschluss fest. Wir kündigen und schauen uns Asien an. Für sechs Monate. Was danach kommt, ist uns egal. Irgendwie wird es schon weitergehen. Wir durchreisen Thailand, Kambodscha, Bali und Nepal. Insbesondere Nepal hat es uns angetan. Der majestätische Himalaja, die unglaubliche Natur und das einfache Leben, das wir kennenlernen, während wir das Land durchwandern, inspiriert uns. Ich denke daran, wie es ist, wenn wir nach Hamburg zurückkehren. „Wir sollten wieder was mit Kunst machen", konstatiere ich. „Wieso wieder? Ich hab noch nie was mit Kunst gemacht", gibt Andrea zu bedenken. „Na dann wird's aber höchste Zeit!", sage ich, und eine neue Idee wird geboren. Nach wochenlangem Herumkauen auf der Kunstidee haben wir die Lösung schließlich gefunden. Wir gründen eine Künstlergruppe. Jeder macht das, was er will. Damit die Amateure unter den Profis nicht auffallen, darf nicht signiert werden. Ein anonymes, total variables Kollektiv, das malt, sprüht, collagiert, zeichnet, fotografiert und auf den ganzen Kommerzquatsch verzichtet. Während Andrea und ich durch die Täler und über die Pässe des Annapurna Bergmassivs wandern, wächst unsere Begeisterung immer weiter. Nach ein paar Monaten kehren wir nach Hamburg zurück. Wir sind immer noch beflügelt und rekrutieren Künstler aus unserem Bekanntenkreis, schreiben ein freches Manifest und haben sogar schon eine Galerie, die darauf brennt, unsere Gruppe auszustellen. „Sudden Art" nennen wir uns. Plötzliche Kunst. So plötzlich, wie uns eben auch die Idee zu dieser Gruppe gekommen ist. Andrea ist dem Genre Sammelkästen verfallen. Wie in Schmetterlingssammlungen oder Käferbestimmungskästen reiht sie obskure Alltagsobjekte in Boxen aneinander. So werden aus Kinotickets und Pommesgabeln plötzlich Objekte. Mir gefällt's. Andrea ist ängstlich, was das Publikum wohl sagen wird.

Irmin ruft durch, und ich erzähle ihm von Sudden Art und dem Plan, ganz groß rauszukommen, dabei aber anonym zu bleiben. „Wir sind schon acht Künstler", erzähle ich stolz. „Neben Andrea und mir zwei Fotografen, ein Maler, ein Sprayer, ein Musiker und ein Philosoph." Irmin scheint beeindruckt. Ich lese ihm aus unserem Manifest vor und schwärme von einer der angesagtesten Galerien der Stadt, die wir für unsere erste Ausstellung bekommen. „Sag mal", fragt Irmin in einer Gesprächspause. „Habt ihr eigentlich schon einen Bildhauer in der Gruppe?" Ich runzele die Stirn. „Nicht, dass ich wüsste. Kennst du denn einen?", frage ich zurück. „Ja, mich", entgegnet er. Irmins künstlerisches Potenzial hat sich mir bis dato noch nicht wirklich erschlossen, aber ich denke an meine erste Ausstellung damals und sage: „Mach mal."

CHRISTIAN WIRD EINGEFANGEN

7. Auf der Vernissage von Sudden Art hält ein gewisser Dr. Soundso eine Eröffnungsrede über die Entwicklung des Kunstbegriffs von der Antike bis heute. Er erklärt verschiedene gesellschaftliche Betrachtungswinkel auf die Kunst und formuliert seine Sätze dabei so kunstbeseelt und abgehoben, dass ich absolut gar nichts verstehe. Weiß dieser Mann, dass ich zehn Meter vor ihm stehe und vier meiner Steine fünf Meter neben ihm? Ich kann mich nicht länger auf die Rede konzentrieren und denke stattdessen noch einmal an meine hektische Vorbereitung auf diese Ausstellung.

Der Galerist hatte Fotos von meinen Skulpturen haben wollen, dazu eine Biografie meines künstlerischen Werdegangs und eine Kurzfassung meiner Philosophie als Bildhauer. Während Candis verspricht, einige meiner bildhauerischen Werke zu fotografieren, mache ich mir Gedanken über meine Faszination für Steine und über die Unmöglichkeit, einen wahrheitsgemäßen Lebensweg als Bildhauer aufzutischen. Gefälschte Lebensläufe stören mich grundsätzlich, und so beschließe ich, diesen Punkt auf der Liste des Galeristen einfach zu ignorieren. Dass er mich auch ohne Biografie akzeptiert, liegt wohl an Candis' Fotos und dem in großer Eile geschriebenen „Wertepapier", das ich ablieferte:

SPURENFORMEN

**Steine haben die Gabe, Vergangenheit zu speichern.
Zeichen, Hinweise und Merkmale von irgendwann.
Irgendwann zwischen Neandertal und Luxor.
Spuren von Azteken, Germanen, Heiden und
Christen, auf Taufsteinen, an Grab- und
Versammlungsstätten.
Mich interessieren Zeitreisen in sämtliche
Vergangenheiten – quer und kreuz.
Ich suche Formen, die auf versteckte Botschaften
schließen lassen.
Formen, die weit zurückreichen:**

SPURENFORMEN

Alles, was ich jemals in Stein geschlagen habe, kann vor diesem kleinen Text bestehen. Daher ist er wohl tatsächlich die Essenz meiner Gedanken beziehungsweise meines Anspruchs: versteckte Botschaften zu finden oder selbst Botschaften zu verstecken. Und das immer mit Stilmitteln, die auf keine konkrete Periode Hinweise liefern.

Nachdem Dr. Soundso seine Rede endlich beendet hat, entdecke ich die wirtschaftlichen Vorteile des Kunstbetriebes: Als Ausstellender habe ich ein „S" auf die Hand gestempelt bekommen, und das berechtigt mich nun zur wiederholten, kostenlosen Abholung eines Glases Landwein. Hervorragend!

Das wirklich Beste an diesem Abend ist jedoch, dass ich mich unter die Vernissagebesucher mischen kann. Ich trete mit verschränkten Armen und leicht geneigtem Kopf vor meine Steine und lausche den Gesprächen der Betrachter.

Zwei Mittvierzigerinnen im alternativen Edellook – ich vermeide die Vermutung, es könnten Lehrerinnen sein – halten Gericht über meine Steine: „Das ist mir zu banal – so anfängerhaft, nichtssagend, echt scheußlich!", gibt eine zum Besten, und ihre Kollegin kontert: „Ich weiß nicht, ich finde den Ausdruck sehr archaisch! Ist das von Eingeborenen? Da kommt jedenfalls was rüber!" Ich verliebe mich sofort in diese Frau und will den Rest meines Lebens mit ihr verbringen, aber ich traue mich nicht, sie anzusprechen.

Immerhin, ich entdecke, dass Spuren in Steinen auch Spuren in Köpfen hinterlassen – was man sieht, gleicht man ab, und wenn es dafür kein Schema gibt, fängt man an, sich Kästchen zu basteln für die interne Ablage.

Christian hat ebenfalls mit seinen Bildern an der Ausstellung teilgenommen, sein größtes Werk ist jedoch die Ausstellung selbst; seine Einladung, die erklärenden Texte an den Exponaten und die Regie des Ganzen gefallen mir ausgesprochen gut. Außerdem haben Christian und Andrea neun Gebote für Sudden Art aufgestellt. Selbstverständlich finde ich das Manifest ausgesprochen gut gelungen – wie das eben so mit positivem Gruppenzwang läuft!

1. CLIMB HIGH - SLEEP LOW
2. TELL IT
3. HOME IS WHERE THE ART IS
4. LIFE IS OPTIONS
5. THE WORLD IS TOO SMALL
6. IF THERE'S NO FUN, IT'S NO FUN
7. THINK ABOUT MONEY
8. FORGET YOURSELF!
9. BECOME AN ACTIVIST

Christian ist ein Organisationstalent, hat Reiseerfahrungen, kann gut kochen, hat deutlich mehr Humor als ich und kann prima Werbetexte schreiben, das müsste man doch ausnutzen, denke ich mir. Am späteren Abend stehen wir zusammen, und ich merke, dass Christian den Stempel auf seiner Hand noch öfter an der Theke vorgezeigt hat als ich. Dennoch weihe ich ihn in das Kanadaprojekt ein und ködere ihn mit der Idee: „Lass uns zusammen ein Buch schreiben. Du, Tom und ich im Busch – mehr Abenteuer braucht man nicht. Ich sag dir, das wird der Hammer." Christian, soeben als Kunstimpresario ganz groß herausgekommen, kann sich die landweingestützte Coolness leisten und bügelt meine Euphorie erst einmal flach: „Ich denk mal drüber nach", meint er freundlich und abwesend zugleich. Aber ich beschließe, dass ich ihn früher oder später noch einfangen werde.

DER ENTSCHLUSS

8. Am nächsten Abend erzähle ich Andrea von Irmins großem Plan. Wir liegen im Bett, mehr oder weniger vertieft in unsere Bücher. „Der meint das wirklich ernst", sage ich. „Und er will unbedingt, dass ich seinen komischen Bildhauer treffe. Diesen Tom. Beim Geburtstag von Candis." Andrea rollt sich zur Seite, macht das Licht aus und wickelt sich in ihre Decke. „Ihr habt doch alle einen Dachschaden." Komplizierte Situationen hat Andrea schon immer mühelos in knappe Worte fassen können.

Candis' Geburtstagsfeier findet zwei Wochen später statt. Es ist ihr vierzigster Geburtstag, und da sie ihren zwanzigsten damals nicht gefeiert hat, will sie das nun nachholen, sozusagen doppelt. Alle Gäste sollen möglichst so erscheinen, wie sie vor zwanzig Jahren ausgesehen haben. Die meisten Leute haben sich tatsächlich an das Partymotto gehalten und sind in unfassbar geschmacklosen Klamotten aufgetaucht. Ich habe in meinem Schrank gewühlt, eine alte Karottenjeans, einen Lacoste-Pulli und ein Benetton-Polohemd gefunden. Als I-Tüpfelchen hefte ich mir einen Button der damals so angesagten Truppe Duran Duran an die Brust. Auch die Musik ist entsprechend gruselig. Irmin sieht aus wie immer und stellt mich einem Typen vor, dessen Klamotten zwar ein achtzigermäßiges Flair haben, der auf mich aber wirkt, als würde er auch im Alltag nicht anders herumlaufen. „Das ist Tom, der Bildhauer", strahlt Irmin mich an. Frankie goes to Hollywood dröhnen gerade „Relax, don't do it" aus den Lautsprechern. Irmins Söhne bedienen die Plattenteller, sichtlich beglückt. Ich schüttle kurz die kräftige Hand des Bildhauers und seufze innerlich. Mein Gott, ein Fellwestenkünstler mit Toskanatick, Vierzigerkarosse, wuscheligem Haar und der Körperhaltung von jemandem, der gern und lange am Tresen steht. Für meinen Geschmack kommt da nix rüber, kein bisschen Persönlichkeit. „Ja, hallo. Demnächst nach Kanada. Ja, prost. Ist 'n bisschen laut hier. Wir reden später." Danach trennen wir uns und sehen uns für den Rest des Abends nicht wieder.

Bei der Vorstellung, mit so einem Typen plus Irmin hundert Tage im kanadischen Dschungel zu verschwinden, kommen mir eher verquere Gedanken in den Sinn. „Den frühstückt der Bär noch vor Sonnenaufgang", denke ich. Und: „Nach zwei Tagen Durchfall fährt der bestimmt nach Hause." Irmins jüngster Sohn ist eine willkommene Ablenkung. Anstelle mit dem Bildhauer gemeinsam schweigend am Tisch zu sitzen, gehen wir beide ins Kinderzimmer, wo er mir stolz sein Schlagzeug zeigt. Wir trommeln, was das Zeug hält.

Kurz bevor ich gehe, treffe ich Irmin. Er ist sichtlich unglücklich darüber, dass ich beim ersten Treffen mit Tom lieber mit den Kindern Schlagzeug gespielt habe und will unbedingt einen Abend, bei dem wir drei uns näher kennenlernen. „Ja, so 'ne Party ist vielleicht auch nicht der Ort, um solide Kunstgespräche zu führen. Kommt doch nächstes Wochenende mal bei mir vorbei", ziehe ich mich aus der Affäre. Eigentlich tue ich das bloß Irmin zuliebe, denn begeistert hat mich Toms Debüt nicht. Vielleicht lag es aber auch an mir oder an dem Lacoste-Pulli.

Keine sieben Tage später schleppt Irmin seinen Sohn und Tom an. Die erste Aufgabe, den Sohn zu beschäftigen, gelingt mir perfekt. Mein Sohn aus erster Ehe ist im gleichen Alter und entführt ihn in sein Zimmer, in dem es unter Garantie Interessanteres zu sehen und zu hören gibt als uns alte Männer.

Ich kredenze ein vegetarisches Drei-Gänge-Menü, reichlich Wein, und als es zunehmend satter und beschwingter zugeht, beschließe ich zuzuhören, was mir diese beiden Kerle so zu erzählen haben. Ich will herausfinden, warum ich so etwas Albernes tun soll, wie für drei Monate in die Pampa zu fahren und dort Steine zu klopfen. Irmin redet sich heiß. Er erzählt von seinem ersten Gespräch in der Kneipe, als er den Sprücheklopfer blass aussehen ließ, von seinen ersten geschlagenen Steinen und von der Idee, Spuren zu hinterlassen. Von der Magie der Natur, von der Kraftanstrengung und von der Faszination, die von unserem gemeinsamen Geheimnis ausgehen wird. Tom spielt den „Bad Guy". Feindliches Gelände würden wir da betreten. Überall gäbe es Bären. Und dann noch Indianer. Dazu die ganzen logistischen Probleme. Und erst der Verdienstausfall, wenn wir so lange weg wären! „Heul doch", denke ich.

Mich interessiert, wie es in der Gegend aussieht, in der das Kunstwerk geschlagen werden soll. Irgendwann im Laufe des Abends schauen wir uns via Internet Bilder von dem Flecken in Kanada an, den sich Irmin für unsere gemeinsame Tour ausgesucht hat. Ich bin fasziniert. Auf dem Bildschirm sehe ich Fotos einer Natur, wie ich sie noch nie gesehen habe. Seen, so groß wie Ozeane, schnurgerade Straßen, die sich durch riesige Wälder bis zum Horizont ziehen, und immer wieder eine schier endlose Weite. Wie das wohl ist, dort zu sein? Meine Gedanken fliegen zurück nach Nepal. Ich habe festgestellt, dass mich die Natur wie magnetisch anzieht, sobald die menschliche Zivilisation nicht mehr zu spüren ist und ich mich selbst als winziger Bestandteil einer riesigen Landschaft fühle. „Dieses Kanada hat genau, was ich suche", denke ich und merke, wie der Magnet zu wirken beginnt. Irmin und Tom verschwimmen im Hintergrund. Ich höre das Gluckern von Wasser am Rande der Seen, das Rauschen der mächtigen Kiefern und bin – ohne es richtig zu merken – schon da. In der Stadt bin ich so weit entfernt von dieser ursprünglichen Welt, dass ich oft vergesse, wie sehr sie mich auf meinen Reisen beeindruckt. Leicht abwesend schaue ich vom Display des Computers auf. Irmin und Tom reden darüber, ob wir in Holzhütten oder Zelten nächtigen sollten. Mir ist das vollkommen egal. Eins ist mir eben allerdings klar geworden: Ich will nach Kanada. Ob mit oder ohne Tom.

IM BETT MIT ZWEI SÄGEWERKEN

9. Obwohl es nach dem Drei-Gänge-Menü sehr spät geworden ist, bin ich kein bisschen müde. Ich liege auf meiner sich selbst aufblasenden Luftmatratze in Christians Wohnzimmer, neben mir auf der Couch liegt Tom, und im offenen Nebenraum schläft Christian in seinem Bett. Wir sind nach diversen Flaschen Wein und voll guter Vorsätze spät schlafen gegangen. Aber wie kann man zwischen zwei aktiven Sägewerken einschlafen? Mir wird bewusst, dass dies unsere erste gemeinsame Nacht ist und nun feststeht, dass noch viele weitere folgen sollen. Ich beschließe schon mal, mein Zelt in der Wildnis weit genug von den anderen aufzubauen, damit ich die hundert Nächte in Ruhe schlafen kann.

Ich bin aufgewühlt und hin- und hergerissen. Aus meinem Projekt ist „unser" Projekt geworden, und ich spüre erstmals die Verantwortung. Ich bin verantwortlich für die Idee an sich, ich muss sicherstellen, dass sie sich nicht als Schnapsidee entpuppt. Heute Abend haben wir einen Fahrplan vereinbart. Wir wollen uns von nun an ab und zu an Wochenenden treffen und im September für zehn Tage nach Kanada fliegen, um den richtigen Platz für unser Abenteuer zu suchen. Wir alle müssen beruflich die Weichen stellen, um die hundert Tage frei zu bekommen – hundert Tage, die wir an einem geheimen Ort verbringen und auf einen Felsen einschlagen wollen. Hundert Tage, in denen ich mit Tom und Christian Spuren schaffen will, die – wie mir schlaflos zwischen den beiden Sägewerken bewusst wird – schon jetzt mein Leben beeinflussen. Ich beginne, mir Fragen zu stellen.

Was will ich eigentlich wirklich?
Halte ich hundert Tage durch?
Was für Spuren sollen es sein und –
wie sollen die Zeichen im Stein konkret aussehen?
Wie ist mein künstlerischer Anspruch?
Will ich mich nur verewigen, um mich dadurch selbst zu erheben?
Sind mir die Spuren wichtiger oder die hundert Tage in der Wildnis?

Mir wird zunehmend klar, dass ich die zu versteckende Skulptur ernst nehmen muss. Wir dürfen nicht irgendeinen Schrott in der Wildnis hinterlassen, es geht nicht um ein halbstarkes Graffiti oder ein neumodisches Landschaftstattoo. Wir dürfen uns nicht auf eine Stufe stellen mit irgendwelchen Sprayern, die sich ihren Kick aus der Provokation holen. Kurz, es soll nicht um Sachbeschädigung, sondern um Kunst gehen, die wiederum in ein spannendes Gesamtprojekt eingebettet werden soll. Ich will nach Killarny und in die Einsamkeit. Ich will die Konfrontation mit der Natur – und das Erlebnis dieser Konfrontation will ich in einer bildhauerischen Arbeit zum Ausdruck bringen. Ich will mich selbst besiegen und etwas erschaffen, das Zeugnis ablegt. Ich will ein Geheimnis, das ich nur mit Tom und Christian teile.

Im Nachbarzimmer höre ich Christian laut vor sich hin schnarchen, und bei dem Gedanken, dass er schon bald vom Sägen zum Klopfen kommen wird, muss ich grinsen. Denn Tom hat ihn – Zeichen der guten Stimmung an diesem Abend – zu einem dreitägigen Bildhauerseminar eingeladen.

CHRISTIANS TAG IM BÜRO

10. Ich bin mies gelaunt. Kurz nach dem Wochenendbesuch von Irmin und Tom sitze ich wieder in meinem ganz persönlichen kleinen Knast. Gemeint ist mein Büro in der Agentur, eine kleine Denkzelle, zwei Meter breit, vier Meter lang. Ein Computer, eine Schreibtischlampe, ein paar Bücherregale, ein paar Fotos an den Wänden. Manchmal komme ich mir ziemlich eingesperrt vor. Es ist wohl nicht verwunderlich, dass mich alle paar Jahre die Reiselust packt. Hier in der Agentur ticken die Uhren anders. Alles ist immer so wichtig. Ein Kunde, der Düngemittel herstellt, hat für seinen Messeauftritt bedruckte Fahnen bestellt. Bis Mittwoch. Innovativ soll es sein, was da draufsteht. Ich seufze. Mir fällt gerade nichts Innovatives zum Düngen ein.

Später am Vormittag habe ich einen Termin mit dem Marketingleiter und dem Produktmanager einer großen Versicherung. Besprochen werden Maßnahmen zur Bewerbung einer neuen Kombiversicherung. Während des Meetings muss ich mehrmals das Gähnen unterdrücken. Ich habe mir das selbst ausgesucht: Werbetexter. Der Job kann höllisch lustig sein. Für die Bewerbung eines neuen Airbagsystems schreibe ich: „Gleich kommt Ihnen ein Sack entgegen“ und lache in mich rein. Mit solchen Sprüchen kann man Preise gewinnen. Auf Branchentreffs, versteht sich.

Die Nichteingeweihten halten meine Arbeit gewöhnlich für wildromantisch. Die Vorstellungen sind meist stereotyp: Der Texter sitzt in Armani-Klamotten an seinem Designerschreibtisch. Vor ihm ein hübscher Rechner, auf dem ein Apfel leuchtet. Kurz vor dem Lunchbreak macht es „Pling!“, der Texter schnippt lässig mit dem Finger und schreibt auf: „Vorsprung durch Technik“.

Anschließend lobt er sich sofort selbst: „Wow! Wieder 'ne Million verdient.“ Und dann wird sich bei einem Edelitaliener mit Prosecco geduscht, während ununterbrochen unterarmlange Scampis gereicht werden, bevor man sich in das alte Triumph-Coupé stürzt, um zur Loftwohnung zu fahren, in der eine exotische Maid gerade das Koks hackt. Dazu laufen im rasanten Wechsel Jamiroquai und Charles Aznavour.

Pustekuchen! Am Nachmittag sitze ich bei der Ausfertigung eines langweiligen Produkttextes über ein DECT-Telefon. Sensationellerweise kann man damit in der Wohnung herumlaufen und telefonieren – ohne ein Kabel hinter sich herzuschleppen! Das ist dann aber auch schon alles. Ein Wohnungshandy. Die meisten von den Dingern funktionieren schon im Keller nicht mehr. Oder der Nachbar (ja, genau der mit der Freundin in Argentinien) hat auch so eins, und weil die Sendestationen der Geräte auf der gleichen Frequenz funken, telefoniert er immer über dieselbe Leitung oder man hat plötzlich wildfremde Latinas am Hörer, die nach Horst fragen. Egal – ich bin genervt. Mittlerweile habe ich einen Kunden am Telefon, der sich nicht entschließen kann, ob er noch weitere Texte für seinen Internetauftritt braucht oder – was ich vermute – nur jemanden aus der Agentur nerven möchte, um nachher sagen zu können, er hätte einen anstrengenden Tag gehabt. Obendrauf eine Anzeigenstrecke für WLAN-Geräte, deren sagenhaft günstiger Preis auf verblüffende Weise mit den vorsintflutlichen Features harmoniert. Und dann noch einen emotional ansprechenden Artikel über Stressinkontinenz bei Damen zwischen dreißig und fünfundfünfzig. In meinen kleinen Frustpausen suche ich im Internet nach Bildern aus Kanada. Wenn wir dort im Zelt hundert Tage verbringen, werde ich keine Sekunde an DECT-Telefone, Düngemittel, Stressinkontinenz oder Kombiversicherungen denken. Das hebt die Stimmung.

AUF SCHICHT MIT PROFIS

11. Ein Test, den ich mir noch auferlege, ist die Teilnahme an einem Bildhauersymposium. Ich will wissen, wie mein Körper reagiert, wenn ich zehn Tage von früh bis spät auf einen Stein einschlage. Zusammen mit fünf „richtigen“ Bildhauern liege, knie oder stehe ich in einer Fußgängerzone, umringt von neugierigen Passanten. Da ich der einzige echte Bildhauer bin – nämlich der, der nur mit Hammer und Meißel arbeitet und nicht wie die anderen mit Flex und Pressluft – bin ich der Frage- und Antwortclown. Bei mir gibt es ganz einfach am wenigsten Staub und Krach.

In diesen zehn Tagen lerne ich unheimlich viel. So zum Beispiel, dass Menschen angesichts eines arbeitenden Fremden ihre sonstigen Kommunikationsprobleme einfach abschütteln. Obwohl man zum Beispiel im Aufzug eine Schicksalsgemeinschaft mit anderen bildet, erstickt man dort lieber an allgemeiner Sprachlosigkeit, als dass man ein Gespräch beginnt. Das funktioniert offenbar anders, wenn man auf einen „Arbeiter“ trifft. Dann traut sich auf einmal jeder Nichtarbeiter, den Arbeiter anzusprechen, vor allem wenn Letzterer in seiner Arbeitskluft steckt und verschwitzt und schmutzig ist.

Bei diesem „Oben spricht mit unten“ kommt sie dann immer, meine heiß geliebte Frage: „Was soll es denn werden?“ Tausend Mal für mich die Gelegenheit zu antworten: „Ein Stein.“ Die Reaktion auf diese blöde Antwort entscheidet dann, ob ich mich wirklich auf ein Gespräch einlasse und auch mit der zweiten Standardfrage auseinandersetzen will, der wirklich wichtigsten Frage aller Fragen: „Haben Sie eigentlich einen Plan oder schlagen Sie einfach nur so drauflos?“

Habe ich einen Plan? Jedenfalls keinen guten. Hier liegt einer der großen Lernschritte des Symposiums: Ich werde mich in Zukunft besser vorbereiten müssen. Man muss vorab viel nachdenken und die Vorstellungskraft einsetzen, um eine in sich schlüssige Skulptur zu erstellen. Und gleichzeitig muss man während des Schlagens offen sein für die Chancen, die einem der Stein während der Arbeit bietet. Da zeigen sich manchmal Ansätze von spannenden Formen und vorgegebene Linien, die dem Werk zugutekommen. Ein Plan muss Platz für Chaos lassen, nur dann ist es ein guter Plan.

Nach einem weniger spontanen Prinzip wird fünf Meter von mir entfernt gearbeitet. Eine italienische Diplombildhauerin ist mit einem perfekten Plan zum Symposium gekommen. Punkt 1 ihres Planes ist die Suche nach einem örtlichen Dealer. Ohne Joint keine Kunst! Ich bin sofort frustriert. Mir fehlen offenbar die Grundvoraussetzungen. Bis heute habe ich noch nie gekifft – ist das schon das Ende meiner Künstlerkarriere? Außerdem hat die Italienerin eine tolle Zeichnung – sie hat ihr späteres Werk bereits in aller Perfektion auf Papier gemalt. Damit ist sie allerdings die zehn Symposiumstage nicht mehr künstlerisch, sondern nur noch reproduzierend tätig. Sie überträgt ihre Zeichnung 1:1 auf den Stein. Das Endergebnis ist für mich wenig überraschend und ziemlich langweilig – aber die Zeichnung ist super!

Ich lerne viel von den anderen, durchs bloße Zuschauen und durch unsere Gespräche bei den Mahlzeiten. Flex und Presslufthammer sind zwar starke Hilfsmittel, aber es ist mir prinzipiell unangenehm, der Natur mit schweren Geräten zu Leibe zu rücken. Tom meint allerdings, dass wir es in Kanada mit Granit zu tun bekommen werden und unser Symposiumsbuntsandstein vom Härtegrad dagegen wie Kinderknete sei.

„Wir müssen in Kanada mit echten Widia-Meißeln ran, und ohne eine ordentliche Schleifmaschine ist da sowieso nichts zu machen“, sagt Tom. Das klingt logisch. Schleifmaschinen laufen mit Strom. Und Strom kommt aus der Steckdose – aber nicht in der Wildnis. Ich beginne, mich in Gedanken an einen Generator zu gewöhnen.

Meine Symposiumsskulptur – eine knappe Tonne Stein – erkläre ich den „Was-soll-es-denn-werden?“-Fragern übrigens als versteinerte Inka-Telefonzelle. Genau genommen ist die Frontseite großer Mist geworden, aber die Rückseite wird gut, und die rechte Seite – für die ich nur noch anderthalb Tage Zeit habe – ist großartig. Finde ich jedenfalls. Alles in allem bin ich mir mehr denn je sicher, dass ich mit Tom zusammen anspruchsvolle Formen erschaffen kann.

SELTSAME LOGISTIKTRÄUME

12. Es ist ungefähr halb acht, als der Wecker piept. Ich verpasse dem Gerät einen Schlag und murmele: „Kleinen Moment noch – ich muss nur schnell die Equipmentbestellung fertig machen." Sigg-Flaschen oder Ortlieb-Trinksäcke? – schwere Frage. Die Schweizer Sigg-Flaschen aus Alu sehen gut aus, sind robust und angenehm leicht. Allerdings kann man sie nicht als Wärmflasche benutzen, außerdem verteilen sie das Gewicht nicht gut. So ein Ortlieb-Wassersack dagegen ist in dieser Hinsicht sehr praktisch, und man kriegt ihn in Größen bis zu zehn Litern. „Jajaja", murmele ich. „Die sind dann aber schwerer, deshalb schleppt die auch kein Mensch mit sich rum. Das sind doch Ladenhüter." Ich drehe mich um. Die Morgensonne scheint zu mir ins Bett. Irgendwo klappert Andrea mit dem Frühstücksgeschirr.

Ausrüstung? Warum stehe ich in einem kanadischen Outdoor-Store und bin damit beschäftigt, eine Ausrüstung zu bestellen? Es ist doch erst 7.32 Uhr! Da hat doch noch gar kein Laden auf! Dann dämmert es mir langsam – ich bin in Hamburg und habe geträumt. Kanada ist noch immer etliche Monate entfernt. Ich schnaufe leicht, richte mich auf. Andrea erzähle ich lieber nicht, dass sich jetzt schon die Wasserversorgung des Base-Camps durch meinen Halbschlaf schleicht. Mir wird klar, dass mich unser Kanadaprojekt längst stärker in Besitz nimmt, als ich vorab gedacht hatte.

Wenig später am Bahnhof Altona fällt mir im Zeitungsladen ein Katalog auf. „Ranger Shop: Heer, Luftwaffe, Marine." Auf der Titelseite ist eine Blondine im Tarnanzug mit einem schicken Sturmgewehr abgebildet. Aha, sage ich mir, das ist so 'ne Art Otto-Katalog für Freizeit-Faschos. Ich komme nicht umhin, einen kleinen Blick hineinzuwerfen. Biwak- und Campingausrüstung, Tragesysteme, Werkzeuge, Taktikbesteck ... Unglaublich, die komplette Nato-Packung! Und alles zu Kameradenpreisen!

Nach einer halben Stunde des Blätterns kann ich mich schon nicht mehr entschließen. Der Europack XL-Rucksack bietet 85 Liter Inhalt, ein durchaus sinnvolles Hauptfach mit Schneefang, dazu drei weitere Fächer und jede Menge Riemen. Der große Ranger Fernspäh bringt aber noch 15 Liter mehr und hat eine Sechser-Adapterplatte zur Aufnahme weiterer Taschen. Brauch ich eigentlich unbedingt, denke ich und mache mir eine kleine Notiz auf dem Bestellzettel.

Nur wenige Seiten später fällt mein Blick auf die Sensation schlechthin: Cucina Ufficiali. Was für ein Traum! Eine sechzigteilige Feldküche aus italienischen Militärbeständen. Im Nu lässt sich aus der Vorratskiste ein sinnvoller Klapptisch falten. Und was sonst noch alles dabei ist: Zitronenpresse, Reibeisen, das komplette Besteck für drei Leute, Pfannen, Töpfe, Kocher – nur den Bären muss man noch selber schießen. Und womit? Mit der Phantom-Armbrustpistole von Seite 415 natürlich! Allerdings müssten wir da den Schlagbolzen wieder dranlöten – das Ding wird nach dem gültigen Kriegswaffenkontrollgesetz vollständig demilitarisiert geliefert.

Vorsorglich kreuze ich auf der Bestellliste auch noch das Colonel Applegate Spezialmesser an (mit integrierten Balancegewichten und massivem Messingknebel). Man weiß ja nie, was sich da in der Pampa für Kroppzeugs rumtreibt. Ich blätterte weiter. Wer organisiert eigentlich unseren Vorstoß in die Wildnis? Ich beginne ein fachmännisches Selbstgespräch und verwende inzwischen verstärkt das entsprechende militärische Vokabular. „Braucht unsere Eliteeinheit Tarnnetze? Auf jeden Fall die Miltec-Moskito-Abwehr! Schließlich wollen wir vom fliegenden Feind nicht schon vor dem Gefecht ausgesaugt werden. Das Trek-Wasserfilter-Pumpsystem mit einem Durchlauf von fünf Litern die Minute muss auch mit. Und wenn wir das dann mit einer gebrauchten Zwei-Takt-Wasserpumpe aus Bundeswehrbeständen kombinieren (nur 233 Euro, Benzin werden wir in Kanada ja wohl kriegen), dann können wir sofort ein Camp mit zehn Leuten bestücken. Das klingt gut. Kreuze ich auch mal an.“ Ein Bundeswehrsoldat mit einer Computerzeitschrift geht neben mir durch den Gang. Ich könnte schwören, dass er mir kameradschaftlich zublinzelt.

FELSSPAT, QUARZ UND GLIMMER, DIE VERGISST MAN NIMMER

13. Ein fester Bestandteil meines Vorbereitungsprogramms besteht mittlerweile auch darin, dass ich immer mal wieder ein paar Tage in Toms Atelier arbeite. Bei einem Einsatz etwa drei Monate vor unserem geplanten zehntägigen Vorbereitungstrip nach Kanada mache ich eine äußerst interessante Bekanntschaft: Granit.

Tom hievt mit seinem Trecker, Baujahr 1954 und nach fünfzehn Minuten Warmlaufzeit sofort einsatzbereit, einen 250 Kilogramm schweren Stein auf einen Holzbock. Ich bin begeistert. Der Stein schimmert in vielen Farben, und meine Finger gleiten über die glänzenden Einschlüsse, die glasähnliche Strukturen aufweisen. „Felsspat, Quarz und Glimmer, die vergisst man nimmer." So stellt mir Tom den Granitblock vor. Ich bekomme zwei Widia-Meißel und dazu die Information vermittelt: „Widia heißt: ‚Wie Diamant'. Und einen solchen Meißel hat man bei Granit auch dringend nötig!" Tom hat auffallend gute Laune. Ich schnappe mir einen 750-Gramm-Metallhammer und ein Stück Ölkreide.

Nach kurzer und besinnlicher Betrachtung entwerfe ich einen Plan für den Stein. Ich zeichne Formen und Linien und kann es kaum erwarten, endlich loszulegen. Die ersten Schläge entlang der Kreidestriche verblüffen mich. Die Kreide ist schnell weg, aber der Stein bleibt, wie er war. Klar, denke ich, ich habe einige Zeit nicht gehauen, wahrscheinlich muss ich mich erst wieder einschlagen. Nach einer unendlich langen halben Stunde gehe ich dann in die Küche. Ich brauche einen Tee, um meine Kräfte zu sammeln. Das hat bisher noch immer funktioniert. Tom fragt „na, wie läuft's denn so?", aber ich bin noch nicht in der Stimmung, ihm das von mir geplante Kunstwerk zu erläutern.

Die Stunden bis zur Mittagspause verändern mein Seelenleben. Ich stelle mich selbst, unsere Hundert-Tage-Tour und eigentlich überhaupt alles infrage. Mein Lebensmotto „Geht nicht – gibt's nicht“ zerbricht mit jedem vergeblichen Schlag gegen diesen harten Steinbrocken. Das kann doch einfach nicht wahr sein! Ich schlage wie ein Wahnsinniger auf dem Granit herum, aber nichts Nennenswertes ist zu sehen – jedenfalls keine Spuren. In meinem Kopf spule ich ein Notfallprogramm nach dem anderen ab. Wenn alles möglich ist – könnte es sein, dass Tom mir stumpfe Meißel gegeben hat? Ich gehe in die Küche und frage nach, aber Sybille sagt: „Die Meißel sind okay.“ Danach beginne ich, die Umgebung nach versteckten Kameras abzusuchen, aber ich finde keine.

Bin ich krank? Muskelschwund kommt wahrscheinlich schleichend daher. Ich prüfe meine Muskeln. Äußerlich ist alles wie immer. Ich wechsele den Hammer, die Schlagrichtung, die Meißel. Ich komme tatsächlich auf den komischen Gedanken, dass ich den Stein vielleicht einweichen müsste. Nur mit Mühe kann ich mich zurückhalten, den Gartenschlauch anzuschließen. Nach dem Mittag ändert sich gar nichts, aber meine Gedanken suchen jetzt in anderen Bereichen nach Auswegen. Vielleicht sollten wir Kanada vergessen und im Schwarzwald mit Holz arbeiten. Christian, dem ich meinen Frust per SMS zugeleitet habe, meint: „Wie wäre es, mit 'nem Lötkolben in Alaska Eisskulpturen zu braten?“ Zwei Tage hält dieser Zustand von Depression und relativer Ergebnislosigkeit an. Am Ende des zweiten Arbeitstages kann man dann zwar erkennen, dass ein Mensch dem Granit zu Leibe gerückt ist, aber von meiner geplanten „Formensprache“ ist nur Gestammel zu sehen.

Der zweite Abend bei Tom und Sibylle wird lustig, und meine Laune bessert sich. Tom erzählt aus seinem Leben, von seiner Jugend auf dem Land und von seiner Lehre als Steinmetz. Er erzählt von seinem Entschluss, sich als freier Künstler zu versuchen, von der existentiellen Not seiner Anfangsjahre, dann von den ersten lukrativen Aufträgen und seinen langen Auslandsaufenthalten – und diese Geschichten bringen mich auf die Spur zurück. Davon will ich mehr hören! Hundert Tage Wildnis – eine verborgene Skulptur erschaffen, ein Geheimnis ausbrüten und ein Abenteuer bestehen. Und dazu wird es viele gute Geschichten geben – am Lagerfeuer erzählt! Mag der Granit noch so hart sein, ich werde mich nicht von meinem Plan abbringen lassen!

Am nächsten Tag fühle ich mich stark und besser als die Tage zuvor. Irgendwie überträgt sich meine Zuversicht und mein wieder erwachter Wille auf meine Arbeit. Auf einmal geht es voran – und mit erhöhter Schlagkraft beginnen sich Spuren im Stein zu bilden. Ich muss an die Petroglyphs denken, jene heiligen Steine der Indianer in Kanada, die schon als Inspirationsquelle für meine Lügengeschichte im Schwarzen Vogel herhalten mussten. Die Petroglyphs in der Nähe von Peterborough in der Provinz Ontario sind Zeichen, die von den Indianern in einen glatten Steinhügel geschlagen worden sind. Auf vielleicht hundert Quadratmetern verteilt findet man einerseits Tierpiktogramme und andererseits geheimnisvolle Zeichen, die vielleicht verschlüsselte Codes darstellen.

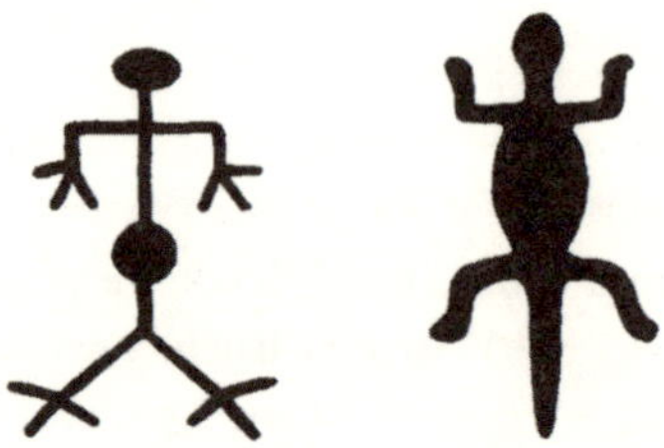

Jedes Zeichen für sich ist schlicht und unkompliziert, dennoch fasziniert mich die Ansammlung und der Zusammenhang aller Zeichen, manche grafisch perfekt, andere unerklärbar primitiv.

Mir wird auf einmal klar, dass unsere Skulptur keine ausgeprägten körperlichen Formen haben muss, sondern dass sie auch aus einer Summe von Zeichen bestehen kann, die ein großes Ganzes ergeben. Denn während ich mich mit dem harten Granit abquäle, in den ich einen säulenartigen Rahmen schlage, der wiederum ein kleines Becken umfasst, kommt mir die Idee, aus dem Becken ein „Zeichen des Lebens“ entspringen zu lassen. Das Becken wird sozusagen zur Quelle und nimmt doch gleichzeitig auch etwas von außen auf. Zwangsläufig muss ich an Kreislauf, Lebensquelle, Geburt und Natur denken, und ich schlage ein spermienähnliches Zeichen, das in das Becken strebt: der Ausgangspunkt meines Konzeptes für Kanada, auch wenn ich das zu diesem Zeitpunkt noch nicht ahne. Kurz bevor ich das Atelier verlasse, erwähnt Tom ganz beiläufig, dass es verschiedene Härtegrade beim Granit gibt. Zufälligerweise sei mein Stein mit „7“ der härteste gewesen, aber „als Test“ gerade hart genug! „Felsspat, Quarz und Glimmer, die vergisst man nimmer.“ Tom hat wirklich recht.

STEINE KLOPFEN

14. Warum sich eine massive Erkältung nicht ankündigen kann, wenn man Zeit dafür hat, wird für mich immer ein Rätsel bleiben. Tatsache ist, Irmin und Tom haben mich zu einem Bildhauerseminar eingeladen. Zwei Tage vorher fängt es dann mit einem Kratzen im Hals und leichten Hitzeschüben an. Na toll!, denke ich. Da soll ich auf einen tonnenschweren Stein einkloppen, und ausgerechnet jetzt hab ich die Pest am Hals. Das positive Denken trägt seinen Teil bei, und als ich am Donnerstag aus dem Zug steige, wäre ich besser in Form für ein heißes Bad mit Kräuterzusätzen als für drei Tage Steinklopferei.

Den Abend vor dem Seminar verbringe ich bei Candis und Irmin. Die Kinder flitzen durchs Haus, es wird lecker vegetarisch gegessen, und später gibt es exzellenten Rotwein. Ich korrigiere mein Vorhaben, eine lebensgroße Büste von Andrea zu klopfen und propagiere die „Renaissance der sinnvollen Bildhauerei“. In Ermangelung eines Vorgartens, in dem ich eine größere Steinskulptur ausstellen könnte, erkläre ich, für meine Küche einen praxisnahen Mörser produzieren zu wollen. Später des Nachts, nachdem ich mir eine Paracetamol als Betthupferl verabreicht habe, beglückwünsche ich mich selbst zu meiner vermutlich Kräfte sparenden Idee. Ich kann im Voraus ja nicht wissen, welche Folter mich an diesem Wochenende dann trotzdem noch erwartet.

Logistik ist ein großes Thema im Haus von Candis und Irmin. Fünf Kinder und ein Hund stellen höchste organisatorische Ansprüche. So vergeht der Morgen des ersten Bildhauertages wie im Flug. Es werden Jacken gesucht und Bündelchen geschnürt, und es tauchen Leute auf, um die Kinder abzuholen. Zwischendurch nehmen wir etwas zu uns, das ich normalerweise als „1:10 Modell eines Frühstücks“ bezeichne. Draußen hupt es, und eine resolute Frau stellt sich als Marlies vor. Auch ein Opfer der grassierenden Bildhauerepidemie. Als der ansehnliche Geländewagen endlich mit Böcken und Werkzeugen vollgeladen ist, geht es los. Ich fühle mich, als hätte ich mein Tagespensum schon hinter mir, auch wenn wir noch nicht einmal in Reichweite des knapp fünfzig Kilometer entfernten Seminarortes sind.

Ich nehme eine Kopfschmerztablette und überlege, ob ich lieber die braune Cordhose mit der beigen Wolljacke („Modell Landlord") oder doch lieber die grüne Cargohose und das GAP-Shirt („Modell Kunstsoldat") zum Klopfen anziehen soll. Zwei Stunden später entpuppen sich diese Überlegungen als völlig überflüssig. Die zehnköpfige Truppe von angehenden Bildhauern, die Tom und seine zauberhafte Kollegin Sybille um sich geschart haben, sehen aus, als hätten sie sich bei der Kleiderspende bedient. Was natürlich sinnvoll ist. Schließlich ist Bildhauerei eine dreckige und – wie sich leider herausstellt – auch schweißtreibende Angelegenheit.

Der Veranstaltungsort ist perfekt. Eine alte Scheune auf einem Resthof, die umstellt von ein paar kleineren Schuppen als Esszimmer und Lagerhalle dient. Geklopft wird draußen. Tom und Sybille kümmern sich verständnisvoll und tatkräftig um die Gruppe. Jeder bekommt einen riesengroßen Sandstein sowie einen Bock zum Aufstellen und Bearbeiten seines persönlichen Ungetüms. Zusätzlich werden Hämmer und Schlageisen verteilt. Candis und Irmin haben ihre eigene Ausrüstung dabei und schlagen sofort profimäßig los.

Leicht fiebrig beschließe ich, die Sache ruhig anzugehen und bete, dass die attraktive Sybille mir als persönliche Assistentin zugeteilt wird (insgeheim stelle ich mir vor, wie sie meine Hand nimmt und zärtlich den Hammer führt). Es kommt dann aber Tom, der mich – sichtlich amüsiert über meine Ansage, dass ich ein Küchengerät gestalten wolle – zu einem Stapel Marmorsteine führt. „Einen Mörser machst du besser nicht aus Sandstein, sonst knirscht das Pesto so zwischen den Zähnen", erklärte er mir und schneidet nach kurzer Überlegung einen schuhkartongroßen Block Marmor mit der Steinsäge zurecht. Den kann man, im Gegensatz zu den Gesteinsbrocken der anderen, wenigstens alleine tragen. Sybille kommt später und zeigt mir, wie man aus dem harten Stein staubkorngroße Moleküle entfernt. Die ganze Steinhauerei entwickelt sich für mich, zumal in meinem Zustand, zu einem Alptraum.

Während des Klopfens gehen mir viele Dinge durch den Kopf. Mir erscheint Irmins und Toms Ansinnen immer suspekter. Die beiden wollen sich einer Kunstform hingeben, für die sich kein Mensch mit klarem Verstand wirklich begeistern kann: Steineklopfen. Und dann wollen sie dazu auch noch in die Wildnis fahren.

Nach mehrstündigem Eindreschen auf meinen Marmorkarton, mal liebevoll, mal verzweifelt, weiß ich definitiv, dass ich mich der Tour nur als Koch und Naturbeobachter anschließen werde. Marmor ist irgendwie nicht mein Ding. Und Granit soll sogar noch härter sein! Zwischendrin überlege ich immer wieder, warum eigentlich Fellwesten-Tom mit nach Kanada kommt und nicht das Schweizer Bildhauer-Pin-Up. Die Vorstellung, dass sich an der Teambesetzung bis zur Abfahrt noch etwas ändern könnte, spendet Trost. Mittlerweile habe ich eine Vertiefung von der Größe eines halben Tischtennisballs aus meinem Mörser in spe herausgeschlagen und wünsche mir, ich hätte Irmin nie kennengelernt.

Jegliche Sorge ist vergessen, als Sybille mir einen recht unscheinbaren Stahlstift in die Hand drückt und meint: „Schau, damit geht es besser." Und das Schönste: Sie hat recht. Einen kurzen Moment überlege ich, ob ich ihr auf Knien danken soll. Der Marmor lässt sich plötzlich bearbeiten, dass die Splitter nur so spritzen. Oder müsste ich nicht eigentlich mit ihr schimpfen? Schließlich hätte sie die grandiose Idee mit dem Stahlstift schon vor Stunden haben können!

Noch bevor ich meinen inneren Zwiespalt auf zufriedenstellende Weise für mich klären kann, werden Köstlichkeiten in der Scheune kredenzt: italienische Delikatessen und Wein. Aus allen Ecken der Scheune, in deren Mitte ein massiv in Marmor gefasster Holztisch steht, werden Flaschen hervorgezaubert. Die verstaubte Runde klagt über unwillige Steine, und ich referiere fachmännisch über die Unnachgiebigkeit des italienischen Marmors. Einhellig kommt man zu dem Schluss, dass ich der Held des Tages sei, weil ich als Einziger das Los des Marmorbezwingers gewählt habe. Zumindest erscheint es mir nachher so. Es kann natürlich auch am Wein liegen. Oder ist es das Paracetamol?

Auch die nächsten Tage bringen mir die Härte des Bildhauerlebens näher. Die grippale Heimsuchung lässt nicht locker, der Stein zeigt sich mir gegenüber unbarmherzig und immer, wenn ich gerade darüber nachdenke, ob ich nicht heimlich mit Irmins Geländewagen diesem Gulag entfliehen soll, taucht Sybille auf und präsentiert in zuckersüßem Schwyzerdütsch ein neues Werkzeug, mit dem mein Mörser noch besser zu bearbeiten ist. Und dann geschieht das Unglaubliche. Das Küchengerät nimmt Form an. Der Stein ist nicht mehr mein Feind. Die Brust schwillt an. Mein Mörser! Ein in der Nachbetrachtung doch recht unhandliches Stück deutscher Bildhauerkunst, aber eben mein eigenes Werk! Tom, der mir immer mal wieder über den Weg läuft, scheint sich zu verändern. Das vage Bild des Toskanalappens wird immer mehr von seiner liebenswerten Art und von seinem Eifer beim Bildhauern und dem Lehren des Handwerks überlagert. Es dämmert mir allmählich: Der Mann kann was. Tom ist ein echter Bildhauer. Kein Sabbler. Insgeheim schäme ich mich für meine oberflächliche Einschätzung während der ersten beiden Treffen. Und ich wünsche mir, dass wir tatsächlich zusammen auf die Reise gehen.

Als ich nach überschwänglicher Verabschiedung irgendwann im Zug sitze, fällt alle Last von mir. Trotz Fiebers, einer schmerzenden Stelle an der Hand (wo ich mir eins mit dem Hammer verpasst habe) und der Tatsache, dass ich zum wiederholten Mal mein Handyladegerät bei den Burdekats liegen gelassen habe, muss ich plötzlich laut loslachen. Im Großraumwagen quittiert man mein sonderbares Verhalten mit hochgezogenen Augenbrauen. Lediglich ein Uniformierter nickt weiter hospitalistisch zu den Trommelfell erschütternden Technoweisen, die ihm sein Kopfhörer eintrichtert. „Alles Verrückte“, schmunzele ich vor mich hin. „Das wird noch ordentlich Spaß geben.“

HOLLYWOOD ODER ANDERSWO?

15. Bei der Lügengeschichte im Schwarzen Vogel habe ich von großem Kino geredet und damit einen Film gemeint, der die gesamte Wahnsinnsaktion einfangen soll. Irgendwann nehmen Christian und ich die Idee wieder auf, nach dem Motto: „Wieso eigentlich nicht?“
Ein Film würde zwar zwangsläufig noch mehr Planung bedeuten, noch mehr Zeug im Kanu und – was viel bedeutsamer ist – noch mehr Leute. Aber trotzdem, der Gedanke lässt uns nicht mehr los.

Woher bekommt man einen Filmemacher? Was braucht der? Kostet die Filmproduktion viel Geld oder kann man von den Lizenzeinnahmen auf Frührente gehen? Interessante Fragestellungen, denn obwohl Christian in unserem Dreierteam der Werbefuzzi ist, hat er vom Filmemachen, wie er selbst gesteht, keine Ahnung. Zumindest, wenn es um Dokumentarfilme geht. Lediglich in einer Hinsicht sind wir uns einig: Zuallererst brauchen wir ein Papier, auf dem draufsteht, worum es so ungefähr gehen soll. „Exposé“ ist wohl die korrekte Bezeichnung. Eine von Christians Verflossenen ist mit einem Typen zusammen, der früher für einen Fernsehsender Filme ein- und wieder verkauft hat. Aus dem reichlichen Bestand dieses Mannes besorgt die Verflossene uns ein Exposé zur Einsicht. Es geht darin zwar um einen prächtig inszenierten Kostümdokumentarfilm, aber als Vorlage taugt es trotzdem.

Noch bevor Christian die erste Zeile getippt hat, kann ich über mehrere Ecken ein Treffen mit einem Mann vereinbaren, der ein freies Filmfestival organisiert. Wenige Tage später sitzen wir in einer Kneipe an einem Stehtisch zusammen. Torben, so heißt der Spezi, ist pünktlich und stellt sich als schlanker Mittdreißiger heraus, vom Typ her irgendwas zwischen Sportstudent und Zivilpolizist. Kleine Kastenbrille, Lederjacke und immer so ein leichtes Grinsen.

Wir schütten Torben unser Herz aus und skizzieren unsere Pläne. Vor unseren Augen entsteht ein Bild von ursprünglicher Kunst inmitten einer faszinierenden Naturlandschaft. Kindheitsträume von der Bärenjagd fließen in die Erzählung genauso mit ein wie unsere ersten Mutmaßungen darüber, ob wir als Dreierbande die Zeit überhaupt zusammen überleben werden. Wir haben den Eindruck, dass Torben das Thema toll findet. „Große Geschichte, das müsste so eine Langzeitdokumentation werden. Eigentlich sollte jetzt schon losgefilmt werden. Schließlich spielt nicht nur der Stein eine Rolle. Ihr drei, was ihr für Menschen seid, welche Träume ihr mit eurem Ausflug verbindet. So was, das ist doch enorm wichtig." Das gefällt uns. Der Mann scheint zu wissen, wovon er spricht. So konzipiert man erfolgreich Dokumentarfilme.

Dann erzählt er von seinem Filmfestival, von den internationalen Regisseuren und den tollen Projekten, die da in der Pipeline stecken. Und überhaupt, er habe einen englischen Regisseur an der Hand, der sei was für uns. Natürlich müssten wir möglichst bald das Exposé rüberschicken und uns schon mal Gedanken zum Thema Budget machen.

„Ja, das Exposé", lügt Christian. „Das ist fast fertig. Ein paar kleine Änderungen noch, dann maile ich dir das rüber." Christian will noch einmal durch den Himalaja und hat den Flug schon gebucht. In einer Woche soll die Reise losgehen. Das wird ganz schön eng.

Der Abend endet mit gegenseitigen Sympathiebekundungen und mit Torbens Versprechen, dass er nach Übergabe des Exposés mit der Suche nach einem geeigneten Filmemacher beginnen werde. Christian und ich schauen uns an: „Top! Unser Mann!" Wir sind zuversichtlich. Christian zaubert in drei Tagen ein knackiges Exposé und schafft es, das fünfzehnseitige Pamphlet noch rechtzeitig zuzustellen, bevor er in das Flugzeug nach Katmandu steigt.

Dass sich Torben erst drei Monate später und auch dann nur auf hartnäckiges Drängen melden wird, können wir natürlich in diesem Moment noch nicht ahnen. Ebenso wenig wie die Tatsache, dass es in Deutschland ganz allgemein keine Dokumentarfilmer zu geben scheint. Zumindest keine, die Lust auf Arbeit haben. Aber ich bin Feuer und Flamme. Ich glaube an die Strahlkraft unseres Projektes, ich finde, dass Christian und Tom absolut kameratauglich sind und mindestens in der Cloony-Hanks-Murphy-Liga spielen.

Mich treibt die Überzeugung an, etwas Einmaliges konservieren zu wollen – ein Gedanke, den ich auch später noch für richtig halten werde. Allerdings deutlich abgeklärter ... Doch zunächst nerve ich Christian und treibe ihn dazu an, unseren Festivaldirektor anzutreiben.

ALLE SPIELBERGS ARBEITSLOS?

16. Meine Liebste steckt den Kopf durch die Tür. „Komm, steh jetzt auf. Gestern hast du gesagt, du willst früh in die Agentur." Ich gähne. Am Vorabend erst haben wir darüber geredet, dass ich in meinem Job manchmal zu sehr auf die Tube drücke und dann plötzlich keine Zeit für gar nichts mehr habe. Mit etwas mehr Organisation würde es besser gehen, meint sie. Und das stimmt im Prinzip auch. Es gibt aber so Zeiten, da kommt alles dermaßen dicke, dass die beste Organisation nichts hilft. Und in so einer stecke ich grade. Am Wochenende haben wir Full House. Mein Sohn ist da, und Besuch aus Berlin kommt angereist. Freitag ist noch eine Präsentation. Die Steuer muss gemacht werden und mein Computer hat 'ne Macke.

Zu allem Überfluss hat Irmin gerade eine besonders mitteilsame Phase. Er ruft an, fragt, was filmmäßig so geht, ob wir auf unsere Tour nicht noch einen Maler mitnehmen sollten, er will mir einen Menschen vorstellen, der Filmmusik macht, und so weiter und so fort. Außerdem hat dieser Frühstücksfilmdirektor Torben immer noch kein Wort über mein wunderbares Exposé verloren. Die Pfeife. Und dabei hat er so einen guten Eindruck gemacht. Ich maile ihm eine zaghafte Nachfrage. Sein Handy ist natürlich immer aus. Kein Feedback. Drei Wochen später meldet er sich mit der Ausrede, er habe zu tun gehabt. Die Superpfeife. Ich versinke auch in Arbeit, aber melden könnte man sich schon.

Das Telefon klingelt. Irmin ist dran. „Du, ich hab da gestern auf dem Dritten eine Doku über einen Haufen Studenten gesehen, die mit ein paar Lastwagen nach Afghanistan gefahren sind, um Hilfsgüter zu liefern. Das war wirklich toll. Ich meine, toll gefilmt. Lass uns die mal fragen, ob sie einen Film über uns machen wollen. Du findest doch bestimmt raus, wen man da fragen muss. Der Kameramann – warte mal, habe ich mir aufgeschrieben – heißt Andreas Simon und die Produktionsfirma irgendwas mit KV in Wiesbaden. Du hast doch Internet. Krieg das mal raus. Tschüüüs!“ Ich trete die Flucht nach vorn an. Operative Hektik breitet sich aus. Erst befrage ich das Internet und telefoniere in der Gegend herum (Google Suchergebnisse zu „Andreas“, „Simon“ und „Kamera“: 1.6 Millionen Seiten). Nachdem ich von einer netten Redakteurin vom SWR (in Deutschland gibt es übrigens acht Dritte Programme) den entscheidenden Tipp bekommen habe, rufe ich endlich bei der Firma in Wiesbaden an. „Ja, hallo! Christian Pfaff. Wir haben hier so eine Art ‚Kultur-Abenteuer‘ am Laufen und brauchen noch ein Filmteam ...“ Innerhalb von drei Tagen trete ich mit noch sieben weiteren Produktionsteams in Kontakt. Alle tun interessiert, alle wollen das Exposé. Keine meldet sich zurück.

Ich erinnere mich an eine nette Redakteurin vom SWR und schreibe ihr eine Mail, in der ich ihr unser Vorhaben und meine Verzweiflung in den schillerndsten Farben und mit leicht panischem Unterton beschreibe. Zehn Minuten später ruft sie an. Das sei ja ein Ding! So etwas habe sie noch nie gehört. Klar, sie kenne da ein ganz tolles Team in Berlin und könne mir auch gleich die Adresse geben. Frau Bleicher! Ich weiß nicht, wie sie aussieht, aber für mich trägt sie ab jetzt einen Heiligenschein. Diese anderen Luschen sollen sich gehackt legen, jetzt habe ich meinen Kontakt nach Berlin. Der Film ist so gut wie im Kasten! Ich rede eine ganze Stunde mit einer hochsympathischen, schlauen und humorvollen Frau, die für die empfohlene Produktionsfirma tätig ist. Sie ist extrem interessiert, dafür habe ich inzwischen ein unfehlbares Gespür entwickelt! Ich schicke das Exposé hin – und höre nie wieder von ihr. Allmählich beschleicht mich ein übler Verdacht. Vielleicht ist etwas mit meinem Exposé nicht in Ordnung? Oder – unvorstellbar! – sollte es etwa Menschen auf dieser Welt geben, die Irmins und meinem Aktionsdrang nicht folgen können?

EGODOPING UND EINE GEPARDIN NAMENS CLAUDIA

17. Keine Frage, mit diesen Filmdeppen wollen wir nichts mehr zu tun haben. Seit unserem ersten Kontakt mit Torben, der auf seiner Karte „Festivaldirektor" als Berufsbezeichnung stehen hatte, sind knapp sechs Monate ins Land gegangen, in denen wir unserem Ziel, ein nettes und enthusiastisches Filmteam zu gewinnen, keinen Millimeter näher gekommen sind. Seit Längerem erzählt Christian mir von dem Freund seiner Exfreundin, der ein erfahrener Filmkenner zu sein scheint und schon Tausende von Exposés begutachtet haben soll. Der Filmkenner ist allerdings eifersüchtig auf sämtliche verflossenen Liebhaber seiner Freundin, weshalb auch das Verhältnis zwischen ihm und Christian nicht das Beste ist. Trotzdem kann ich Christian schließlich überreden, dass er zum Hörer greift und ein Treffen vereinbart.

Manfred, so heißt der bärtige und kettenrauchende Vierziger, wartet schon, als Christian und ich das zeitgeistige Elbe 76 im Hamburger Stadtteil Eppendorf betreten. Das Exposé hat Manfred gelesen, und er findet es professionell, spannend und auf den Punkt. Allerdings hat er jede Menge Fragen und interessante Einsichten.

Zunächst einmal klärt er Christian und mich darüber auf, dass es in Deutschland nur eine Handvoll TV-Redaktionen gebe, die von den zahllosen Doku-Filmemachern und Agenturen sowie den üblichen Deppen dementsprechend heimgesucht würden. Von tausend Exposés schaffe es vielleicht gerade eines ins Fernsehen, sagt Manfred. Dazu seien die Redaktionen nicht gerade erfolgsverwöhnt und hätten deshalb ein vitales Interesse daran, dass jeder Doku-Film ganz genau ihren persönlichen Vorstellungen entspreche. So eine Produktion sei minutiös durchgeplant, um möglichst viele Kosten und Zeit zu sparen.

„Nehmen wir mal an ...“, meint Manfred und steckt sich eine Kippe in den Mundwinkel, „... NDR 3 möchte eine Dokumentation über australische Riesenfrösche machen. Dann fährt das Produktionsteam ganz bestimmt nicht in die Pampa und wartet, bis so ’n Lurch um die Ecke krabbelt. Die fahren nach Toogoolowah. Da lebt so ein Typ, der hat fünfzehn von den Viechern. Die kann man dann im Studio filmen oder in seinem Schrebergarten. Wenn man will, auch im Auto. Der macht mit seinen Fliegenfallen Werbespots, Dokumentarfilme – eben alles, was Geld bringt.“ Genüsslich grinsend lehnt sich Manfred zurück. „Oder schaut euch diese Afrika-Dokus an. Ich weiß nicht, warum überhaupt noch irgendwer was über Geparden macht. Über die gibt’s schon Tausende von Filmen. Aber wenn du unbedingt einen machen willst, dann fährst du zu Harry Soundso. Der hat trainierte Wildkatzen. Freunde von mir, die schon mit ihm gearbeitet haben, sind immer ganz aus dem Häuschen, wenn sie auf dem Discovery Channel wieder eine Doku sehen: ‚Afrika – geheimnisvolles Land der gnadenlosen Kampfkatzen‘ oder so, die springen dann vom Sofa und brüllen: ‚Da ist Claudia!‘ So heißt nämlich eine der Gepardinnen von Harry. Nett, schmusig und absolut kameratauglich, das Vieh.“

Auch den Jahrmarkt der Eitelkeiten spricht Manfred an. So ein Dokufilm-Redakteur beim Fernsehen wolle sich mit der eingekauften Produktion natürlich auch schmücken. Beim Barolo mit Freunden müsse er erzählen können, was er alles geleistet habe, um aus dem stümperhaften Exposé einen ordentlichen Halbstünder zu machen. Wie er die Kosten geknechtet, dem Drehbuchschreiber seine Arbeit erklärt, der Produktion Beine gemacht habe, und, und, und ... „Ego-Doping“, bemerkt Manfred trocken. „Und jetzt kommt ihr an. Drei Bekloppte im Dschungel, die illegal einen Stein fertig machen. Ich sach mal: Toi, toi, toi.“ Zugegeben – wir sind etwas desillusioniert.

Wenige Tage nach dem ernüchternden Essen mit Manfred schlägt sich das Glück dann überraschend doch noch auf unsere Seite. Christian hat bei einem Bier in Hamburg zufällig seine alte Freundin Helga wiedergetroffen, die, wie es der Zufall so will, als Drehbuchautorin ihre Brötchen verdient. Helga wiederum kennt Ernesto, einen Regisseur und Produzenten, der schon Dokus über venezianische Gondelbauer und Schweizer Serienmörder gedreht hat. Genau unser Kaliber also.

Christian hat Helga vor Jahren in einem Buchladen kennengelernt. „Lange, dunkelbraune Haare, ein schmales, sehr sympathisches Gesicht und ordentlich Holz in der Hütte“, so beschreibt Christian die Autorin und meint, dass sie auf angenehme Weise schlau ist.

Wir wollen uns samt Ernesto bei Tom zum Essen treffen. Bei ein paar Flaschen Rotwein sprechen wir über Schwierigkeiten und bekommen mal wieder so ein „gutes Gefühl“. Entschlossen, die Doku-Arie jetzt endlich abzuschließen, machen wir Helga einen Vorschlag, den Christian, Tom und ich zuvor unter sechs Augen in der Küche abgesprochen haben: „In zwei Monaten fahren wir nach Kanada. Helga, du kommst mit, lernst uns ein bisschen kennen, schießt ein paar Takes mit der Mini-DV, und nachher schauen wir, was geht“, biete ich an. Alle nicken.
„Der Film kriegt 'n Oskar!“, denke ich, aber wenn ich genau hingehört hätte, wären mir Zweifel gekommen. Denn Helga ist enorm am menschlichen Miteinander interessiert. Sie skizziert Konflikte und mögliche Auseinandersetzungen in der Dreiergruppe, die ich in meiner Vorfreude und Spannung gar nicht sehe. Ich bin einfach happy, dabei wird sich später herausstellen, dass Helga geradezu hellseherische Fähigkeiten besitzt.

VON GROSSEN ERWARTUNGEN UND DER REALTITÄT

18. Es ist so weit. Irmin, Tom, Helga und ich haben in den vergangenen acht Wochen ordentlich geplant, organisiert und uns zehn Tage im September freigeschaufelt, um nach Kanada zu fliegen.

Noch am Vorabend des Fluges muss ich bis spät in die Nacht in der Agentur schuften. Dann packe ich den Rucksack und öffne zur Feier des nahenden Morgens eine Flasche Champagner mit meiner Liebsten. So richtig fokussiert auf das, was da kommen soll, bin ich nicht. „Wird schon werden", denke ich, bekomme aber dennoch vor Aufregung kaum ein Auge zu.

Trotz toller Planung ist es uns nicht gelungen, einen gemeinsamen Flug zu buchen. Irmin und Tom haben Deutschland via Bremen verlassen. Helga, die wir später dazugebucht haben, fliegt zwar wie ich von Hamburg, aber mit einer anderen Maschine. Interessanterweise werden die Vögel aber nahezu gleichzeitig in Toronto landen. Helga treffe ich kurz vor Abflug am Flughafen. Kichernd checken wir im Duty-free ein. Wir kaufen Underberg für Irmins Schwiegervater, den wir bald kennenlernen werden, und Zigaretten für uns. Wer weiß denn, wie in Kanada die Preise für Lungengift sind?

Viele lange Stunden später steige ich aus dem Flieger. Toronto präsentiert sich von seiner vermutlich hässlichsten Seite. Es regnet, und der Himmel ist grau verhangen. Per SMS funke ich unser Team an, und innerhalb von nur fünfzehn Minuten haben wir uns im Ankunftsbereich gefunden. Eigentlich unglaublich, wenn man überlegt, dass wir noch vor wenigen Stunden mehr als sechstausend Kilometer entfernt in Deutschland gewesen sind. Unkompliziert gestaltet sich auch die Versorgung mit einem fahrbaren Untersatz. Keine halbe Stunde später sitzen wir im Durango, einem mutierten Kombi-Viech von Geländewagen, und brettern Richtung Havelock, dem Ort, an dem uns Irmins Schwiegervater für die nächsten zwei Tage beherbergen soll.

Mein erster Kanada-Eindruck ist enttäuschend. Es regnet stark, wir fahren auf einem hässlichen, von Hochhäusern, Motels und Industriegeländen gesäumten Highway in den herunterdunkelnden Abend zunächst in Richtung Peterborough. Der Verkehr staut sich. Ich habe das Gefühl, irgendwo am Autobahnkreuz vor Frankfurt hängen geblieben zu sein. Dennoch ist die Stimmung im Auto gut. Tom erzählt aufgekratzt Geschichten von Touristen, die Bären zum Opfer gefallen sind, Irmin kennt den Weg und Helga wirft nette, leicht zynische Kommentare über unsere ruppige Runde ein. Unter dem Vordach eines Country-Burger-Schuppens trinken wir Kaffee: eine dünne Brühe, die anscheinend zum kanadischen Standard gehört. Genau das Richtige für Leute, die weder wach werden wollen noch was mit Geschmack am Hut haben.

Drei Stunden, nachdem ich zum ersten Mal kanadischen Boden betreten habe, rollen wir in Havelock ein. Unser Ziel ist ein großes Farmhaus mit einer erhöhten Veranda. Das Grundstück liegt ein ordentliches Stück außerhalb in der Natur und ist riesig, es gibt Felder mit Apfelbäumen, ausgedehnte Grasweiden, viel Wald und zahlreiche Holzschuppen. Beim Einfahren sehe ich einen alten Hund, der vor einer erleuchteten Fliegengittertür steht. Es hat aufgehört zu regnen. Bodennebel steigt auf. Ein grauhaariger, knackiger Jeanstyp um die Siebzig öffnet das Fliegengitter: „Hello, good to see you. Wie war der Flug?" Sehr sympathisch auf den ersten Blick. Schlaue, erfahrene Augen blicken mich an: „Du bist ...?" Ich strecke ihm die Hand entgegen: „Christian." Er packt kräftig zu: „Walter. Kommt rein. Something to eat? Ihr müsst Hunger haben." So einen Großvater hätte ich auch gern, geht es mir durch den Kopf.

Das Holzhaus ist sympathisch männlich eingerichtet. Ein Holztisch, der ursprünglich vermutlich für den Freiluftgebrauch vorgesehen war, ist im Innenraum vor einer Pantryküche aufgebaut. Als Wandschmuck wechseln sich Luftaufnahmen des Grundstücks mit Kinderzeichnungen und Notizzetteln ab. Eine Axt, der nasse Hund, ein paar Plastikstühle und eine Holzbank stehen herum. Der riesige Vorraum lässt sich zu einem angrenzenden Kaminzimmer durchschreiten, in dem es neben ein paar Sitzgelegenheiten und einer Kunststofftonne noch einen großen Kühlschrank gibt. Eine Gitarre entdecke ich ebenfalls. Über eine Treppe gelangen wir in den ersten Stock, der zahlreiche Räume und ein funktionales Badezimmer beherbergt. Tom und ich bekommen einen hölzernen Großraum mit integriertem Ehebett. Das ist endlich das Kanada, auf das ich gewartet habe. Unprätentiös, holzfällermäßig und herzlich.

„Morgen ist eine Lumberjack-Party", erzählt uns Walter bei einem improvisierten Dinner aus Obst, Oktoberfestwürstchen, Käse und Brötchen. „Ein paar Freunde und ich halten Vorträge über das ökologisch sinnvolle Auf- und Abforsten, und später gibt's ein Schwein vom Grill." Eine Neonlampe wirft ihr Licht in den Vorraum. Wir hören den Wind um die Hütte streichen. „Wollt ihr ein Bier? Hier gibt es ein Zeug – Bohemian heißt das. Nicht schlecht." Ich schließe Walter sofort ins Herz. Mir gefällt seine entspannte Art. Ich habe kaum jemals einen Menschen getroffen, der mir so das Gefühl gegeben hat, dass er genau am richtigen Ort lebt. Walter passt exakt hierher. Sheba, seine alte Hündin, und Squatter, ein quirliger schwarzer Kater, teilen sich einträchtig mit ihm die Idylle einige Kilometer außerhalb des kleinen kanadischen Kaffs. Um den Holztisch versammelt, machen wir Pläne für den nächsten Tag. Ausrüstung, Vorräte und Musik sollen beschafft werden. Um 22 Uhr kanadischer Zeit liegen Tom und ich bereits im Bett. „Hatte ich dir schon erzählt, dass ich schnarche?", flüstere ich ihm in den Schlafsack. „Hatte ich dir schon erzählt, dass ich gewalttätig bin?", kommt es zurück.

DIE PERFEKTE STILLE

19. Ich bin so aufgedreht, endlich wieder in Kanada angekommen zu sein, dass ich mich unmöglich ins Bett legen und schlafen kann. Nachdem Tom und Christian sich in ihre Koje verabschiedet haben, beginnt auch mein Schwiegervater ausgiebig zu gähnen und zieht sich zurück. Ich überlege Helga zu fragen, ob sie noch auf einen kleinen Spaziergang mit rauskommt, lasse es dann aber doch bleiben. Wir haben noch keinen „heißen Draht" zueinander, ich hoffe, dass sich das entwickelt, sobald wir mit der Arbeit an unserem Projekt beginnen.

Sie hat Tom und mich bereits mehrmals nach unseren Plänen für die gemeinsame Skulptur gefragt. Tom kennt zu diesem Zeitpunkt das Gelände noch nicht, weshalb er zu dem Thema nichts sagen kann, und mich nerven die Fragen, weil ich bisher nur eine vage Vorstellung von unserem Kunstwerk habe. Ich fühle mich erwischt, denn ich denke, ich sollte schon genauer formulieren können, was wir eigentlich abliefern wollen. Damit kommt immerhin ein bisschen kreative Reibung auf, wenn auch zunächst nur in meinem Inneren.

Also laufe ich allein noch ein paar Schritte über Walters Farm. Die Nacht ist klar, aber nicht allzu kalt. Von den Regenwolken des Tages ist nicht mehr das Geringste zu sehen. Ich biege hinter den Teichen ab in Richtung der Obstweiden, gehe dann eine Weile im Dunkeln an den Apfelbäumen entlang und stehe plötzlich an einer offenen Wiese im hinteren Teil des Geländes, wo man einen Hügel hochklettern kann. Der Ausblick ist eine kleine Sensation. Ich sehe einen absolut klaren Sternenhimmel ohne das geringste Streulicht. Noch eindrucksvoller ist die Ruhe der windstillen Nacht. Sosehr ich mich konzentriere – ich höre nichts. Wo kann man das in Deutschland – nichts hören – absolut gar nichts? Nicht einmal in der Ferne fährt ein LKW oder eine Bahn. Wenn die Stille hier schon so unglaublich ist, nur wenige Kilometer außerhalb von Havelock, was erwartet uns dann erst, wenn wir unser Camp in der Wildnis aufschlagen? Die perfekte Stille steigert meine Vorfreude auf unser Abenteuer, denn von Abenden wie diesem werden wir dort noch mehrere erleben.

Die Anstrengung der Reise fällt von mir ab. Ich bin zwar hundemüde, aber einige Gedanken halten mich wach. Zunächst weiß ich, dass man sich am ersten Abend nach dem Flug über den großen Teich lange wachhalten muss, um Probleme mit der Zeitumstellung zu vermeiden. Der nächste Morgen kommt einfach sechs Stunden später. Dann denke ich an unsere Reisegruppe. Bisher ist die Stimmung großartig, hoffentlich bleibt das auch so. Mir wird bewusst, dass ich den Zeitplan für die nächsten Tage allein aufgestellt habe. Zumindest von Helga kam bei der Ankündigung eine hochgezogene Augenbraue. Vielleicht müssen wir darüber noch diskutieren. Ich stehe etwa zwanzig Minuten mit meinen Gedanken in der sternenklaren Stille. Das ist genau die Atmosphäre, bei der man Glücksgefühle entwickeln kann. Ich lächele die Sterne an und laufe schnell zurück. In Walters Holzhaus erwartet mich die Steigerung: ein warmes, weiches Bett!

SPRECHENDE STEINE

20.

In Gedenken an Toms Bärenangst montiere ich um sieben Uhr morgens meine eigens zur Bärenvertreibung bei Karstadt-Sport gekaufte Drucklufthupe. Tom – durch mein nächtliches Schnarchen bereits stark geschwächt – wird sodann mit einem Achtzig-Dezibel-Druckluftstoß in die frühmorgendliche Realität befördert. Wenig später folgt der erste kanadische Augenöffner. Auf der Pritsche seines vorsintflutlichen Pick-ups der Marke International fährt uns Walter über seinen Grund und Boden. Es ist Herbst, der Indian Summer beginnt, die Zeit, in der sich hier alles bunt färbt. Ich habe einen schönen Blick in die Natur. Wälder und weite Wiesen dampfen am Morgen, der Nebel lüftet sich. Auch wenn Walter hier noch recht zivilisiert lebt, spüre ich die Weite schon jetzt. Am Waldrand springen Hirsche vorbei. „Nachts hört man hier ab und zu Wölfe“, sagt Walter. Ich sauge die kühle Morgenluft ein.

Wir gönnen uns ein zweites Frühstück in der Station, einer Restaurant-Pinte im stillgelegten Bahnhof von Havelock, in der High-Colesterol-Truckerfood serviert wird, und brechen dann zum Einkauf auf ins benachbarte Peterborough. Wir besorgen uns eine komplette Survival-Ausrüstung, Zelte, Isomatten, Regenjacken, Bier, Batterien, Kerzen. Für Tom gibt's eine Dose Pfefferspray als Waffe gegen Bären sowie eine Bärenglocke, die er sich ans Bein binden kann, um Papa Petz laut und deutlich mitzuteilen, wo sich das frische Fleisch befindet. Highlight des Peterborough-Trips ist der Besuch im örtlichen Plattenladen Blue Streak Records, bei dem wir der wüsten Gestalt am Counter deutlich machen, dass wir jetzt mal gern den heißesten Scheiß der kanadischen Musikszene hören wollen. Wir bekommen, was wir verlangen und verlassen die Stadt mit einem ansehnlichen Bündel Independent-CDs.

Unser nächstes Ziel: Die Petroglyphs, eine Stelle mitten in Ontarios Outback, an der die Indianer vor sechshundert bis tausend Jahren Felszeichnungen hinterlassen haben. Die Bilder besitzen für die Ureinwohner Kanadas eine tiefe kulturelle und religiöse Bedeutung. Im Wald, geschützt von einer Glas- und Stahlkonstruktion, liegt eine Felsformation, auf der zahlreiche der uralten Steinzeichnungen zu sehen sind. Manche wirken wie einfache Strichbilder. Ein Pferd, ein Wolf, eine Schildkröte. Andere sind anscheinend ritueller Natur. Einfache Symbole, wie gepunktete Kreuze, Pfeile oder Muster. Mir gefällt die Schlichtheit der Bilder sehr gut. Wie da wohl jemand vor tausend Jahren drauf gekommen ist, just an dieser Ecke eine Schildkröte in den Stein zu ritzen?

Wenig später ist es Zeit für eine Premiere. Ich treffe meinen ersten Indianer. Bis auf seine zu einem schwarzen Zopf zusammengebundenen langen Haare und das hagere Gesicht unterscheidet er sich kaum von den Besuchern. Er trägt Jeans und Pulli. Auch wenn er nur am Info-Counter sitzt, spüre ich seine tiefe Verbundenheit zu diesem Ort, als er mir und Helga in ruhigem Ton auf unsere Fragen nach der Herkunft der Petroglyphen antwortet. Trotz der Offenheit, mit der er unsere Fragen beantwortet, wirkt er sehr in sich gekehrt. Nicht ohne Witz erklärt er uns die Geschichte der aussterbenden Clans. Er erzählt, wie der Rat der Ältesten seit Urzeiten den jüngeren Indianern mithilfe der Petroglyphen seine Weisheit vermittelt und wie wir die Zeichen interpretieren sollen. Ich wandere um die große Felsfläche herum und betrachte die „sprechenden Steine“, wie die Indianer sie nennen. Irmin und mir gefallen die Zeichnungen sehr. Wir unterhalten uns darüber, und Irmin berichtet mir, dass er schon daran gedacht hätte, bei dem Kunstprojekt nicht zwingend nur die Skulptur, sondern auch die Steingrafik als Ausdrucksmittel zu nutzen.

Helga unterhält sich lange mit dem Indianer. „Wir könnten auf ein Stammesfest fahren“, freut sie sich. Knapp fünfzig Meilen entfernt findet ein sogenanntes „Pow Wow“ statt. Irmin hat keine Lust, Tom weiß nicht so recht, und ich muss zugeben, dass ich für heute ebenfalls genug gesehen habe. Helga ist enttäuscht und lässt es uns wissen. Sichtlich bemüht, so tief wie nur möglich in das kulturelle und spirituelle Erbe des Landes einzutauchen, kann sie es kaum glauben, dass wir uns nicht die Zeit nehmen wollen, um uns das Clanfest anzuschauen. Aber es ist bereits später Nachmittag, und obwohl wir die Indianer durchaus noch näher kennenlernen wollen, freuen wir uns auch auf Havelock.

Walter veranstaltet eine Infoveranstaltung für die Holzfäller der Umgebung. Gegen Abend, als wir ankommen, ist sein Haus belagert von einer bunt gemischten Truppe von handfesten Kerlen. (Deodorant? Fehlanzeige!) Den Tag über haben sie sich bedächtig Vorträge über den verantwortungsvollen Umgang mit dem Baumbestand angehört; jetzt spielen das große Spanferkel und das dazu passende Bier die Hauptrolle. Männer mit Caps oder Hüten in grober Arbeitskleidung. Mir gefällt die vertrauensvolle Art, mit der sie uns in ihre Reihen aufnehmen. So stelle ich mir den Pioniergeist der ersten Einwanderer vor. Nicht lang reden, sondern schauen, was der jeweilige Neuankömmling zu bieten hat. Gemütliche Machertypen. Genau mein Fall. Mit der eintretenden Dunkelheit steigen die Männer nach und nach in ihre riesigen Pick-ups und fahren davon.

Nachts grübele ich noch eine Weile, wie sich das Projekt weiterentwickeln wird. Die sprechenden Steine waren unspektakulär und beeindruckend zugleich. Die Sache mit Helga und dem Clanfest hat gezeigt, welche unterschiedlichen Vorstellungen wir davon haben, unsere Zeit zu verbringen.

RENDEZVOUS NACH FEIERABEND

21. Wir sind seit ungefähr einer halben Stunde zurück von unserem Ausflug zu den Petroglyphs. Christian und Tom haben sich draußen sofort mit der Belegschaft von Walters gemütlicher Lumberjack-Party angefreundet und sich ein Bier geben lassen. Bei Helga und mir ist die Stimmung etwas gedämpft, weshalb wir uns für einen Moment auf unsere Zimmer zurückziehen. Mir haben beim Anblick der „Kinomagewapkong" – so nennen die Leute in Ontario ihre Petroglyphs – die Finger gejuckt. Ich wollte selbst Hand anlegen, den hinter Glasscheiben gesicherten Granit berühren, die eingeschlagenen Zeichen und Symbole abtasten. Am liebsten hätte ich das Freiluftmuseum nach einer Viertelstunde wieder verlassen und wäre zurück zu Walters Grundstück, oder noch besser: zur nächsten abgelegenen Felsengruppe gefahren. Helga dagegen konnte gar nicht genug kriegen. Sie hat dem Indianer in seinem Infohäuschen so viele Fragen gestellt, dass der arme Mann gar nicht mehr wusste, was er noch sagen sollte.

Draußen sitzen die Lumberjacks um einen Spanferkelgrill versammelt. Christian und Tom unterhalten sich mit den durch die Bank stämmigen Holzfällertypen, als hätten sie schon immer dazugehört. Walter kommt mir mit einem Stapel Teller entgegen und lädt mich ein, mich dazuzusetzen. Ich druckse jedoch herum und erkläre, ich wolle mir vorher noch die Beine vertreten. Er guckt auf das kleine blaue Leinentäschchen, das ich bei mir trage, sagt aber nichts. Sheba trottet zu uns herüber, legt sich neben uns ins Gras, und mein Schwiegervater und ich bleiben noch einen Moment in der Abendstimmung zusammen stehen.

Wir unterhalten uns über das geplante Abenteuer und die jahreszeitlichen Probleme, die uns erwarten werden. Walter sagt, Mai und Juni seien zwar vom Wetter her gut erträglich, aber die Blackflies seien Grund genug, einen Bogen um die Gegend zu machen. Blackflies sind kleine Fliegen, die noch viel winziger sind als deutsche Stubenfliegen, einem aber blutige Löcher in die Haut fressen, die anschließend lange jucken. In mir reift der Plan, unsere Aktion von Mitte Juli bis Ende Oktober stattfinden zu lassen.

Ich spreche Walter auf die Bären an, ich will wissen, inwiefern von den Tieren wirklich eine Gefahr für Leib und Leben ausgeht. Zu meiner Überraschung bezeichnet er die Schwarzbären als Angsthasen, die zumeist abhauen, sobald sie einen Menschen sehen. Er berichtet von einem Freund, der von einer Bärenmutter „lediglich" ein paar Ohrfeigen und einige Kratzer am Arm abgekriegt habe, bevor das Tier weggerannt sei. „Bären fressen keine Menschen." Ich frohlocke. „Das muss ich nachher unbedingt Tom erzählen", sage ich. Insgeheim wundere ich mich allerdings, warum wohl in der Touristeninformation in Peterborough und an allen mir bekannten Hotelrezeptionen der Gegend diese visitenkartengroßen Hinweisschildchen ausliegen, auf denen vor lebensgefährlichen Bären gewarnt wird.

Walter wird mit seinen Tellern an den Grill gerufen, und ich gehe noch einmal den Weg, den ich in der vergangenen Nacht schon gegangen bin. Hinter den Teichen vorbei, dann an den Apfelbäumen entlang bis zu der großen Weide. Und tatsächlich habe ich mich gestern im Sternenlicht nicht getäuscht – am Rand der Weide, hingekuschelt an einen kleinen Hang, liegt eine Gruppe von Felsen. Ich hole mein Werkzeug aus der blauen Leinentasche und bin aufgeregt wie ein kleiner Junge vor der Bescherung. Meine ersten Schläge auf kanadischem Granit, kniend auf einem sanft gewölbten Felsen. Darauf habe ich den ganzen Tag gewartet. An einer Stelle ist eine herzähnliche Linienführung vorgegeben, die ich mit meinen Schlägen nachzeichne. So habe ich das Gefühl, keinen unüberlegten Schwachsinn für die Ewigkeit zu hinterlassen, da ich für die Form ja nicht verantwortlich bin. Ich schlage eine halbe Stunde lang auf den Felsen ein, um eine Vorstellung zu bekommen, was man überhaupt schaffen kann. Das Ergebnis stimmt mich nicht besonders euphorisch, aber es ist auch nicht niederschmetternd. Ich stelle fest: Man kann deutliche Spuren hinterlassen, wenn man kräftig und ausdauernd zu Werke geht. Das reicht mir fürs Erste – unser Vorhaben ist jedenfalls nicht aussichtslos. „Der Stein ist besiegbar, jetzt müssen wir uns nur noch selbst besiegen", denke ich mir und sehe zu, dass ich zu den anderen an den Grill komme.

DER RUF DER WILDNIS HAT 45 PS

22. Aufbruchstimmung. Am dritten Tag unserer Tour räumen wir unsere Sachen zusammen, stopfen sie in den Durango und drücken Walter noch einmal an die Brust. Schon bei diesem Abschied werde ich ein bisschen wehmütig. Ein toller Typ. In acht Tagen werden wir ihn wiedersehen. Nachdem Irmin ihm von Toms Befürchtungen bezüglich etwaiger Bärenattacken erzählt hat, überreicht er uns seinen Bärentöter. Prinzipiell nur ein dicker Besenstiel, an dem ein stehendes Messer befestigt ist, aber – wie Walter meint – eine sehr effektive Waffe, um einen angreifenden Pelzträger zu stoppen.

Dann machen wir uns auf in Richtung Killarney, wo wir einen geeigneten Platz für unser Projekt finden wollen. Der Wagen ist voll beladen, die Laune gut und auch die Sonne scheint. Irmin schlägt vor, eine längere Route zu fahren, die uns mehr Ausblicke bieten soll. Und das tut sie dann auch. Auf dem Weg bewahrheiten sich meine bislang gehegten Klischees über Kanada in ihrer Gänze. Auf langen, zum Teil kaum befahrenen Highways pflügen wir durchs Land. Zur Linken und Rechten liegen Farmlandschaften mit weiten Grünflächen, gelegentlich sind einzelne Rinder- oder Schafherden zu sehen. Holzhäuser mit großen Veranden stehen neben Wassertürmen, dann fahren wir wieder durch sumpfige Waldgebiete, in denen die zahllosen Gerippe abgestorbener Bäume aus dem Boden ragen. Kleine Seen, große Seen. Hin und wieder durchfahren wir kleine Dörfer, westernstadtähnliche Biotope kanadischen Lebens, die General Stores, Fast-Food-Buden sowie meist einen Auto- und Farmmaschinenhändler beherbergen. Leben an der Straße. Yard-Sales, Trailerparks und Holzhütten ziehen vorbei.

Im Auto herrscht ausgelassene Stimmung. Die kanadischen Rock-CDs oder eine von Irmin aus irgendeiner Ecke gezogene Best of Dr. Hook-Scheibe dröhnen aus den Lautsprechern unseres Monster-Pick-ups. Wir singen laut zu „On a Cover of the Rolling Stone“ mit. Auch Helga ist bester Laune. Die Spannungen des gestrigen Tages scheinen, zumindest vorläufig, in Vergessenheit geraten zu sein.

Nach knapp hundertfünfzig Kilometern halten wir an. Unsere letzte Shoppingtour gilt dem Proviant. Obst, Knabberkram und Käse wandern in den Kofferraum. Und immer wieder bestellen wir diese bräunliche Flüssigkeit, von der die Einheimischen behaupten, es handele sich dabei um Kaffee. Wir durchqueren den Algonquin National Park, der eine eigene Radiofrequenz besitzt, auf der wir im Vorbeifahren alles Wissenswerte über die Natur und den Park erfahren. Irgendwann nach weiteren dreihundert Kilometern zeigt ein Schild nach links: „Killarney 67 km“. Eine schlaglochreiche Asphaltpiste mit Ausblick auf noch mehr Wälder und Seen. Irmin erzählt, dass die Straße ohne Abzweigungen den ganzen restlichen Weg nach Killarney durch die Wildnis führt. Rechts und links liegen Wald und Busch, ab und zu überqueren wir einen Fluss, sehen kleine und große Granitfelsen, Sümpfe und ein paar Seen. Es gibt keine Häuser, keine Zeichen von Zivilisation. Ohne Kompass wäre man hier vermutlich hundert Meter von der Straße entfernt schon verloren. Auf der Karte stellen wir fest, dass man teilweise fünfzig Kilometer ins Nirgendwo hineinlaufen kann, bis man dann vielleicht am Ufer der Georgian Bay wieder herauskäme. Nach etwa der Hälfte der Strecke rauschen wir an einem einsamen Polizeiwagen mit blinkendem Licht vorbei. Ein Officer sichert gerade die Straße mit Absperrband. Wenige Meter zu seiner Rechten hat sich ein Toyota frontal um einen Riesenbaum gewickelt. Wie das Leben so spielt.

Kurz vor Killarney dann ein paar Holzhütten. Das Headquarter des ansässigen Nationalparks. Irmin fährt rechts ran. Wir müssen uns sogenannte „Permits“ kaufen, damit wir in der Gegend parken dürfen. Diese Tickets dienen zudem unserer eigenen Sicherheit: Würden wir nicht wieder auftauchen, dann wüsste man zumindest, von wo aus die ersten Suchtrupps losgehen müssten.

Noch ein paar Kilometer weiter taucht dann Killarney auf. Zu meiner Überraschung sieht der für uns letzte Punkt kanadischer Zivilisation aus wie ein norddeutsches Küstenkaff. Dicht gelegen an der Georgian Bay, besteht der Paar-Hundert-Seelen-Ort nur aus wenigen Holzhäusern, einem General Store, zwei Kneipen, einer Kirche und einer Polizeistation. Der Ort ist fast zweihundert Jahre alt, die Straße, auf der wir gekommen sind, gibt es aber erst seit Mitte der 1960er-Jahre. Vorher war Killarney nur über das Wasser zu erreichen – und ein wenig sieht man das dem Ort noch heute an. Die Zeit scheint hier in den letzten Jahrzehnten etwas langsamer abgelaufen zu sein.

Am Pier steht ein ausrangierter Schulbus: „Herbert's Fishery". Herbert und seine kompakten Mädels tischen hier frisch frittierten Fisch erster Kategorie auf. Die Ruhe im Dorf ist unfassbar. Die meisten Europäer würden aufgrund der Stille hier vermutlich nach kürzester Zeit Selbstmord als Option in Betracht ziehen.

Drei frittierte Fischteilchen später bewegen wir den Durango wieder aus Killarney hinaus. Von der Piste biegt irgendwann rechts ein Waldpfad ab. Auf dem verwitterten Holzschild steht „Chikanishing Creek" zu lesen, unser Abfahrtsort, bei dem es sich allerdings nicht etwa um einen Anleger, einen Steg oder etwas Hafenähnliches handelt, sondern nur um einen schlichten Parkplatz mit Anschluss an einen kleinen Flussarm. Wir laden unser Zeug ab. Ich stehe am Ende eines kleinen Schotterpfades zwischen Felsen und Sumpf und kann mir nicht vorstellen, dass wir hier wirklich abgeholt werden – bis ich ein Brummen vernehme und im späten Nachmittagslicht ein größeres Motorboot den Creek heraufschippern sehe. Heraus springt Red, ein junger Bursche, an dessen Haarfarbe man schnell erkennen kann, woher er seinen Spitznamen hat. Das sommersprossige Gesicht grinst mich fröhlich an, der Händedruck entspricht oberem Holzfällerstandard, und nach wenigen Minuten sind Helga, Irmin, Tom und ich samt Gepäck verladen.

Geschickt wendet Red das offene Motorboot. Aus einem Lautsprecher dudelt Musik aus den Charts, während wir durch eine felsige Waldlandschaft schippern. Eine Wasserschlange kreuzt unseren Weg, nur kurz darauf weitet sich der Creek, und wir haben freie Sicht auf einen See, der für meine Kategorien eher an einen Ozean erinnert. Bis zum Horizont kein Land in Sicht, hohe Wellen und Inseln. In der bereits untergehenden Abendsonne dreht Red den Motor auf und lässt unser Boot auf einen flussähnlichen Kanal zupreschen, der eine vorgelagerte Insel in der Georgian Bay durchschneidet.

Kurz nach der Einfahrt legt Red auf Irmins Geheiß an einem der ersten Felsen an, der vor der Insel aus dem Wasser ragt. Wir erklimmen das Ufer im sich langsam rötlich färbenden Abendlicht. Vor uns türmt sich ein riesiger Granitfelsen auf. Wir sind beeindruckt und halten den Atem an. „Freunde, solche Plätze gibt es hier zu Tausenden, aber es gibt nur einen, an dem wir für hundert Tage unser Camp aufschlagen. Wir werden ihn finden!“, proklamiert Irmin.

Nach einer knappen Stunde erreichen wir unser Basislager, die Mill Lake Lodge. Eine kleine Ansammlung von Holzhütten am Rande des Waldes. Eine der Hütten – eine recht lieblos zusammengehauene Pressspankonstruktion mit Veranda und drei Zimmern – wird für die nächsten Tage unsere Unterkunft. Zum Schlafen gibt es Doppelstockbetten; eine kleine Küche und eine spartanische Dusche runden den unspektakulären Anblick ab. Basic will do!

Eine halbe Stunde später finden wir uns in der Mainlodge ein. In der bilderbuchartigen, aus dicken Bohlen gezimmerten Hütte glotzen uns zahlreiche ausgestopfte Jagdtrophäen an. Bären, Riesenhechte, Hirsche, Auerhähne, Eulen, Elche, Marder – der ganze Stolz der jagenden Zunft – hier ist er zu Hause. Die Lodge-Leute selbst sind einfach, nett und fett. Kein Wunder, von gesunder Küche ist man hier weit entfernt. Dicke Weißbrotscheiben, fette Lasagne – im Outback scheint jede Kalorie zu zählen.

Ein paar Bohemians später liegen wir an diesem Abend schon früh in der Falle. Von himmlischer Ruhe ist allerdings keine Spur. Der Ruf der Wildnis hat in der Mill Lake Lodge einen eher rustikalen Klang. Wir lauschen dem satten Sound eines 45-PS-Diesel-Stromgenerators, der die Romantik des abendlichen Vogelgezwitschers gegen die Vorzüge der Zivilisation eintauscht – es gibt hier elektrisches Licht, Kühltruhen und einen Fernseher. Um 23 Uhr erbarmt sich der Generator und das Licht geht aus. Ab jetzt herrscht Ruhe, und zwar ohne jede Einschränkung.

DAS FALSCHE TEAM

23. Von der Mill Lake Lodge brechen wir am nächsten Morgen mit dem Motorboot in die Wildnis auf. Ein Gebiet von circa zweihundert Quadratkilometern könnten wir erkunden, um den Platz zu finden, der optimal für unser Projekt ist. Natürlich erkunden wir die Gegend nicht nur nach dem Zufallsprinzip. Es gibt drei Kriterien, nach denen wir vor allem Ausschau halten:

1. Ein ebenerdiges Lager zum Schlafen, das ausreichend Windschutz und Schatten bietet.
2. Ein zweiter, etwas abseits gelegener Ort, an dem wir unsere Lebensmittel aufbewahren können. Falls Tiere sich darüber hermachen, dann wenigstens in sicherem Abstand zu unseren Luftmatratzen.
3. Eine möglichst leicht zu erreichende Stelle für den künstlerischen Teil der Veranstaltung.

Zunächst verläuft unsere Erkundungstour eher fröhlich und konstruktiv. Jerry, der Inhaber der Mill Lake Lodge, hat uns ein Motorboot geliehen, dessen Kapitän ich so lange bin, bis der blöde Außenborder nach einem Stop nicht wieder anspringen will. Tom hat mehr Power in den Armen – obwohl er nach einigen zunächst vergeblichen Versuchen an der Starterleine ebenfalls negative Rückmeldung aus seinem Kreuz bekommt. Dann startet der Motor doch noch, und er ist happy und steuert die nächsten Zwischenziele an. Vom Wasser aus beobachten wir die zerklüfteten Uferregionen, und ab und zu klettern wir an Land, um dann jedes Mal festzustellen: „Der Platz taugt nichts!“ Mal ist das Gelände zu uneben, dann sind die Felsen zu steil oder die Bäume sind so klein und buschig, dass man nicht darunterlaufen kann.

Drei oder vier Tage verbringen wir so mit der Platzsuche. Wir sehen tolle Felsformationen, und die Gespräche kreisen um unser Kunstprojekt – die Tiefe der Aussage oder die Symbolik der Formen. Dann jedoch entdeckt Tom mehr und mehr, dass unser Projekt in einem durchaus feindlichen Umfeld stattfinden soll. Am meisten Angst hat er vor Tieren. Bären, Wölfe, Moskitos und Black Flies. Von den zahlreichen Schlangen, die in der brütenden Hitze des Sommers im dichten Unterholz der Ufer und Wälder ihr Unwesen treiben, ahnt er zum Glück nichts. Ich übrigens auch nicht. Außerdem fällt es ihm immer schwerer, sich mit dem Projekt zu identifizieren. Soll er den Verzicht auf wesentliche Kulturgüter (Kino, Küchengeräte und Couch) üben, und das nur aufgrund einer Idee, die nicht von ihm stammt? Und vor allen Dingen: Warum soll er knapp drei Monate mit zahlreichen Tieren verbringen, die allesamt auf sein Blut aus sind?

Christian hingegen ist Feuer und Flamme. Nach mehrtägiger Suche finden wir einen Inselkomplex am Nordostufer des großen Sees, der uns ideal erscheint. Christian und ich sind begeistert und laufen aufgeregt über die kleine Insel. Sie ist knapp vier Quadratkilometer groß und an ihrem nördlichen Ende nur durch ein wenig Sumpfland mit Philip Edward Island verbunden. Hier scheint es alles zu geben, was man braucht: Wald, große Felsen, zahlreiche Buchten, Klippen, Steilhänge – und leider auch Bären, wie wir an den entsprechenden Haufen erkennen können, die offenbar nicht von pflichtbewussten Herrchen in kleinen Plastiksäcken entsorgt werden.

Da wir alles Nötige dabeihaben, entschließen wir uns zu einer Probeübernachtung. Auf einer felsigen, aber dennoch baumbestandenen Erhöhung entdecken wir kleine, mit Kiefern umsäumte Plateaus, auf denen wir unsere Zelte aufstellen können. Kurz hinter der Erhöhung, von der wir einen großartigen Ausblick auf den See und einige vorgelagerte Inseln haben, fällt der Fels einige Meter steil ab, sodass größere Tiere Schwierigkeiten haben werden, das Lager unbemerkt von hinten zu erreichen. Nach vorn öffnet sich unser Camp auf eine kurze Felsplattform. Ein Lagerfeuerplatz, wie man ihn sich besser nicht vorstellen kann.

Unten am Wasser gibt es mehrere vom Wind geschützte Buchten. Knapp fünfzig Meter in südlicher Richtung, getrennt durch einen natürlichen Wasserkanal, liegt eine wesentlich kleinere, aber ebenfalls baumbestandene Insel. Das Fleckchen ist per Kanu mit ein paar Paddelschlägen zu erreichen, und Christian kann sich gut vorstellen, dort unsere Vorrats- und Küchenstation einzurichten. Sollen die Bären doch hinschwimmen, wenn sie Hunger haben. Hauptsache, sie sitzen nicht mit am Lagerfeuer.

Die erste Nacht im Zelt liege ich nicht gerade bequem. Als ich am nächsten Morgen aufwache, tun mir alle Knochen weh. In dieser Wildnis gibt es kein einziges waagerechtes Fleckchen, nur schiefe Ebenen – nirgendwo kann man seine Luftmatratze vernünftig ausbreiten oder mehr als drei Schritte machen ohne ein Auf, Ab, Bück, Halt, Dreh oder Hüpf. Das Teewasser machen wir uns über dem Lagerfeuer heiß, und beim Frühstück weiß ich kaum, wie ich mich setzen soll. Ich hätte gern einen Stuhl. Eine Serie von Erkenntnissen über meine persönlichen Bedürfnisse und Rituale beginnt, die sich bis ans Ende unseres Abenteuers fortsetzen wird. Ich merke auf einmal, was und wen ich alles „brauche" und wie ich eigentlich „bin". So bin ich zum Beispiel ein Laufmensch, was mir mal jemand vorher hätte sagen können. Schon nach einigen Tagen ohne richtige Laufbewegungen kommt eine spürbare körperliche Unbehaglichkeit in mir hoch, die ich erst langsam als Laufmangel erkenne. Denn die wenigen Schritte, die man hier ohne Kletterbewegungen machen kann, rechtfertigen nicht den Begriff „laufen"! Außerdem bedrückt mich die Erkenntnis, dass ich hundert Tage ohne meine Frau verbringen werde – was mir hier von einer Sekunde zur anderen bewusst wird.

An einem der letzten Abende kriege ich mit Helga Streit. Es geht um – man glaubt es kaum – Kindererziehung. Sie hat keine Kinder und ich fünf. Das ist genau die passende Ausgangssituation für eine fruchtbare Diskussion. Auf dieses, wie sie findet, leicht machomäßige Argument von mir schlägt sie ein, als gelte es, den Dritten Weltkrieg zu verhindern. Der Abend endet in allgemeiner Einsilbigkeit.

Und auch am nächsten Morgen starren alle schweigend in ihre Teebecher. Helga und ich können keinen vernünftigen Draht zueinander aufbauen. Ich bin ihr zu reaktionär – sie ist mir zu forsch. Das sind zwei gerecht verteilte Backpfeifen (ich kann damit leben!). Auch unsere Vorstellungen darüber, wie ein gemeinsamer Film aussehen könnte, sind nicht deckungsgleich. Wir schauen uns kurz an, wissen dann aber beide nicht, was wir sagen sollen.

Bei einer ausgedehnten Klettertour durch das Busch- und Walddickicht unserer Insel bleibt Tom hinter Christian und mir zurück. Wir laufen weiter. Tom mit seiner Anti-Bären-Warnglocke am Fuß klingelt bei jedem Schritt. In einer Hand trägt er stets den Bärentöter und in der anderen eine entsicherte Dose Pfefferspray. Wieder am Ausgangspunkt angekommen, warten wir, und als Tom endlich ankommt, macht er uns eine Riesenszene. Er beschuldigt Christian und mich, jegliche Sicherheitsverhaltensmaßregeln außer Acht gelassen zu haben, weil wir nicht zusammengeblieben sind. Unsere Diskussionspositionen sind total konträr: Christian und ich behaupten, Tom habe sich zurückfallen lassen (was stimmt), und Tom reklamiert, wir hätten nicht auf ihn gewartet (was ebenfalls stimmt).

Es wird eine Supervision vereinbart, um alle Probleme zu lösen. Treffpunkt – Donnerstag um siebzehn Uhr auf dem Patio in der Lodge. Ich bin irritiert. Was ist eine Supervision? Kenn ich nicht – ehrlich! Das Gespräch wird zur finalen Entscheidungskonferenz. Motto: Tun wir's oder tun wir's nicht. Jeder formuliert seinen Dealbreaker. Ich will unbedingt ein Plumpsklo. Christian will in den See machen. Tom will gar nicht und wenn dann nur mit drei Security-Beamten und Anspruch auf Pensionszahlungen in Staatssekretärdimensionen.

Die Stimmung ist am Ende der Diskussion positiv und befreit, weil jeder ein grundsätzliches Statement abgibt: Christian will das Projekt unbedingt durchziehen, Tom lieber nicht, und ich brauche Bedenkzeit. Mir fallen Bands ein, die in ähnlichen Situationen waren. Wir ohne Tom ist wie Genesis ohne Peter Gabriel – allerdings waren die kommerziell danach erfolgreicher – aber vorher besser, wie ich erschreckt feststelle. Ich suche nach anderen Beispielen: Als Brian Jones die Rolling Stones verließ ... das passt! Ich denke an Musiker, die sich zu zweit durchgeschlagen haben, an Simon & Garfunkel und Yello und Hardin & York. Das sind doch gute Vorbilder. Natürlich denke ich auch: Hoffentlich enden wir nicht wie Klaus & Klaus. Wieder wird mir bewusst, dass ich die Skulptur ernst nehmen muss und die Konzentration darauf das Wichtigste ist. Helga beobachtet unsere Konferenz still und ohne sich zu beteiligen. Ihr Entschluss steht vermutlich schon seit einigen Tagen fest.

RÜCKFAHRT

24. Was ist eigentlich los? Ehrlich gesagt, ich kann mir nicht wirklich einen Reim auf die Situation machen. Wir sind so euphorisch aufgebrochen, haben im Wagen auf dem Weg nach Killarney gesungen, und jetzt, zehn Tage später, hocken wir separat jeder in seiner Ecke. Irmin und Helga sind des Öfteren aneinandergeraten. Irmins manchmal etwas direkte Art ging Helga zu nahe. Auch was den möglichen, aber immer unwahrscheinlicher werdenden Film betrifft, gehen die Meinungen stark auseinander. Während Irmin das lockere Leben untereinander, Spaß beim Klopfen und etwas Abenteuer vor seinem geistigen Auge sieht, würde Helga viel stärker auf das Land, die Indianer, die Geschichte und den Gesamtzusammenhang eingehen. Wo da der Kompromiss liegen soll, kann ich mir nicht vorstellen.

Und Tom? Tom kann sich nicht wirklich entscheiden, ob er das alles nun gut oder schlecht finden soll. Die Erkenntnisse unserer Exkursion haben wir nur teilweise laut ausgesprochen, da die ausgelassene Stimmung der ersten Tage einer allgemeinen Enttäuschung und Schweigsamkeit gewichen ist. Irmin und Helga meiden den persönlichen Kontakt. Ich selbst trudele hin und her, weil ich am liebsten gleich dableiben würde, um nachts den sternenklaren Himmel zu bewundern, tagsüber zu wandern und meinen persönlichen Traum eines Lebens im Einklang mit der Natur zu verwirklichen, ohne mich an den Befindlichkeiten der anderen zu stören. Die perfekte Insel. Wir haben sie meiner Meinung nach gefunden. Schon als wir sie nach unserer Testübernachtung verlassen, schaue ich wehmütig zurück. Jetzt bin ich mir sicher: Hierhin möchte ich zurück. Aber ohne atmosphärische Schwankungen im Team. Von der Lodge geht es erst per Boot, dann im Wagen zurück zu Walter.

Als wir nach Havelock zurückkehren, hängt jeder seinen eigenen Gedanken nach. Im Wagen herrscht Stille, Irmin und ich sitzen vorn, die andern beiden auf der Rückbank. Ob ausgesprochen oder nicht, unser Projekt hat sich erneut verändert. Ich nehme im Geist Abschied von der Filmidee. Helga ist sicherlich froh, bald unsere schweigsame Dreierrunde hinter sich zu lassen. Tom lehnt hinter mir mit dem Kopf am Seitenfenster und schläft. Er hat durch unsere Ortsbegehung nicht den entscheidenden Kick für das Mitmachen bekommen.

Irmin sitzt schweigend am Steuer neben mir. Ich hoffe, dass er einen Weg finden wird, diesen Rückschlag als eine weitere Formveränderung seiner Idee zu betrachten, denn ich träume schon davon, gemeinsam mit ihm das Camp auf „unserer Insel" aufzuschlagen. Irmins und meine Meinungsverschiedenheiten sind minimal und im Grunde eher amüsant. Er will unbedingt ein Pumpsklo oder ersatzweise eine Wander-Chemie-Toilette. Ich bin etwas unkomplizierter und würde auch in den See machen, wo wiederum Irmin total dagegen ist, weil er in dem Wasser später schwimmen will. Und wenn das unsere Probleme sind, dann haben wir keine.

NACH DEM REGEN SCHEINT DIE SONNE

25. „Nach dem Regen scheint die Sonne.“ Dieser blöde Spruch stand eingestickt auf der Gardine eines Küchenregals. Ich erinnere mich genau an das Design, weiß noch exakt, dass hinter der Gardine ein paar Handtücher an altmodischen Schraubhaken hingen, aber ich weiß nicht mehr, wo die Regalgardine sich in meine Erinnerung gebohrt hat. War es die Küche meiner Oma? Vielleicht – auf jeden Fall ärgert mich die flache Banalität der Aussage seit Kindesbeinen, und umso mehr deshalb, weil sie nämlich stimmt. Immer wieder gibt es Situationen in meinem Leben, in denen das Gefühl der Vorfreude mein Innenleben beflügelt wie die aufgehende Sonne – und das nach Phasen der Orientierungslosigkeit oder ganz einfach der fehlenden Freude.

Jetzt empfinde ich genau diese schöne Vorfreude, und sie wird nur getrübt durch den immer in diesen Momenten ohrwurmmäßig durchs Hirn blitzenden Gedanken, dass nach dem Regen eben verlässlich die Sonne scheint. Die ganze Aufregung und alle Zweifel hätte ich mir im Grunde also sparen können! Anderthalb Jahre sind seit unserem Vorbereitungstrip vergangen, die Gruppe ist auseinandergebrochen, nur Christian und ich sind noch übrig. Aber hat diese Planänderung dem Projekt geschadet? Im Gegenteil! Wir sind überzeugter von unserem Vorhaben als jemals zuvor.

Alles läuft gut: Die Reisedaten sind abgestimmt und die Flüge gebucht. Die größte Vorfreude empfinde ich bei dem Gedanken an meine Skulptur. Christian hat mir in der vorherigen Woche drei kleine Bücher zum Thema Petroglyphs und Rock Art zugeschickt. Nach wenigen Minuten des Blätterns wusste ich, dass ich machen werde, was ich von Anfang an habe machen wollen. Es geht mir um Zeichen und Symbole.

Ich weiß seit vielen Monaten genau, wie mein Werk aufgebaut sein wird. Komisch – beim Probeklopfen mit Tom und Helga, als wir unseren Lagerplatz entdeckten, habe ich vier nebeneinanderlaufende Zeichen geschlagen, die der Form nach ähnlich sind wie das Symbol, das ich bei meiner ersten Granitbegegnung in Toms Atelier entworfen habe. Und ich erkenne jetzt die Tiefe der Symbolik und den Gesamtzusammenhang:

Leben und Natur – die einzigen endlosen Werte des Universums, für die es zu kämpfen lohnt – zu mahnen – und eben zu schlagen.
Ja – mein Werk soll ein Appell für Leben und Natur werden!

Diese Banalität erscheint mir nun so gar nicht flach – vielleicht ist es nicht mal banal. Ist es simpel? Natürlich denke ich an Themen, die durch unsere Zeit laufen: Klimawandel, Plastikmüll in den Weltmeeren, die Vernichtung des Regenwaldes. Aber diese Themen lassen sich alle einem Ganzen zuordnen: der Bewahrung der Natur und einem Plädoyer für die stete Erneuerung.

Ab jetzt ist mein Plan für mich stimmig: Ich setze Zeichen für das Bewahren – ich präge Bewusstsein. Zunächst mein eigenes, und wer weiß, wie viele Entdecker in den nächsten paar Hundert Jahren mein Werk sehen und sich zum Nachdenken verführen lassen! Ist das Kunst? Ich habe ein klares Ziel – ich will dahin – ich will in den Granitfelsen von Killarney meine Zeichen hinterlassen!

DIE LETZTEN UND DIE ERSTEN TAGE

26. Die Zeit verstreicht schnell, und schon steht Kanada vor der Tür. Es ist Juli. In knapp zwei Wochen geht es los. Ich bin „brutal im timing", wie man in meinen Kreisen so sagt. Jeder Termin ist gesetzt, jeder Job auf die letzte Sekunde eingepegelt. Wenn jetzt etwas dazwischen kommt, eine Verabredung verschoben wird oder ich – Gott behüte – krank werde, dann gibt es ein Riesenchaos. Andrea schaut mich in letzter Zeit mit so einem besonderen Blick an. Als ob sie sich nicht sattsehen könnte oder mir schon seufzend zum Abschied winken würde.

Wir waren selten länger als zwei oder drei Wochen voneinander getrennt. Und wenn, dann hatten wir auf jeden Fall immer Telefonkontakt. Ich habe nicht wirklich darüber nachgedacht, wie so eine Trennung sein wird. Da die Reise für mich im Vorhinein aber sehr abstrakt ist, bin ich eher neugierig, nicht ängstlich oder befangen. Etwas unangenehm ist bloß, dass sich mein Sohn ausgerechnet jetzt dazu entschlossen hat, seine ohnehin bedenklichen schulischen Leistungen durch gezieltes Ignorieren der Realität noch weiter in den Keller zu fahren. Seltsamerweise hat auch Irmin so kurz vor der Abreise Ärger mit einem seiner Söhne. Ob es wirklich eine gute Idee ist, unter diesen Umständen zu fahren? Können wir unsere Privatleben einfach im Stich lassen – die Menschen, die uns am wichtigsten sind? In solchen Momenten, glaube ich, bekomme ich auch so einen Blick wie Andrea und werde melancholisch.

Dann ist er plötzlich da, der Tag der Abreise. Am Abend zuvor haben Andrea und ich uns innig verabschiedet. Im Morgengrauen klingelt der Wecker. Alles ist wie sonst, wenn Andrea und ich zu unseren großen Reisen aufbrechen, nur dass ihr Rucksack diesmal im Schrank liegen bleibt. Irmin ist schon vorgeflogen, er sitzt jetzt vermutlich mit Walter bei einer Flasche Bohemian auf der

Veranda und krault Sheba zwischen den Ohren. Andrea bringt mich zum Flughafen, und wir frühstücken noch zusammen. Der Morgen wird traurig und findet ein abruptes Ende, als ich einchecken muss. Danach beginnt die übliche Flugroutine.

Ich teile mir die Mittelreihe mit einer distinguierten älteren Dame und einem Kanadier, der sich in einer Tour Whiskys einflößt. Ganz vorn sitzt ein jugendlicher Traveller, eingekeilt von einer jungen Familie mit kreischendem Baby. Das Bordfernsehen ist topmodern, ich kann mir Filme, Filme, Filme drücken, bis ich wegdöse. Zeitverschiebungen sind für mich immer ein Wunder. Irgendwann um sieben Uhr morgens bin ich in Hamburg eingestiegen, und um die Mittagszeit bin ich schon in Toronto. „Bis sich die Tür zur Ankunftshalle öffnet, ist immer alles drin“, murmele ich und harre der Dinge, die da kommen. Irgendetwas geht immer schief. Was wohl diesmal passieren wird? Stundenlange Zollkontrolle? Intensive Befragung durch übertrieben misstrauische Sicherheitsbeamte? Ein übereifriger Spürhund, der meine mitgebrachten Bifis mit Heroin verwechselt? Bombenalarm?

Das Gepäckband rollt durch. Meine Reisetasche steht als eine der ersten auf der Schlange. Von meinem Rucksack allerdings ist nichts zu sehen. Auch nach einer halben Stunde noch nicht. Das ist es also heute: das Baggage-Claim-Problem. Als ich mich durch das übliche Gewitter der mit unzähligen Durchschlägen versehenen Antragsformulare gekämpft habe, ist die erste Stunde nach der Ankunft fast rum. Der Rucksack soll mir später zugestellt werden. Egal. Bloß raus hier.

Draußen steht Irmin und grinst bis über beide Ohren. Begeistert zeigt er mir unser Expeditionsmobil, einen fetten 350er-Dodge Pick-up, für den er in den letzten Tagen eigens einen neuen Bretteraufbau gezimmert hat. Wir düsen mit der lauten Klapperkiste in einem Stück nach Havelock. Walter ist genau so, wie ich ihn von unserem letzten Treffen in Erinnerung habe: Er begrüßt uns mit seiner besonnenen, ruhigen Holzfällerart, und ich fühle mich sofort wohl. Anschließend wandere ich durch sein Haus, das immer wunderbar nach Holz riecht, und überblicke das große Grundstück mit den Teichen, aus dem die Kraniche Fische und Frösche naschen. Wir futtern Bagels, trinken Kaffee, und Irmin zeigt mir stolz seine Einkäufe. Therm-A-Rest-Isomatten, einen riesigen Erste-Hilfe-Koffer, unsere Zelte, verschiedene Planen und Laternen sowie selbstverständlich das portable Klo, auf das wir uns geeinigt haben. Irmin hat die Vorbereitungen schon weit vorangetrieben, trotzdem machen wir gleich die Planung für die nächsten Tage, denn ein paar Kleinigkeiten fehlen eben doch noch.

Gegen Abend geht's in die Havelock Station, der zum Restaurant umgebauten alten Bahnstation, in der donnerstags immer die Wacky Wing Night stattfindet: Es gibt gegrillte Hühnerflügel zum Genossenpreis, dazu eisgekühlte Bohemians. Wir scherzen mit dem Wirt, einem Griechen namens Niko. Als ich am nächsten Morgen aufwache, ist es grade mal vier Uhr. Meine innere Uhr läuft noch nach deutscher Zeit. Umgerechnet ist es zehn Uhr am Vormittag – das ist doch okay für einen Urlauber, sage ich mir. Aus dem Fenster sehe ich diesige Wiesen. Das Wetter ist herbstlich. Wenig später beginnt es zu regnen. Heute ist Shopping Day. Ich soll die Küchenausrüstung zusammenstellen. Davor hat Irmin Respekt. Merkwürdig, dass so viele Männer vor dem Kochen kapitulieren.

Bei Canadian Tire, einer Art Heimwerker-, Haushaltsgeräte- und Camping-Supermarkt, zeigt mir Irmin die Küchenabteilung. „Na, denn man los, Herr Pfaff!" Das lasse ich mir nicht zweimal sagen. Ohne auf die Preise zu achten, greife ich in die Regale. Pfannen, Töpfe, Bräter, Messer, Teller, Schüsseln. Am Ende stehen 580 Dollar auf dem Display der Kasse („Aber ehrlich – diese beiden verchromten Teflonkochtöpfe brauchen wir unbedingt!"). Irmin verdreht die Augen, schweigt und zahlt.

Wir fahren weiter nach Peterborough, um das Problem des noch fehlenden Gaskochers zu lösen. In einem Asia-Laden gibt es prima portable Wok-Kocher. Der Besitzer erkennt meinen deutschen Akzent. Er, selbst Tibeter, war wie ich oft in Kathmandu und hat zudem eine Zeit in Hamburg mit Teppichen gehandelt. Die Welt ist eben klein. Wir albern eine Weile herum, bis es draußen hupt und Irmin die beiden Kocher und reichlich Gaskartuschen in den Truck räumt. Am Abend wird kulinarisch herumexperimentiert. Niko, der Grieche vom Vorabend, hat uns ein Unkraut aus Walters Garten empfohlen, aus dem man etwas Spinatähnliches kochen können soll. Der frisch erstandene Gaskocher nebst Hightec-Wok wird zu diesem Zweck ausprobiert. Es schmeckt einwandfrei. Vielleicht wächst das Zeugs ja auch irgendwo in der Nähe unseres Camps an der Georgian Bay.

Ein Nachtspaziergang rundet den Tag ab. Irmin und ich führen ein intensives Gespräch über unsere Söhne und beruhigen uns gegenseitig. Wir müssen jetzt nicht nach Hause fahren, um für sie die Welt zu retten. Zum einen sind sie groß genug und zum anderen sind sie nicht allein.

Später im Bett vermisse ich meinen Rucksack dann doch. Eigentlich vor allem das Netzteil meines Rechners. Ausgerechnet das habe ich gestern Morgen vor der Abreise vom Handgepäck in das verschwundene Gepäckstück geräumt. Es scheint, als würde ich mir vorerst handschriftliche Notizen machen müssen. Nun denn. Ich lösche das Licht, und noch bevor der Kopf das Kopfkissen erreicht, schlafe ich ein.

Auch der nächste Tag präsentiert sich grau und regnerisch. „Na prima", denke ich, „für so ein Wetter hätte ich auch in Hamburg bleiben können." Die Fluggesellschaft hat sich noch immer nicht gemeldet. Inzwischen fehlen mir neben dem Ladegerät für meinen Rechner zum Beispiel auch frische Socken. Nachdem ich ewig mit einem Sprachcomputer telefoniert und brav die angeforderten Nummern in den Apparat gedrückt habe, bekomme ich endlich einen Menschen aus Fleisch und Blut an die Strippe. Ja, das mit der Tasche habe sich aufgeklärt. Die sei da und dem FedEx-Büro übergeben worden. Ob ich die Nummer haben wolle? Klar will ich, sonst muss ich mir bald Irmins drei Nummern zu kleine Socken pumpen.

Auch bei FedEx werde ich zunächst mit einem Anrufautomaten verbunden, dem ich Zahlen zwischen eins und neun mitteilen oder lautstark „Yes" oder „No" zurufen muss, bis eine sehr erotische Telefonstimme namens Mary („What can I do for you?") mir erzählt, dass mein heiß ersehnter Rucksack erst am Montag zur Auslieferung avisiert sei.

Irmin meint, ich solle doch etwas mehr drängeln. Also rufe ich noch einmal bei Air Canada an und mache dem Operator deutlich, dass ich nackt auf einem Baum sitze, Zahnbürste, Unterwäsche und vor allem das Netzteil absolut überlebenswichtig sind, aber die Schnecken von FedEx mir die Sachen erst am Montag liefern wollen. Ob er nicht was für mich drehen könne? Er bietet mir hundert Dollar an, mit denen ich mir die Zeit bis Montag vertreiben soll. Na gut, denke ich mir. Hundert Mäuse und die Socken von Irmin. Das ist doch ein Deal.

Am Dienstag – der Rucksack ist inzwischen tatsächlich angekommen – weckt mich Irmin viel zu früh. Geplant ist ein Raketenstart in den frühen Morgen und tatsächlich schaffen wir es, unseren Vorsatz in die Tat umzusetzen. Um Punkt fünf Uhr entert der Truck mit lautem Hupen die Landstraße. Die sechshundert Kilometer bis Killarney beziehungsweise bis Sudbury erledigen wir erstaunlich schnell, auch wenn uns der Dodge mit seinem unersättlichen Ölkonsum unterwegs mehrmals aufhält. In Sudbury angekommen, steuern wir den nächsten Supermarkt an, um uns mit frischem Obst und Gemüse auszurüsten. Ein Bummel durch die Stadt entpuppt sich als Freakshow. Die Straßen sind vollgestopft mit schwerfällig vor sich hin trabenden, übergewichtigen Menschen, die auch noch die unmöglichsten Sachen tragen. „Gibt's hier eigentlich nur Dicke oder Bescheuerte?", frage ich Irmin und zeige unmerklich auf einen Typen, der mindestens 190 Kilo auf die Waage bringt, dazu ein Hockeyhemd, eine Jogginghose und eine Mütze mit Elchhörnern trägt und aus einem 1,5-Liter-Pappeimer irgendeinen Softdrink schlürft. Uns packt das Grauen.

Auf dem Weg nach Killarney haben wir noch Zeit und schauen im Ort bei Herbert's Fishbus vorbei. Wieder gibt es Fish & Chips auf kanadische Art. Irmin isst sein letztes Eis.

Am Chikanishing Creek entladen wir den Truck. Pünktlich auf die Minute erscheint die Delegation von der Mill Lake Lodge, und wir laden auf das Boot um. Während der Fahrt wird mir zum ersten Mal richtig bewusst, dass es jetzt losgeht. Ich bin gespannt. Der Umstand, dass ich die ganze Zeit über das Gefühl habe, meine Kamera am Ufer vergessen zu haben, trübt die Fahrt durch die schöne Fluss- und Seenlandschaft. Glücklicherweise findet sich die Knipse wieder. Beim Anlegen auf dem Steg der Lodge werden wir von einem Hund und zwei kräftigen Burschen begrüßt. Sie helfen uns beim Entladen und schaffen unser Zeugs in eine primitive Holzhütte. Wir räumen das Obst und Gemüse ein und begeben uns in die große Gemeinschaftsblockhütte, wo wir mit Jerry, dem Besitzer der Lodge, plaudern.

Nach dem Kaffee wandern wir zu zweit zum Steg hinunter. Draußen ist es inzwischen dunkel, der Sternenhimmel ist unglaublich schön. Als ich vom Steg in den See pinkele, meckert Irmin mich an, weil er jetzt nicht mehr in dem Wasser baden könne. Wenig später, als er in der Hütte furzt, sage ich ihm, dass ich nun nicht mehr atmen kann. Die Stimmung ist gut. Wir fühlen uns unangreifbar. Morgen ist der große Tag!

ANKUNFT AUF DEER ISLAND

27. Wir kommen mit den Kanus nur langsam voran und erleben dann, als wir vom Collins Inlet rechts auf die Georgian Bay hinauspaddeln, ein Naturschauspiel, wie ich es im Juli noch nie gesehen habe: Seenebel. Je weiter wir auf die offene Bay hinauskommen, desto dicker wird er. Fünf Minuten später haben wir eine Sichtweite von nicht einmal fünfzig Metern, was die Navigation doch erheblich erschwert.

Ich merke, dass die Situation gefährlich werden könnte. Einerseits dürfen wir das Ufer nicht aus den Augen verlieren, denn dann wären wir völlig orientierungslos. Andererseits versuche ich, möglichst weit vom Ufer fernzubleiben, um den Felsen aus dem Weg zu gehen, die dort nur wenige Zentimeter unter der Wasseroberfläche liegen. Die Steine könnten, wenn sie scharfe Kanten haben, zumindest für unser Kevlar-Boot den Untergang bedeuten. Der Bootsname ist zwar nicht „Titanic“, aber die Kevlar-Haut ist extrem dünn. Und die Felsen unter Wasser können bestimmt mit Eisbergen konkurrieren, jedenfalls was den Härtegrad betrifft. Bei dem Gedanken pfeife ich auf einmal „Time to say goodbye“. Christian scheint fröhlicheren Gedanken nachzugehen. Er lacht und fragt: „Na, wie war denn so dein Abschied von zu Hause? Habt ihr tüchtig geheult?“ So komme ich vom Schiffsuntergang auf meine persönliche „Tragödie“.

Schwergefallen ist mir der Abschied von meiner Familie. Ich habe mir Gedankenstützen gebaut und mir vor dem Abflug innerlich Sätze vorgesagt wie: Das erlebt jeder Seemann Dutzende Male in seinem Leben! Und im selben Moment habe ich mir schon widersprochen: Ja, ein Seemann vielleicht. Aber der hat auch in jedem Hafen eine Braut!

Beim Abschied von meiner Frau am Flughafen sind mir tausend Fragen in den Kopf geschossen. Was mache ich da eigentlich? Soll ich nicht besser den ganzen Scheiß einfach abbrechen? Eine halbe Stunde nachdem Candis mich am Flughafen allein lassen musste, erreicht mich in der Wartehalle eine SMS von ihr: „Genieße die Zeit. Du hast sie dir verdient." Sofort beschleunigt die Achterbahn meiner Gedanken erneut ihre Fahrt. Habe ich dieses Abenteuer wirklich verdient? Bin ich zu egoistisch? Darf ich meine Familie so lange allein lassen, nur um ein paar Steine zu behauen?

Letztendlich halte ich mich an zwei Gedankenpositionen fest. Ich will erstens diese Skulptur aus meinem Kopf hinaus und in den Granit hineinschlagen und zweitens die Chance nutzen, um in den kommenden hundert Tagen meine Persönlichkeit weiterzuentwickeln. Die Persönlichkeit eines Mannes mit Mitte Fünfzig muss ja noch nicht endgültig ausgemeißelt sein. Ein paar Korrekturen und Ergänzungen sind vielleicht ganz positiv. Ist das der Grund, weshalb meine Frau mein Projekt so unbeirrt unterstützt? Mir kommt der doofe Witz über die Erwartungen von Braut und Bräutigam vor der Hochzeit in den Sinn: Er hofft, dass sie bleibt, wie sie ist. Sie wünscht sich, dass er sich ändern wird. Beide irren sich.

Unmittelbar nachdem ich in der vergangenen Woche bei Walter angekommen bin, hat mich meine Frau angerufen und mir schlechte Nachrichten übermittelt. Und diese Nachrichten sind mir so sehr unter die Haut gegangen, dass ich selbst jetzt im Kanu, kurz vor dem Ziel meiner Träume, noch mit einem mulmigen Gefühl daran denken muss. Einer meiner Söhne ist vom Internat geflogen. Die Schulleitung hat das Rauchen von Joints nicht auf den Stundenplan gesetzt, ihn von dieser Regel aber nicht ausreichend informiert, jedenfalls nicht so, dass er es kapiert hätte. Für vierundzwanzig Stunden bin ich drauf und dran gewesen, alles abzublasen und mein Kind vor einer Drogenkarriere zu retten. Ich habe an meine eigene Pubertät zurückgedacht. Mein Vater stand bei uns in der Familie damals für Strenge – meine Mutter für den ganzen Rest. Jedenfalls sah ich das so. Die Position meiner Muter gefiel mir wesentlich besser. Erst mit über dreißig Jahren habe ich die Nachhaltigkeit der fördernden Strenge meines Vaters erkannt. Wie viel von dieser Strenge müsste ich jetzt zu Hause einbringen? Ich bin kurz davor gewesen, mich von Walter zum Flughafen fahren zu lassen, um Candis zu unterstützen.

Aber meine Frau will es nicht mit Strenge, sondern mit Liebe, Konsequenz, Verstand und Logik organisieren. Nach etlichen Telefonaten mit ihr habe ich mich beruhigt und bin zurück auf Kurs gekommen. Der Kapitän auf hoher See kann auch nicht vom Schiff, wenn das Leben seines Kindes aus dem Ruder läuft. Da muss dann eben die Kapitänsfrau das Kommando übernehmen. Candis tut das, und ich bin ihr sehr dankbar dafür, wenngleich mich Zweifel plagen.

Wir bleiben hart in Ufernähe und erreichen endlich unser Ziel. Unseren Platz, unsere Insel, unsere Felsen! Yippieh! Wir sind da, wo wir uns so lange hingeträumt, hingeplant und hingearbeitet haben. Wir fühlen uns großartig und inspizieren aufgeregt die Umgebung.

Unser Lagerplatz sieht genau so aus wie vor knapp zwei Jahren, als wir mit Tom und Helga hier waren. Saubere, glatte Felsen, auf denen man leicht vorwärtskommt, wenn man nicht gerade mit Zelten, Säcken, Kisten und anderem Gepäck beladen ist. Ich stapele meine Sachen unter ein paar älteren Kiefern, die sich um eine etwa zehn Quadratmeter große Felsfläche gruppiert haben. Genau diese Fläche wird ab sofort mein Schlafzimmer und damit mein Privatbereich. Über Blaubeerbüsche und umgefallene Kiefern hinweg kann ich in Christians Schlafstube sehen – Abstand genug, um unbeschwert schlafen zu können. Die Luft ist herrlich frisch, es riecht nach Tannennadeln, und ein seltsamer, unsichtbarer Vogel begrüßt uns mit einem monotonen Pfiff, der sich einprägt, weil er ein wenig irritiert. Der Pfiff könnte auch ein Indianer auf Wache sein, kommt es mir in Erinnerung an Karl May in den Sinn.

Wir bauen zunächst unsere beiden Schlafzelte auf, und Christian schippert dann rüber auf die circa fünfzig Meter entfernte Kücheninsel. Er werkelt in der aufgerichteten Baumwurzel einer umgefallenen Kiefer eine Zeitlang herum, jedenfalls sehe ich seinen Kopf aus den Wurzeln wachsen. Das sieht über die Entfernung sehr kurios aus. Ich brülle rüber: „Wo ist deine Kamera?“, aber erst hört er mich nicht und dann versteht er nicht. Also scheint die Insel weit genug weg zu sein: Christian hat die separate Kochstelle als Schutz vor neugierigen Bären eingeplant. Müll und Lebensmittel liegen auf der Insel weit weg von unserem „Wohnbereich“. Leider ist sie kompliziert zu erreichen, wir werden zum Essen immer mit dem Kanu rüberpaddeln müssen. Aber wir hoffen, dass es den Bären ebenfalls zu umständlich ist – mal sehen!

Unser Truck: mit einem losen Tank, einem unglaublichen Ölverbrauch und einem nahezu schrottreifen Kassettenteil – sonst aber total zuverlässig.

Manchmal mit, manchmal ohne Ende. Die vielen kleinen Kanäle der umliegenden Inseln verführen uns immer wieder zu Kanu-Ausfahrten.

Am ersten Tag schleppen wir die komplette Ausrüstung von den Kanus auf die Insel. Noch wirkt unser provisorisches Camp etwas plastikmäßig.

Wer in der Natur lebt, sollte sein Wohnzimmer entsprechend gestalten. Wir bauen uns aus Baumstämmen und Planken neue Möbel.

Christians Behausung für die nächsten 100 Tage. In der Nacht hört man das Rauschen der Wellen der Georgian Bay durch die Zeltwände.

Karibische Zustände: im Juli herrschen in der Georgian Bay Temperaturen zwischen 25° und 40° C. Die Weite des Sees kommt einem Ozean gleich.

Kaum angekommen, schon kriegen wir Besuch. Mit Erschrecken stellen wir am zweiten Tag fest, dass wir uns die Insel mit einer Bärenfamilie teilen.

Und noch etwas, das uns bei der ersten Erkundung im Herbst zwei Jahre zuvor entgangen war: unsere Insel ist ein absolutes Klapperschlangen-Nest.

Christian in seinem Element. Als Lagerkoch ist er natürlich auch für die Holzbeschaffung zuständig. Ganz kanadisch mit Axt und Säge.

Auch die Feuerholzbestände der benachbarten Inseln werden erkundet. Der An- und Abtransport wird natürlich mit dem Kanu erledigt.

Unsere Outdoor-Küche – liebevoll „Bulthaup Unplugged" genannt – ist eine eigenwillige Konstruktion, die Platz in einem umgestürzten Baumstamm findet.

Jeden Morgen das Gleiche: Christian zaubert frischen Obstsalat. Anfänglich können wir unsere Blaubeeren sogar auf der Insel sammeln.

Zugeständnis an die sonst recht technikfreie Ausrüstung: der Generator, mit dem wir die Akkus für unsere Taschenlampen und den Reisemac laden.

Einmal wöchentlich geht's meilenweit per Boot zum General Store nach Killarney. Hier gibt's Lebensmittel, Generatorbenzin und frischen Tratsch.

Ein schöner Arbeitsplatz: Irmins ganz persönlicher Steinbruch. Die kleine Bucht, in der er täglich seine Symbole schlägt.

Felszeichnung um Felszeichnung ... Mit Hammer und Meißel arbeitet sich Irmin von Tag zu Tag immer weiter durch das umliegende Felsterrain.

UNSER ERSTES LAGERFEUER

28. Die Insel kommt mir bekannt und gleichzeitig fremd vor. Als wir unseren Lagerplatz vor etwa zwei Jahren ausgesucht haben, war es Herbst. Jetzt ist es Sommer und knackig heiß. Trotzdem erscheint es mir eigenartig still zu sein, und in den ersten Stunden habe ich das Gefühl, wir wären die einzigen Lebewesen auf der Insel. Kein Tier ist zu sehen. Nur dann und wann hört man einen Vogel. Die Kiefern um unsere Lagerstelle rauschen leise im Wind. Hier sollen wir jetzt drei Monate leben?, frage ich mich insgeheim. Noch wirkt alles ein wenig unwirklich. Der Seenebel, der das Umfeld der Insel verschleiert, trägt mit Sicherheit zu dem gespenstischen Eindruck bei.

Geschäftig fangen wir an, die Boote auszuladen. Es zeigt sich, wie gut es war, alle Kisten und Säcke mit Schildern auszuzeichnen, die den Inhalt angeben. So kriegen wir unsere Sachen besser sortiert, denn ab sofort müssen wir ja zwei wichtige Plätze ausrüsten: die Insel, auf der wir unser Lager haben, und die kleine vorgelagerte Kücheninsel. Irmin und ich besichtigen die „Hauptmeißelstelle“, an der er am liebsten sofort mit den Felszeichnungen anfangen möchte. Wir sind aufgeregt wie kleine Kinder. Was sollen wir zuerst tun? Die Zelte aufzubauen und uns einzurichten scheint die schlaueste Lösung zu sein. Die Zeit vergeht wie im Fluge.

Ich nehme die Kücheninsel in Augenschein, auf die ich aus Sicherheitsgründen bestanden habe. Waren meine Vorstellungen hinsichtlich der Anordnung von Kochern, Arbeitsplatten, Proviant und Küchengerätschaften während der Planung zu Hause noch recht vage, entdecke ich jetzt genau den richtigen Platz. Eine umgestürzte Kiefer hat sich genau so hingelegt, dass sie uns perfekt als zukünftige Küche dienen kann. Nur ein paar Meter davon entfernt, gut geschützt durch ein paar Bäume, entdecke ich ein kleines Rondell mit glattem Felsboden. Unser „Esszimmer". Zweimal fahre ich mit dem Kanu die gesamte Küchenausrüstung auf die Insel. Beim letzten Mal bleibe ich für zwei Stunden und befestige eine Walnussholz-Arbeitsplatte am Ende des umgestürzten Baumes. Ein zwischen Baumwurzeln montiertes Gewürzbord, ein Messerblock aus Torf sowie zahlreiche Küchenutensilien, die ich einfach mit Schrauben an den Ästen befestigt habe, vervollständigen unsere einfache, aber hochfunktionale Restaurant-Station.

Das Wetter ist ideal. Nach dem Seenebel zeigt sich die Sonne, und bald darauf herrschen sommerliche Temperaturen. Ich ziehe mein T-Shirt aus und komme mir mit meinen Shorts und den derben Wanderstiefeln vor wie ein echter Naturbursche. In einer Pause sitze ich auf einem Felsen mit Blick auf Irmin, der drüben auf der Lagerinsel am Zelt herumzupft und dann im Camp herumstromert. Er brüllt mir irgendwas herüber, aber die Entfernung ist zu groß. Das Wasser plätschert an die Steine des Ufers. Ein kleiner Rundgang auf die andere Seite der Kücheninsel gibt den Blick auf die Georgian Bay frei. Hunderte von Kilometern freies Wasser rechts und links. Ein Meer. Und wir sind die Robinsons auf unseren beiden Inseln. Ich bekomme hervorragende Laune.

Als sich die Sonne langsam gen Westen bewegt, ist es auf der Hauptinsel Zeit für eines meiner Lieblingshobbys: Feuer machen. Tagsüber habe ich mir an jeder Stelle, wo Holz herumlag, ein paar Äste geschnappt und mit ins Lager geschleift. Ein beeindruckender Haufen liegt jetzt im Schatten der Bäume gegenüber der improvisierten Feuerstelle, die wir bereits bei unserem ersten Erkundungsbesuch aus Steinbrocken aufgebaut hatten. Für heute Abend wird das Brennmaterial auf jeden Fall reichen. Ich bin sehr angetan davon, wie unproblematisch unsere Anreise und der erste Tag verlaufen. Jetzt noch ein paar Stündchen am Lagerfeuer zu sitzen, wäre ein passender Abschluss – der uns allerdings versagt wird. Kaum setzt die Dämmerung ein, kommen aus allen Ecken Moskitos herbeigeflogen. Millionen der Viecher stürzen sich regelrecht auf uns. Das trübt ein wenig die gute Laune, die uns sonst vermutlich noch stundenlang am Feuer gehalten hätte. Schon beim ersten Abendbrot auf der Kücheninsel sind wir auf die Plage aufmerksam geworden, und nun schauen Irmin und ich uns nur noch kurz an. So fertig, wie wir von den Anstrengungen des ersten Tages sind, müssen wir uns auch nicht schämen, wenn wir ein bisschen früher ins Zelt gehen. „Also, ich mach mich vom Acker. Du kannst ja gerne noch am Lagerfeuer sitzen. Genügend Fans hast du ja", grinse ich, während Irmin versucht, die Moskitos mit irgendwelchen Zweigen und wildem Gewedel zu verscheuchen. Wir nehmen uns vor, morgen als Erstes unser großes„Konfi-Zelt" aufzubauen – ein hässliches zwei mal zwei Meter Ungetüm, in das wir einen provisorischen Tisch für die Büroarbeit stellen wollen. Immerhin hat das Ding rundum Fliegengitter-Verglasung! So einen Rückzugsort braucht man hier dringend, besonders am Abend.

Die Dunkelheit der Wildnis umschließt mich, als ich im Zelt die Taschenlampe ausschalte. Die Geräusche sind jetzt am ersten Abend noch ziemlich ungewohnt. An den Moskitofenstern des Zeltes höre ich ununterbrochen die Blutsauger surren. Ab und zu fällt eine Tannennadel aufs Zelt. Plötzlich höre ich Schritte über mir. Ich erschrecke, schalte noch einmal die Taschenlampe ein und amüsiere mich dann über einen Nachtfalter, der sich im Überzelt gefangen hat. Soll ich ihn da rausholen? Ich beschließe, ihn seinem Schicksal zu überlassen, sonst müsste ich noch einmal in die Mückenhölle. Eine Weile lausche ich dem Surren, Knacken und Rascheln, dann schlafe ich trotz der für mich so fremden Umgebung erschöpft und zufrieden ein.

DONNERWETTER

29. Unser erster voller Tag auf Deer Island. Morgens – nach Gymnastik und Platzpflege mit einem eigens dafür gebastelten Zweigbesen – fahren wir zur Kücheninsel. Christian schneidet Obstsalat, und da es zu regnen beginnt, stehe ich mit einer Plane über unseren Köpfen daneben. Als der Salat fertig ist, gibt es ein Gewitter mit komplettem Programm: jede Menge Blitze, auf die immer schneller der Donner folgt. Die Lautsprecher für den Donner scheinen direkt über unseren Köpfen platziert zu sein, aber wir Stadtmenschen können ja Krach vertragen.

Wir sitzen gebückt und mit der Plane umwickelt beim Obstsalat, dazu gibt's Regen der Stärke C-Rohr und Windböen wie auf hoher See. Das ist genau das Wildlife-Feeling, das wir uns vorgestellt haben – allerdings ein bisschen früher als erwartet. Wir sind happy, kichern wie kleine Jungs in einer selbst gebastelten Bude und kriegen mit der Zeit Rückenschmerzen. Als das Gewitter nach etwa einer Stunde vorbei ist, fahren wir wieder zur Hauptinsel und ich hole meine blaue Leinentasche.

Jetzt geht's richtig los!!

Abseits vom Lager habe ich einige Felsformationen gefunden, die mir wie eine Leinwand, wie ein vorbereitetes Naturatelier dazuliegen scheinen. Ich hole den großen Meißel aus der Tasche, einen kleineren, ein paar Hämmer, Knieschützer, die Schutzbrille und einen groben Bleistift. Dann beginne ich, die ersten Linien vorzuzeichnen. Es entsteht ein Strom von Symbolen, der sich über eine sanfte Felsklippe schlängelt.

Ich brauche keine Minute für die Planung, ich finde sofort in meine Konzentration hinein. Ich schlage und bin glücklich – diese Situation habe ich gewollt. Die Sonne scheint, ein paar Vögel zwitschern, und vor mir im Granit entstehen Formen, die vorher abrufbereit in meinen Gedanken und in meinen Muskeln gespeichert waren.

Nach ein paar Stunden schaut Christian vorbei, macht ein paar Fotos, findet alles „völlig okay" und geht wieder – aber nur zwanzig Meter weit. Er gibt plötzlich einen seltsamen Laut von sich, wie „ey" oder „baaa", relativ leise, aber ich weiß sofort, da ist Adrenalin im Spiel. Ich laufe zu ihm, und er sagt: „Bär – da ist ein Bär", und er zeigt auf einen Felsen in circa dreißig Metern Entfernung. Mir fährt der Schreck in die Glieder. Es ist zunächst nur ein Teddybär. Aber wo so kleine, putzige Bären rumlaufen, da gibt es auch immer eine nervöse Mutter. Ich fange an zu brüllen, zu klatschen und ermuntere Christian, ebenfalls Krach zu schlagen. Sofort taucht – Gott sei Dank – die Mutter in unmittelbarer Nähe ihres Jungen auf, begleitet von einem zweiten Teddybären. Wir schlagen die drei mit unserem Krach in die Flucht. Ich hole Pfefferspray und Bärentöter aus dem Zelt, und wir laufen den Tieren sogar noch einige Meter nach. Christian gelingen ein paar gute Fotos, und als wir die Bären im Busch verschwinden sehen, reden wir Klartext, wir sprechen aus, was wir der Bärenmutter verschwiegen haben: Wir haben Angst! Wir sind aufgeregt und können es noch gar nicht richtig fassen. Aber wir wissen jetzt, dass alle Vorsichtsmaßnahmen kein Spaß waren und wir unsere Insel tatsächlich mit Bären teilen. Die Gefahr ist real und läuft in dunkelbraunen Pelzen frei herum. Ab jetzt keinen Schritt mehr ohne Glocke, Messer, Pfefferspray! Und möglichst viel Krach! Um uns herum gibt es so viele reife Blaubeeren, dass wir uns nicht wundern dürfen. Wir leben mitten in der Speisekammer eines Ureinwohners, der hier vor Ort ganz eindeutig die älteren Rechte genießt. Wir sind die Eindringlinge, die Eroberer. Unser Feind kämpft zwar nicht mit Pfeil und Bogen, wir allerdings haben auch keine Schießprügel und kein Pulverfass. Unser Feind ist deutlich stärker als wir – hoffentlich weiß er das nicht.

Auch der Nachmittag bringt noch einen Erlebnishöhepunkt. Wir sitzen mit einem Becher Cowboy-Kaffee* am Lagerfeuerplatz, als ich einen Blick auf

* Kaffee ungefiltert – mit Wasser aufgegossen – lecker, aber unangenehm in den Zahnzwischenräumen

Christians Zelt werfe. Irgendetwas ist anders, aber ich brauche etliche Zeit, bis mir der Gedanke kommt: sieht aus wie Qualm. Da Christian aber neben mir sitzt und hier qualmt, brauche ich wiederum etwas Zeit, um zu realisieren, dass wirklich etwas Qualm aus seinem Zelt kommt. Da ich einen Zimmerbrand im Zelt für ausgeschlossen halte, sage ich nur so ganz beiläufig: „Sieht so aus, als ob dein Zelt qualmt." Christian braucht auch eine längere Zeit, bis er plötzlich aufspringt. Er rast zum Zelt, ich hinterher. Christian reißt das Vorzelt auf, und ich traue meinen Augen nicht: In einer Blechschale hat er Anti-Moskito-Räucherstäbchen entzündet und später gedankenlos seine neuen Shorts darübergeschmissen. Die Shorts tragen nun ihren Namen zu Recht – sie sind bis zu den Hosentaschen verglimmt. Christian schnappt sich einen Stock und befördert die rauchende Hose wie eine Fahne zum Lagerfeuerplatz. Kaum hat er die Hose auf dem Stock im Freien, beginnt sie richtig zu brennen. Die Hosenfackel ist erfunden! Unser Lachanfall dauert mindestens eine Viertelstunde.

Abends hocken wir am extra großen Lagerfeuer, umschwärmt von Moskitos. Das war ein super ereignisreicher Tag. Eigentlich könnten wir abreisen – wir haben schon alles erlebt: Naturgewalten, Bären, Hausbrand im Vorzelt und die ersten Spuren im Granit!

GEFÄHRLICH IST MAN NUR SELBST

30. Der Tag beginnt mit Sonnenschein, soll sich aber noch dramatisch entwickeln. Als ich erwache, ist Irmin bereits bei der Morgengymnastik. Soll mir recht sein, ich mache meinen Morgensport, indem ich das Frühstück zubereite. Das bedeutet, dass ich mit dem Kanu zur Kücheninsel rüberpaddel, die Kühlkisten durchsuche, die Zutaten klein schnibbel und den Esstisch aufbaue. Seit unserer gestrigen Bärenbegegnung bin ich allerdings nicht mehr so locker dabei. Schon bei der Anfahrt auf die Kücheninsel spähe ich zu den Kühlkisten, die mit einer Plane bedeckt unter Bäumen stehen. Hat sich da was bewegt? Auch während ich später das Obst schneide, drehe ich mich immer wieder um. Zwar kann ich von meinem Posten aus gut auf die Lagerinsel schauen. Was aber, wenn mich ein Bär von hinten anfällt? Nach einer Weile kommt Irmin angepaddelt und macht es sich in unserer Essecke gemütlich. Als ich wieder nach drüben auf die andere Insel schaue, fällt mir fast die Obstschüssel aus der Hand. Genau dort, wo Irmin sonst mit Hammer und Meißel zugange ist, steht ein dicker, fetter Schwarzbär. Mir läuft es eiskalt den Rücken herunter. Ist das jetzt wieder die Bärenmama von gestern oder hat sie Kollegen geschickt? Der Bär bewegt sich kaum, hält bloß die Nase in die Luft und versucht, Witterung aufzunehmen. Der Wind steht in unsere Richtung. Ich rufe zu Irmin rüber: „Bär!“ Zu mehr reicht mein Atem auch dieses Mal nicht. Irmin springt auf, ich zeige in die Richtung des Bären und schnappe mir gleichzeitig eine Bratpfanne, die ich am Baum befestigt habe. Irmin bekommt den großen Topf und einen Holzlöffel. Inzwischen ganz gut eingespielt inszenieren wir unser Krachritual und sind mit fünfzig Metern Wasser zwischen uns und dem Bären diesmal auch deutlich mutiger. Der Bär hört uns und macht die Wende. Hoffentlich bleibt das so! Aber – das wäre natürlich zu schön.

Beim anschließenden Frühstück ist mir mulmig. Ich spreche mit Irmin darüber, was denn wohl wird, wenn wir jetzt jeden Tag Bärenbesuch bekommen. Er ist auch beunruhigt, will aber noch ein paar Tage abwarten, was passiert. Wir haben ja schließlich nicht wochenlang nach so einem Ort gesucht, um uns dann gleich vertreiben zu lassen. Außerdem, stellt er fest, war die Idee mit der Kücheninsel schon mal nicht verkehrt. Und an unser Lager können sich die Viecher nicht von hinten heranmachen, da an der Rückseite der Fels zu abschüssig ist.

Mein fröhliches Herumstromern auf der Insel lässt ein wenig nach. Ich bin vorsichtig. Die Besuche der Bären haben mir doch Respekt eingeflößt. Eine halbe Stunde, nachdem der Pelzträger im Wald verschwunden ist, klopft mein Herz noch laut. Irmin hat sich unerschrocken wieder an sein Kunstwerk gesetzt. Nur wenige Meter von der Stelle entfernt, wo vorhin noch der Bär war. Ich erkunde die Gegend nach Feuerholz, fälle einen abgestorbenen Baum und entdecke wenig später Bärenspuren, besser gesagt: einen Bärenhaufen. Während ich das Holz wegschleppe, schaue ich mich immer wieder um.

Für eine neue Nackenhaarfrisur sorgt wenig später der Gang zur „Pinkelstelle“, die Irmin und ich als solche deklariert haben, damit hier nicht wild durch die Gegend gestrullert wird. Im Sonnenlicht räkelt sich keine zwei Meter von meinem geöffneten Hosenschlitz entfernt eine braun karierte Schlange und lässt durch ein verdächtiges Schwanzende auf ihren Namen schließen. Mir sträuben sich die Haare. ‚Verdammt, Klapperschlange!‘, schießt es mir durch den Kopf. Mit denen ist nicht zu spaßen. Rückwärtsstolpernd versuche ich die Shorts zu verschließen, brülle gleichzeitig nach Irmin und blicke mich Hilfe suchend nach geeigneten Waffen um. Irmin kommt angerast und will wissen, was denn nun schon wieder los sei. Ich deute auf die Schlange, die friedlich in der Sonne vor sich hin döst. Wäre ich ihr zu nahe gekommen, hätte sie das Inselabenteuer mit einem gezielten Biss vorzeitig beenden können, denn wir sind zu weit weg vom nächsten Hospital. Irmin schlägt die Hinrichtung vor, ich möchte das wunderschöne Tier lieber leben lassen. Ihr Tod erscheint mir grundlos. Sie hat uns bisher noch nichts getan.

Wir einigen uns zunächst auf ein paar Steinwürfe, damit wir sie wenigstens klappern hören. Vielleicht haut die Schlange ja auch einfach ab. Erst kümmern sie die Steine nur wenig, dann – bei unserem ersten richtigen Treffer – gibt sie uns ihr Morgenkonzert und bewegt sich angriffslustig auf uns zu, anstatt zu flüchten. Wir beschließen, kein Risiko einzugehen, werfen noch ein paar Steine und geben ihr dann mit einem Knüppel den Rest. Mein Herz rast schon wieder. Ich besorge mir Handschuhe und schaue die leblose Schlange genauer an. Eigentlich wirklich schön, wenn man nicht an die Todesgefahr denkt, die von dem Tier ausgeht. Die größte Gefahr, denke ich so bei mir, bin ich eigentlich selbst. Mein Blick ist noch untrainiert, ich bin in den ersten Tagen auf den unebenen Flächen noch recht wacklig zu Fuß und zu leichtfertig im Umgang mit Feuer, Zelt oder Boot. Ich verursache Tausende von kleinen Situationen, durch die ich zu Schaden kommen könnte. Ich beschließe, noch vorsichtiger zu sein und besser auf meine Umgebung achtzugeben.

Als ich wenig später im Lager herumräume, entdecke ich eine kleine Maus, die sich vor meinem Zelt herumtreibt. Ich bin froh, dass wir die Lebensmittel auf die Kücheninsel verbannt haben. „Hier gibt's nichts zu futtern", erkläre ich der Maus, bevor sie im Vorzelt verschwindet. Da hat sie nichts zu suchen, denke ich, ziehe den Reißverschluss auf und bin schon halb im Zelt, als ich unvermittelt das charakteristische Rasseln höre. Mein Herz bleibt fast stehen. Keinen halben Meter von mir entfernt, direkt im Vorzelt bäumt sich eine Klapperschlange auf. Die Rassel am Ende des Schwanzes klappert in der Höchstfrequenz. Mit einem Schrei hechte ich zurück und lande rücklings in meiner Angelausrüstung. Das Klappern wird gnädiger. Ich blicke mich um, entdecke einen Knüppel und weiß nur eins: Die darf sich gar nicht erst irgendwo verstecken.

Mein Überlebensdrang ist jetzt noch wesentlich ausgeprägter als vorhin bei der ersten Schlange. Ich bin wütend. „Alles könnte gut sein, wenn diese verdammten Viecher nicht so auf Krawall aus wären", fluche ich. Ich schlage die Zeltplane zurück. Die Klapperschlange ist noch näher zum Eingang gekrochen und erhöht wieder die Lautstärke. Ich dresche einfach zu, erwische sie in der Mitte des Körpers. Sie springt in meine Richtung und ich lasse mich instinktiv zur Seite fallen. Das Rasseln erscheint mir ohrenbetäubend. Die Schlange kommt aus dem Zelt auf mich zu. Ein weiterer Schlag. Diesmal ein Volltreffer auf den Kopf. Das Rasseln nimmt zu, und das Tier scheint sich um sich selbst zu drehen. Ich fasse nach. Einmal, zweimal, dreimal – ich schlage mit dem Knüppel immer wieder zu. Stille.

Ich höre meinen schnellen Atem, mein pochendes Herz und stelle fest, dass ich unglaublich schwitze und dabei zittere. Hinter dem Feuerholzstapel am

Eingang des Camps liegen meine Arbeitshandschuhe. Ohne die fasse ich die Schlange nicht an. Wer weiß, was für Reflexe noch in dem Tier lauern. Als ich wieder beim Zelt bin, liegt sie zusammengerollt im Eingang. Beim Stupsen mit dem Stock zuckt sie ein wenig, scheint aber tot zu sein. Mit den Handschuhen packe ich sie hinter dem Kopf und trage sie am ausgestreckten Arm nach draußen auf die Felsenfläche vor dem Lager. Eigentlich ein schönes Tier, aber leider zu gefährlich, um hier im Lager herumzustromern. Ich mache ein paar Fotos von ihr. Danach drapiere ich die Schlange auf unserer Sitzbank neben meine Teetasse und den Zigaretten. Ich will sie Irmin zeigen, bevor ich sie im Teich neben dem Camp den Krebsen zum Fraß vorwerfe. Als Irmin kommt, ist er sichtlich beeindruckt und fragt, ob sie noch lebt, da sie trotz der Knüppelei äußerlich noch unbeschädigt aussieht. Als ich verneine, kommt er etwas näher. Ob es nun die letzten Zuckungen sind oder das Tier nur massiv betäubt ist, lässt sich nicht genau klären. Auf jeden Fall fängt sie wieder an zu rasseln und sich zu bewegen. Aus dem Maul tropft Blut, und sie gleitet von der Bank hinunter. Irmin weicht zurück und ist erst beruhigt, als ich ihr mit einem Holzscheit noch ein paar Schläge verpasse. So langsam fühle ich mich ein wenig bedroht in unserem Lager. Mir wird klar, dass ich jetzt wirklich dort angekommen bin, wo ich hinwollte. In der Wildnis, mit all ihren Gefahren.

Als Irmin und ich abends am Lagerfeuer sitzen, haben wir es mit unserem ärgsten Feind zu tun: den Moskitos. Sie kommen in ungeahnten Schwärmen auf uns zu, summen im Ohr, setzen sich mit Vorliebe auf Stirn und Hände, und selbst minutenlanges Herumgewedel mit Zweigen schreckt sie nicht ab. Die mitgebrachten Sprays und Mittelchen rangieren zwischen moskitoanregend (Autan), leicht abstoßend für fünf Minuten, aber nur wenn man drin gebadet hat (Natrapel Citronella), wirksam für eine Viertelstunde, allerdings wäschebleichend (Sketolene aus Thailand) und schädlich für Mücken und Mensch gleichermaßen (DEET 30, heftige Schwedenware, die Haut schält sich ab). Die Aussicht darauf, die nächsten Abende wegen dieser geflügelten Pest im Zelt zu verbringen, verdirbt mir ein wenig die Laune. Ich hatte mich schon so auf's Geschichtenerzählen am Lagerfeuer gefreut, aber ausgerechnet wenn dafür die richtige Zeit wäre, geht die angriffslustige Meute auf Menschenfang!

GEBURTSTAG IM FREIEN

31. Genau zehn Tage nach unserer Ankunft auf Deer Island feier ich meinen 55. Geburtstag. Ja, ich feiere innerlich – ich denke beim Aufwachen schon an den Geburtstag und wie sehr er sich von meinen bisherigen Geburtstagen unterscheiden wird. Ich überprüfe, ob die Situation so ist, wie ich sie mir vorgestellt habe. Mir fehlen Candis und die Kinder und unser Familien-Geburtstags-Ritual, außerdem denke ich sehr intensiv an meine Mutter, die heute vor 55 Jahren einen sehr harten Job zu erledigen hatte – der dritte Tag im Wochenbett, und das bei brütender Hitze. Ich bedanke mich bei ihr und schicke ihr einen Gedankengruß, dann stehe ich zufrieden auf.

Während ich ein paar Gymnastikübungen mache, kommt Christian aus seinem Zelt, in der Hand ein Paket, darauf eine Kerze. Und er singt. Gott sei Dank nicht Happy Birthday, sondern: „Wir werden immer größer, jeden Tag ein Stück. Große bleiben gleich groß oder schrumpeln ein. Wir werden immer größer – ganz von allein.“ Im Paket ein Buch, „72 Tage in der Hölle“ von Nando Parrado. Ich freue mich. Ein toller Geburtstag! Und ein Geburtstag ohne Kuchen – ich vermute, der dritte in den letzten 55 Jahren. Christian bietet mir zwar an, zur Kücheninsel zu fahren und mir ersatzweise Marmeladencracker zu schmieren, aber ich verzichte. Ich bin auch so glücklich und zufrieden.

Wie kann das bloß sein – ist das eine Art Klostereffekt hier? Die Exklusivität der einfachen Lebensart? Ich bin mein ganzes Leben mehr oder weniger ein Weichei gewesen, ein Warmduscher, immer auf weichen Strahl bedacht. Ich war nie Pfadfinder, Hausbesetzer, Abenteurer oder Weltenbummler. Ich habe nie Camelboots getragen und bin ohne Rucksack an meine Ziele gekommen. Nicht selten hat meine Pingeligkeit mich Sympathien gekostet. Ich trinke ungern mit anderen aus einer Tasse und lasse niemanden gern von meinem Teller essen – allerdings: Ich probiere gern vom Teller meiner Frau. Ich habe mich oft albern angestellt, wenn mir eine Sache ästhetisch gegen den Strich ging, aber wie superalbern würde man mich erst einschätzen, wenn man mich mit versteckter Kamera auf fremden Toiletten beobachten könnte. Bevor ich mich setzen kann, verbrauche ich zehn Meter Klopapier, um Brille und Becken „sagrotansauber“ zu wischen – zur Not mit Spucke, wenn kein Wasser in der Nähe ist. Was will so ein Typ hier draußen in der freien Natur? Wo es Bären und Klapperschlangen gibt, Ameisen in Batallionsstärke und mehr Moskitos auf dem Quadratmeter als Chinesen in Shanghai, jedenfalls in der Abenddämmerung! Ich verbringe viele Stunden in einem Zweimannzelt, in das gerade mal meine fünfzig Zentimeter breite Luftmatratze passt, darauf noch eine flache Therm-A-Rest-Matratze und ein Schlafsack. Neben dem Kopf eine blaue Plastikkiste als Kleiderschrank, Nachttisch und „stummer Diener“. Um ins Zelt zu kommen, muss ich auf allen vieren kriechen und mich höllisch beeilen, damit nicht so viele Moskitos mitkommen.

Beim Zubettgehen lege ich fein säuberlich in festgelegter Ordnung Taschenlampe, Pfefferspray und Glocke ab – jederzeit auf einen Angriff vorbereitet. Mein Outdoor-Kopfkissen ist zwanzig Zentimeter breit und rutscht alle fünf Minuten weg. Der Komfort im Lager verdient Null-Komma-Einen Stern – aber ich bin happy, und nicht nur an meinem Geburtstag! Mir gefällt die Reduzierung aufs Wesentliche sogar ausgesprochen gut, und ich merke, wie ich mich verändere. Anstatt auf Handy, Straßenverkehr, kaufmännische Falltüren, falsche Charaktere, Zeitungsmeldungen, TV oder Post zu reagieren, schärft sich mein Reaktionsvermögen mit jedem Schritt auf Bewegungen im Wald, Wasser oder am Horizont.

Ich passe einfach auf, ich nehme meine Umwelt wahr, eigentlich wie immer, denke ich, aber doch auf eine völlig andere Weise. Ich achte auf die kleinsten Geräusche, horche, ob die Vögel unverändert zwitschern, und suche ständig um mich herum alles auf Veränderungen, Bewegungen und Gefahren ab. Dennoch bin ich ruhiger, esse viel langsamer, und es könnte sein, dass ich auch langsamer spreche. Hoffentlich fange ich nicht an, auch noch langsamer zu denken – denn Langsamdenker waren stets der Treibstoff für meine Ungeduld. Überhaupt – meine Ungeduld, wo ist die denn? Wird scheinbar im Moment nicht benötigt!

Ich bin sehr zufrieden über alles, was ich schaffe – was bis dahin noch völlig normal ist. Dazu kommt aber, dass ich wesentlich produktiver bin als sonst und selbst die kleinsten Details sehr intensiv erlebe. Zum Beispiel das Zähneputzen: rein in mein Zelt, Kulturtasche holen, zwanzig Meter zum Lagerfeuerplatz gehen, meinen Becher suchen, Wasser aus dem Zwanzig-Liter-Behälter einfüllen, Zahnbürste nass machen, Zähneputzen über der Feuerstelle, damit der Schaum in die Asche fällt, abends verbrannt wird und keine Geruchsspuren hinterlässt. Vorsichtig Wasser über die Bürste träufeln, zwei Schlucke zum Gurgeln ebenfalls ins Feuer spucken, Kulturtasche zurück ins Zelt bringen. Anschließend fühle ich mich sauber und habe das Gefühl, etwas Wichtiges erledigt zu haben. Zu Hause geht das Zähneputzen viel schneller, aber es macht mich nur halb so zufrieden wie hier.

Noch besser ist das Gefühl, wenn ich Wasser geholt habe und die „Tanks" voll sind. Das bedeutet: Kanister und Pumpe schnappen, rein ins Kanu, raus auf den Bay paddeln, weil da das Wasser besser ist (glaube ich jedenfalls), Kanister zwischen die Beine pressen, Pumpe auf Füllloch drücken, Pumpenschlauch mit Schwimmer ins Wasser werfen und pumpen, pumpen, pumpen. Nach circa vierhundert Pumpenschlägen ist der Filter zu. Also aufschrauben, mit den Fingern reinigen, abspülen, zusammenschrauben und weiterpumpen. Christian und ich trinken sieben- bis achthundert Pumpenschläge Wasser pro Tag. Fünfundzwanzig Minuten später bin ich zurück aus meiner schwimmenden Muckibude, stolz wie ein Tangotänzer. Zu jedem Tropfen Wasser habe ich eine tiefe Beziehung, und das wiederum führt zu großer Zufriedenheit.

Unzufrieden sind wir allerdings mit unseren Abwehrerfolgen gegenüber den Moskitos. Was uns bei Bären und Klapperschlangen erfolgreich gelungen ist, klappt nicht beim heimlichen kanadischen Wappentier (das Ahornblatt sollte dem Moskito Platz machen, denn die Viecher sind in der Überzahl). Sie lassen sich weder mit Krach noch mit Steinen verjagen. Und die Sprays versagen ebenfalls – sowohl das biologische als auch die von Christian aus Schweden eingeführte Geheimwaffe, die er immerhin mit der Erfolgsformel „in Deutschland verboten" anpreist. Abends hoffen wir immer auf ordentlich Wind, bleibt der aus, müssen wir ab halb zehn für eine halbe Stunde ins Zelt – ansonsten werden wir abgestochen. Bei totaler Dunkelheit ziehen sich die Viecher wieder zurück, jedenfalls die meisten von ihnen. Ein paar Nachzügler nerven zwar weiter, aber diese leben in absoluter Todesgefahr, weil Christian und ich sie regelmäßig abklatschen.

ZWEI TYPEN IM BUSCH

32. Da blüht die Fantasie natürlich auf, wenn man sich zwei Kerle vorstellt, die mehrere Monate in freier Wildbahn verbringen. Assoziationen von ungepflegten Herren kommen auf, die über Türme von Bierdosen stolpern, um sich in ihre vollgemüllten Zelte zu legen. Bei uns ist es aber auf sonderbare Weise anders. Nach den langen Vorbereitungen hat es etwas Beruhigendes, endlich auf der Insel zu sein. Wir haben es geschafft. Wir haben unseren Traum verwirklicht, haben uns bewiesen, dass sich auch die verrückteste Idee in die Tat umsetzen lässt. Jetzt, in der so sehnlich herbeigewünschten Wildnis, ist es zwar etwas unbequemer und aufregender als gedacht, aber immer wenn ich morgens die Augen aufschlage und das Rauschen der Bäume oder Irmin beim Morgensport höre, denke ich: Ich bin angekommen!

Für Irmin scheint klar zu sein, was es zu tun gibt. Knapp hundert Meter von unserem Zeltplatz entfernt hat er seinen Arbeitsplatz. Sein Kunstwerk. Für mich, den es vor allem wegen der Wildnis hierhergezogen hat, beginnt zu dieser Tageszeit eine Phase des inneren Sortierens. Ich kann ja schlecht den ganzen Tag auf einem Felsen sitzen und mich an der Landschaft ergötzen. Auch stelle ich fest, dass zu einem erfüllten Naturerlebnis immer Reisepartner gehören, die sich über das Gesehene austauschen können. Das ist in unserem Camp nicht immer möglich, denn Irmin ist hauptsächlich Feuer und Flamme für sein Kunstwerk. Er steht früh auf und richtet seinen Tag gänzlich darauf ein.

Wie sich herausstellt, habe ich als Lagerkoordinator, Koch, Fotograf – also als Mädchen für alles – letztlich eine Menge Arbeit zu erledigen. Ich muss Holz ranschaffen, die Vorräte im Auge behalten, Essen zubereiten, im Lager für Ordnung sorgen, immer daran denken, wann es wohl wieder Zeit sein wird, um eine Versorgungsfahrt nach Killarney zu unternehmen und unsere Lagerbestände aufzufüllen. Auch das Wetter spielt eine wichtige Rolle. Schon in der Frühe lausche ich nach draußen. Wie ist der Wind? Können wir heute mit dem Boot rausfahren oder ist der Seegang zu rau? Aus dem besinnlichen Naturerlebnis kann schnell ein logistisches Problem werden.

„Was hast du denn die ganze Zeit getan?“, werden mich später meine Freunde fragen. Bei Irmin lässt sich die Frage leicht beantworten. Der muss ja seiner Bildhauerei nachgehen. Für mich hingegen, so könnte der Eindruck entstehen, geht es eher darum, die lästige Freizeit auszufüllen. Dass es trotz einer fehlenden künstlerischen Mission für mich jede Menge zu tun gibt, ist wohl nicht offensichtlich. Ich vergleiche meine Situation plötzlich mit der einer Hausfrau. „Das bisschen Haushalt …“, kommt mir manchmal in den Sinn, wenn um die Mittagszeit ein hungriger Irmin erscheint und mich fragend anschaut. „Diese Situation schreit nach einem korrekt gezauberten Salat“, grinse ich ihn an. Irmin nickt. „Die Leute woll’n, dass was passiert“, entgegnet er mir. Wenig später sitzen wir dann meist auf der Kücheninsel und mampfen zufrieden unser Mittagsmahl.

Unsere Tagesaufgaben ergänzen sich. Instinktiv haben wir uns unsere Plätze, Zeiten und Pflichten ausgewählt. So kommt es vor, dass wir uns stundenlang nicht sehen, wohl wissend, was der andere gerade tut. Unser kleines Biotop funktioniert, jeder tut das, was er am besten kann.

Zugegeben, der sanitäre Anteil ist ein wenig dürftig. Die Zähne putzen wir uns über der Lagerfeuerstelle. Fürs Haarewaschen und die Körperpflege kommt das Beauty-Produkt Campsuds zum Einsatz, das biologisch voll abbaubar ist und gleichzeitig auch zum Spülen des Geschirrs, zur Kleiderwäsche oder zum Reinigen von Rußflecken taugt. Nachdem mein Vorschlag, den „großen Gang“ dann und wann in der Georgian Bay zu erledigen, auf heftige Gegenwehr gestoßen ist, haben wir uns also eine Reisetoilette namens Luggable Loo angeschafft. Dieses ach-so-praktische Gerät ist äußerlich nicht von einem normalen Mayonnaiseplastikeimer aus der Gastronomie zu unterscheiden, lediglich der Deckel ähnelt einer Klobrille. Mit diesem Übel lebe ich nun seit Wochen, und ich muss zugeben, gar nicht so schlecht.

Eine richtige Dusche gibt es nur, wenn wir bei Jerry in der Lodge vorbeischauen. Man glaubt nicht, welch hohen zivilisatorischen Wert eine kochendheiße Abschrubberei haben kann. Als ich vorgestern bei Jerry unter der Brause stand und erstmals nach zehn Tagen den Heißwasserhahn aufdrehte, war das eine kleine Sensation. Ich kann kaum fassen, dass ich so etwas in Deutschland täglich tue. Jerrys Boiler wird mit Gas betrieben und erhitzt eine Menge Wasser, die durchaus für zwei Personen ausreicht. Es geht trotzdem die volle Ration weg: Ich seife mich ein, spüle noch mal nach, seife mich gleich wieder ein und stehe minutenlang vor Genuss ächzend unter dem heißen Strahl. Anschließend bin ich geradezu süchtig nach Haargel und Eau de Toilette, ich mache mich von Kopf bis Fuß „dschungelfein“ und fühle mich mit einem frisch gewaschenen Hemd und einer sauberen Jeans endgültig wie neu geboren. Nur das Rasieren habe ich mir ja verboten, um herauszufinden, wie struppig ich nach unserer Zeit aussehen werde.

Ein weiteres kulturelles Highlight ist das Essen auf Deer Island. Als erfahrener Koch habe ich mich dazu entschlossen, während der hundert Tage für unser leibliches Wohl zu sorgen. Wenn ich mich auf Irmin verließe, würde ich wahrscheinlich bald an einem Feldtest teilnehmen und herausfinden, wie lange man ausschließlich von Weintrauben überleben kann. Als überzeugter Vegetarier würde Irmin seine Ernährung am liebsten nur mit Rohkost bestreiten. Dies, gepaart mit der Gewohnheit, einen während eines x-beliebigen Essens darauf hinzuweisen, was für einen Mist man da gerade zu sich nimmt, kann nerven. Also hilft nur die Flucht nach vorn, sprich: selber kochen.

Glücklicherweise war ich sechs Jahre mit einer konsequenten Vegetarierin zusammen und habe außerdem in einem alternativen Kindergarten gekocht, in dem mir von makrobiotisch-fanatischen Elternteilen bis hin zu Vollveganern so einiges untergekommen ist. Als regulärer „Gemischtköstler“ ziehe ich aus meinen Erfahrungen ein recht einfaches Fazit: Gemüse ist nicht nur eine Beilage, und mit etwas kulinarischer Kreativität kann man aus fast allem etwas Hervorragendes machen. Trotz detaillierter Planung (zu Hause hatte ich mit Andrea einen Insel-Speiseplan für einen ganzen Monat entwickelt, um ein Gefühl für die mitzubringenden Mengen zu bekommen) siegt schon bei unserem ersten Einkauf die Intuition. Nach unserer Heißdusch-Session fahren wir nach Sudbury und plündern aufs Geratewohl die Obst- und Gemüseabteilung des nächstbesten Supermarktes. Die Mengenberechnung ist weniger kompliziert als erwartet. Wir haben zwei große Campingkühlboxen. In die hinein kommt je ein Drei-Kilo-Sack Eis, und dann packen wir die Kisten ganz einfach randvoll mit Obst und Gemüse. Anschließend füllen wir noch einen großen Plastikcontainer mit unverderblichen Zutaten wie Gewürzen, Öl, Konservendosen, Tee, Kaffee, Trockenobst und Crackern – fertig. Das muss reichen.

Die Mahlzeiten teilen den Tag ein, und ich muss gestehen, dass ich mit dem Veggie-Rohkostzeugs kaum Probleme habe. Morgens gibt es nach dem Aufstehen einen hervorragenden Obstsalat. Wir haben hier Ananas, Mangos, Trauben, Kiwis, Pfirsiche, Nektarinen, gelbe und dunkle Pflaumen, Waldbeeren, Äpfel, Orangen, Grapefruits, Bananen, und, und, und ... Was den Obstsalat angeht, können wir uns dank unserer Hochleistungskühlboxen und der Maßlosigkeit, die wir bei unserem Supermarktüberfall an den Tag gelegt haben, mit jedem Tophotel der Fünf-Sterne-Klasse messen. Ähnlich abwechslungsreich ist unser Speiseplan mittags und an den Abenden. Die von mir angemachten Salate sind allesamt der Kategorie „Kompaktbauweise" zuzurechnen. Blattsalate gibt es kaum: hält sich nicht lange, das Zeug, und verbraucht zu viel Platz. Dafür gibt es unwiderstehliche Mischungen aus Weiß- und Rotkohl, Tomaten, Gurken, Paprika, Avocados, Pilzen, Möhren, Sellerie, Steckrüben, Zuckererbsen, Pistazien, Sonnenblumen- und Pinienkernen – also richtig was zum Kauen. Auch Nudeln oder Kartoffelgerichte gehören zum Repertoire. Heute zum Beispiel gab es knackig gewoktes Asiagemüse mit frischem Ingwer, Knoblauch, Sesamöl und Reis. Die selbst auferlegte Askese mancher Travel-Gurus wird man bei mir vergeblich suchen. Trockene Müsliriegel, dehydrierte Bergsteigernahrung und komische Tubenkost kommen mir nicht in die Outdoor-Küche. Schließlich führe ich im Gegensatz zu vagabundierenden Trekkern eine dauerhafte Niederlassung. Das bedeutet, es geht auch um die Tagesmoral – und Irmin kann echt nervig werden, wenn es mieses Essen gibt. Bislang gab es glücklicherweise keine Beschwerden, bis auf einen kleinen Ausrutscher, als mir ein Tomaten-Nudel-Salat in der Mittagshitze verdorben ist.

Und damit hier die Fahne der unfehlbaren Gesundheitsapostel nicht zu heftig flattert, möchte ich darauf hinweisen, dass wir es uns bei unseren Einkaufstouren nach Killarney natürlich vorbehalten haben, uns in die weit ausgebreiteten Arme der Zivilisation zu stürzen. Wer einmal in das kindlich strahlende Gesicht von Irmin geblickt hat, wenn er sich nach mehrwöchiger Abstinenz zwei Kugeln Caramel Cone Explosion einverleibt, der weiß, ohne das Dunkel gibt es kein Licht. Ich selbst habe mir beim letzten Trip eine Hot Hamburger Platte mit Buffalo Chips gegönnt und zum Nachtisch einen klebrigen Granny-Cake mit einem Klacks Vanille-Sundae. Was für eine Kalorienbombe. Aber gut für die Seele!

STEINSCHLAG IM VERBORGENEN

33. Ich habe ja sofort am Tag nach unserer Ankunft in der Wildnis mit der Arbeit an meiner Skulptur begonnen und gemerkt, dass der Begriff Skulptur wohl eher unzutreffend ist. Aber welcher Begriff ist richtig? „Rock-Art“ steht auf den kleinen Büchern, die ich von Christian bekommen habe und in denen zum Teil primitive Figuren auf Felswänden zu sehen sind.

Diese Figuren, Zeichen und Symbole wirken wie moderne Piktogramme, sind aber zum Teil tausend Jahre alt und älter. Man findet sie über den gesamten amerikanischen Kontinent verteilt, besonders zahlreich in Südamerika.
Ich verwende bei meiner Arbeit zwar ebenfalls Figuren, die ich Symbole oder Zeichen nenne, aber ich finde sie natürlich nicht primitiv. Vor allem nicht in der Vereinigung und der fließenden Bewegung, die durch die Gesamtkomposition entsteht. Meine Zeichen verbinden sich zu einem Ganzen und stehen so im Zusammenhang mit der Umgebung, mit den Felsen und der kleinen Bucht, an der mein Arbeitsplatz gelegen ist.

Das Wasser der Bucht wird zunächst von runden Flusssteinen unterbrochen und geht dann in einen kleinen Sumpf über, hinter dem sich herrlich glatt geschmirgelte, grasumwachsene Felsformationen auftürmen. Etwa zwanzig Meter hinter diesen Felsen beginnt ein fester Nadelwald, zum Teil am Rand einer drei Meter hohen Felsklippe. Der Wald wirkt unheimlich und dunkel, und wegen der Felsklippe habe ich mich in den ersten beiden Wochen nicht in seine Nähe getraut. Außerdem stand ausgerechnet auf dieser Klippe der große Bär, den wir von der Kücheninsel aus verscheucht haben. In den ersten

Wochen blicke ich deshalb ständig vom Schlagen hoch und suche die Felsklippe nach den Umrissen des Bären ab.

Zum Arbeitsplatz begleitet mich neben der obligatorischen Bärenglocke auch unsere Bundesliga-Fan-Hupe, von deren Fanfaren man sofort einen Hörsturz bekommt. Ich bin froh, kein Fußballfan zu sein. Ich glaube fest daran, dass Bären sich vor diesen Hupen fürchten und sofort wegrennen. Und Glaube versetzt Bären!

Überhaupt habe ich genug damit zu tun, das Leben am Sumpfrand mit Gelassenheit zu akzeptieren und die Störungen meines Wohlbefindens zu ignorieren. Und das ist nicht einfach. So beschließt zum Beispiel am Ende meiner zweiten Arbeitswoche eine Ameisenkolonie den Umzug ihrer Brutstätte. Das bedeutet, dass circa fünf Stunden lang mein Arbeitsplatz von Hunderten großer, fetter Waldameisen gekreuzt wird, die alle weiße Eier schleppen und meine „Felsleinwand" als breiten Wanderweg nutzen. Die Invasion ist so gewaltig, dass ich die Arbeit einstellen muss. Ich gebe mir frei und schaue am späten Nachmittag mal wieder vorbei. Vorher stelle ich mich noch auf meinen ganz persönlichen Beobachtungspunkt: die Stelle, von der aus man das gesamte Werk im Zusammenhang sehen kann. Hier fällt auch jeweils die Entscheidung, wo ich einen neuen Strang meiner Symbole beginne. Sie streben zwar alle auf einen Punkt zu, aber manche sind zehn bis zwanzig Meter von ihrem Ziel entfernt und bewegen sich über die Felsen und dann teilweise unsichtbar (aber spürbar) auf das gemeinsame Ziel zu.

Der Eiertransport ist beendet und der Ameisenstrom versiegt. Ich nehme mir ein Beispiel am Fleiß der Tiere und beginne wieder die vorgezeichneten Symbole in den Granit zu schlagen, immerhin bleiben noch zwei oder drei Stunden bis zur Nachtschicht der Moskitos, deren angriffslustiges Unwesen jeden Tag den Feierabend einläutet.

Wenn ich Stunde um Stunde an meinem Arbeitsplatz verbringe und allein mit meinen Gedanken, Plänen und gestalterischen Konzeptionen bin, merke ich, wie sehr ich mit meinem Vorhaben auf Kurs liege. Dann kommen Gefühle höchster Zufriedenheit und Ausgeglichenheit in mir auf. Ich liebe die Steine, die Felsen und den Granit vor mir. Meistens bin ich weniger als einen halben Meter mit den – von der Brille geschützten – Augen entfernt von der „Haut" des Felsens, und ich beginne mehr und mehr darauf zu lesen. Die Oberflächenstrukturen wandeln sich sehr häufig, manchmal ist der Stein rau, dann wieder glatt wie Glas und selten wie von einer Wachsschicht bedeckt. Manche Schläge auf den Granit prallen ab und hinterlassen erst beim dritten oder vierten Versuch sichtbare Spuren, dann wieder kommt mir das Material weich vor, und an dem geschlagenen Punkt bildet sich eine Art Granitpulver, das man mit den Fingern wegkratzen kann. Wenn ich im Schatten schlage, sehe ich oft Funken sprühen, und häufig spritzt der geschlagene Granit wie ein Sandstrahlgebläse auf meine Haut. Das tut weh, und manchmal bekomme ich sogar kleine Verbrennungen, meistens auf den Unterarmen.

Irgendwann kommt mir die Erinnerung an meine kindliche Begeisterung für Steine in den Sinn, und mir fällt ein, wie ich als kleiner Junge gefragt habe: „Mama, wachsen Steine eigentlich auch?“ Als meine Mutter das verneinte, war ich enttäuscht und sagte: „Aber du hast doch gesagt, alles in der Natur wächst, und Steine sind doch auch Natur?!“ Meine Mutter entkam dieser Diskussion dann mit dem Zugeständnis, dass Steine nur „ganz, ganz langsam“ wachsen.

Meine Faszination für den roten kanadischen Granit nimmt mit jedem Arbeitstag zu. Meine Spurensammlung bekommt raumgreifende, fließende Formen, und meine Kondition verbessert sich deutlich. Während ich in den ersten Tagen alle zehn Minuten eine kleine Pause benötigt habe, kann ich inzwischen eine Stunde ohne Unterbrechung und Ermüdung durchschlagen. Lediglich mein Meißel macht mir allmählich Sorgen. Schon jetzt stumpft die Spitze spürbar ab, und wenn es so weitergeht, habe ich bald reichlich Power in den Armen, aber einen Widia-Meißel, der keine sauberen Konturen mehr zulässt. Blöderweise habe ich nur einen Meißel in dieser Größe dabei, und würde ich einen kleineren oder größeren nehmen, wäre meine Zeichenkonzeption aufgelöst und die Einheitlichkeit dahin. Ich werde mir innerhalb der nächsten Tage etwas einfallen lassen müssen, wo ich hier in Kanada einen neuen Widia-Meißel herbekomme.

HEISSE SCHEITE

34. Mit Kanu, Transportkiste, Axt und Säge bin ich auf dem Weg zur Kücheninsel, um meiner neuen Obsession nachzugehen – dem Feuerholzmachen. In direkter Nähe zur Anlegestelle des Kanus habe ich am Vorabend einen großen abgestorbenen Baum entdeckt. Eine ideale Feuerholzquelle, wie ich finde.

Als ich dann vor dem bestimmt sieben Meter hohen Riesen stehe, bekomme ich kurz ein bisschen Respekt vor der Aufgabe, die ich mir da gestellt habe. Zum Glück habe ich innerhalb der letzten Tage bereits eine strategische Vorgehensweise beim Baumzerkleinern entwickelt. Zuerst entferne ich das Kleingeäst, dann säge ich die dicken Äste ab, die ich ebenfalls von kleineren Zweigen befreie. Anschließend säge ich die halbdicken Stämme in kurzen Abständen an, sodass ich sie mit gezielten Schlägen in passende Stücke zerkleinern kann. Die fertigen Scheiben kommen in die Transportkiste, die ich – wenn sie voll ist – unter den verbleibenden Baumstamm schiebe. So entsteht ein Bock, auf den ich den Stamm auflegen und (nun in angenehmer Sägehöhe) in schönes Kaminholz verwandeln kann.

Während ich beim Sägen so vor mich hin schwitze, diktiere ich mir insgeheim eine Liste von Tipps, die man beim Bäumefällen beachten sollte. Erstens: Nie einen Baum fällen, der einen größeren Stammdurchmesser hat als der Zwischenraum zwischen dem Bogen der Säge und dem Sägeblatt, sonst wird's ziemlich akrobatisch. Zweitens: Nie einen Baum fällen, der zu weit vom Lager entfernt ist – man denke an die Schlepperei. Und auch nicht doof: Beim Zersägen des Baumes sollten die einzelnen Abschnitte nie länger als vierzig Zentimeter sein, sonst bekommt man Probleme beim Spalten. Die Arbeit euphorisiert, wie ich schnell feststelle. Es gibt nichts Besseres, als im prallen Sonnenschein eine abgestorbene Kiefer zu erledigen. „Holzmachen“ treibt den Schweiß, pumpt die Muskeln auf und ist immer wieder ein hervorragendes Zirkeltraining. Der Wechsel der verschiedenen Disziplinen wie „Stamm zersägen“, „Kleinholz auf Kistenmaß bringen“, „heiße Scheite spalten“ und „die volle Kiste über die Felsen zum Camp schleppen“ bringt den ganzen Mann in Fahrt.

Während ich säge und hacke, kann ich meine Gedanken fliegen lassen. Dass die Agenturkameraden mich wohl beneiden würden, steht fest, so wie ich jetzt die Axt in den Stamm sausen lasse: braungebrannt, gut beschuht, mit freiem Oberkörper. Ich finde, dass auch mein Gürtel irgendwie schlapper sitzt, was auf einen erfreulichen Gewichtsverlust hindeutet. Zudem dient die Plackerei einem guten Zweck. Ich erfahre mehr über mein Lieblingshobby „Feuermachen“. Am Duft der Stämme und Äste finde ich heraus, ob sie gut brennen werden. Die harzigen, leicht rötlich durchzogenen Holzscheite sind echte Superbrenner. Ich nenne sie „Petroleumscheite“, weil sie abfackeln, als wären sie mit Brandbeschleuniger getränkt. Das trockene, weiße Astholz lässt sich gut klein machen und ist eher für die Glut als für offenes Feuer geeignet, weil es nur kurzzeitig aufflammt, dann aber langsam wegglimmt. Für das Küchenfeuer ideal.

Ich merke, wie zufrieden ich bin, wenn ich mich körperlich verausgabe. Schwitzend und hechelnd halte ich inne, wenn es einmal nicht weitergeht. Ich recke mich gerade und denke mir, dass ich am liebsten auch zu Hause Holzhacken würde, um dann abends rechtschaffen erledigt vor einem prasselnden Lagerfeuer zu sitzen und über die Qualität der Scheite zu fachsimpeln. Die Holzarbeit hat so etwas Rohes und Romantisches zugleich. Nach meiner Baumfällaktion bin ich mächtig stolz. Der Feuerholzhaufen wird uns über einige Tage bringen. Zur Belohnung gönne ich mir ein erfrischendes Bad im Kanal zwischen Kücheninsel und Camp und hole bei der Gelegenheit gleich das Kanu und lade es randvoll mit dem Holz. Den Vorgang muss ich sechsmal wiederholen, eine schweißtreibende Angelegenheit, nach der sofort das nächste Bad fällig wird. Dann sitze ich mit einem Becher Kaffee im Schatten und döse leicht vor mich hin. Das würde meinem Sohn bestimmt auch Spaß machen. In Situationen wie diesen fängt die Sehnsucht nach meinen Liebsten an, sich leise bemerkbar zu machen.

Wenn ich später beim Lagerfeuer nicht mit den Holzvorräten geize, sondern Ladung für Ladung in den lodernden Haufen werfe, schimpft Irmin, ich solle sparsamer mit dem so mühselig errungenen Brennmaterial sein. Will ich aber gar nicht, denn ich weiß, ich bin ein Flammen-Junkie. Ich will meine selbstgeschlagenen Scheite brennen sehen, egal wie schwierig die Beschaffung des Nachschubs auch ist. Bin ich ein Feuerteufel? Meinetwegen. Aber nur für Lagerfeuer, ehrlich. Häuser, Schuppen und Ställe sind vor mir sicher. Und sollte meine nächste Wiedergeburt menschlich sein, würde ich es vorziehen, als Sohn eines Lumberjacks auf die Welt zu kommen.

DER BESUCH DER INDIANERIN

35. Die Indianerin kommt in einem alten Alu-Boot mit 20-PS-Motor und vier Kindern. Wenige Hundert Meter von unserem Lagerplatz entfernt beginnt ein Reservat, ein Gebiet, das nicht „Government Land“ ist, sondern unter der Selbstverwaltung der Ureinwohner steht. Hat sie vielleicht ihr Ziel verfehlt? Sie führt ihr Boot vorsichtig durch das flache Wasser, hebelt den Motor hoch und lässt sich geschickt bis an unseren Lagerfelsen treiben.

Wir halten zunächst einen kleinen Smalltalk, während sie mit ihren Kindern im Boot sitzen bleibt. Christian spricht besser Englisch und leider auch zu viel. Er verquatscht sich und – das galt unter uns als absolutes Tabu – erzählt, dass wir ein Kunstprojekt am Start haben. Die Frau ist sofort interessiert, und ich bin hin- und hergerissen, als Christian sie und die Kids auf einen Kaffee einlädt.

Sie kommt fröhlich auf unseren Felsen gestiegen und ist von einer Sekunde zur anderen voll präsent. Sie redet ganz selbstverständlich mit uns und scheint wenig überrascht zu sein, uns hier auf der Insel anzutreffen. Ich bin mir sicher, dass Jerry oder seine Leute ihr einen Tipp gegeben haben. Die Fähigkeit, Nähe herzustellen, scheint ihr in die Wiege gelegt worden zu sein. Während ihre Kinder zunächst artig schweigen, steht sie da in Jeans und olivfarbenem Top, braungebrannt, schlank und zu unserer Freude ohne weitere Oberbekleidung. Sie fragt uns aus, und wir erzählen von unserem Lagerleben. Sie vermittelt uns das Gefühl, dass wir etwas sehr Sinnvolles und Begehrenswertes machen, und ihre älteren Söhne nicken anerkennend.

Christian hat schon das Abendessen für uns fertig, ein kleiner Wink genügt, und sofort haben wir fünf Gäste. Die zwei älteren Jungen beginnen zu fischen, und wenig später gibt es zu unserem Salat frische Fischfilets, fachmännisch von den beiden filetiert und auf dem Lagerfeuer von Christian „thailändisch" gewürzt und zubereitet.

Die Stimmung ist ausgezeichnet, denn es gibt immer viel zu erzählen, wenn man fern der Heimat in der Einsamkeit vom normalen Informationsfluss abgetrennt lebt. Sie beginnt von ihrer Familie und vor allem ihrem Vater zu erzählen, der ihr sehr nahesteht. Er habe sie schon als kleines Mädchen mit in die Wildnis genommen, daher kennt sie die Gegend hier wie ein Spielquartier. Sie erzählt vom Angeln und Jagen und von Nächten unter freiem Himmel. Ich frage etwas angewidert nach, ob sie tatsächlich selbst Tiere töten könne, um sie dann zu zerlegen. Die Indianerin lacht und findet das total normal. Mir graust ein wenig vor so viel „natürlicher Lebensart", aber als ich höre, dass sie tagelang ohne mitgebrachten Proviant durch den Busch streift, beginne ich zu verstehen.

Sie ist die erste Frau, die wir nach vielen Tagen zu Gesicht bekommen. Wo ist ihr Mann? „Auf einem Trip." Aha – und was bedeutet das? Welche Trips machen moderne Indianer heutzutage? Wir bekommen keine Antwort.

Als plötzlich ein Gewitter losbricht und die Regenmassen wie in den Tropen auf uns herabprasseln, springt Christian mit den Kindern der Indianerin ins Konfi-Zelt. Ich renne in mein Zelt und mit mir die Indianerin. Zu zweit sitzen wir im Schneidersitz auf meiner Luftmatratze und kichern wie Teenager. Wir verstehen uns sehr gut – meine Sprachschwierigkeiten lacht sie einfach weg. Ihr Gesicht strahlt Fröhlichkeit und Vertrauen aus. Leider verzieht sich das Gewitter viel zu schnell.

Später am Lagerfeuer nehmen wir unser Gespräch wieder auf. Natürlich wollen Christian und ich wissen, was denn so los ist in der Welt. Aber da unterscheiden sich die Eingeborenen nicht von normalen Kanadiern – die Indianerin ist alles andere als auf dem aktuellen Stand der Dinge. Weltpolitik? Fehlanzeige! Neues aus Europa? Sie hat nichts Besonderes gehört, und von Germany weiß sie lediglich, dass der Kommunismus „neulich" ein Ende gefunden hat. Dafür berichtet sie uns dann von einem Unfall in Sudbury, bei dem tonnenweise Milch aus einem Tankwagen gelaufen ist! Und von sechs toten kanadischen Soldaten in Bagdad oder Afghanistan, „irgendwo da in der Ecke".

Interessanter wird es, als sie uns von ihrem Volk erzählt. Da Christian aber besser Englisch spricht und mehr verstanden hat als ich, schreibt er über die „Indianerin ohne Federschmuck“ und ihre Stammesgeschichte. Obwohl ich ihren Erzählungen nicht immer folgen kann, bin ich fasziniert. Ihr Umgang mit den leidvollen Erfahrungen ihrer Vorfahren ist überraschend natürlich und absolut ohne jeden Vorwurf an den „weißen Mann“.

Trotzdem fühle ich mich mulmig, denn manche Ungerechtigkeit ist grausam. Am meisten schockiert mich die Geschichte ihrer Großeltern – Menschen, die erst seit dreißig Jahren tot sind und die miterleben mussten, wie sie aus ihrem Haus vertrieben wurden. Der Großvater hatte sich geweigert, eine Landumeignung zu akzeptieren, nachdem in der Nähe der Familienhütte Quarz gefunden worden war. Als er nicht freiwillig zum festgesetzten Zeitpunkt verschwand, wurden er, seine Frau und sechs Kinder bei Nacht aus dem Haus geprügelt, das danach in Flammen aufging. Eine Anzeige wollte die Polizei später nicht aufnehmen, da sie den Indianer für nicht glaubwürdig hielt.

Die Indianerin bleibt mit ihren Kindern bis zum späten Abend. Christian hat der vielleicht vierzigjährigen Squaw einen Becher Rotwein angeboten, die Jungs nehmen ebenfalls einen halben Becher, während die Mädchen und ich Tee trinken. Dann frage ich scherzhaft, ob man denn mit Alkohol Motorboot fahren darf. „No problem“, sagt die Indianerin, sie habe Decken dabei und könne über Nacht bleiben! Uns freut das, und so kommt es, dass wir die beim Gewitter erprobte Zeltaufteilung beibehalten. „No problem“ scheint nicht nur eine häufig benutzte Redewendung von ihr zu sein – es ist geradezu ihre Lebensphilosophie. Und als sie am nächsten Morgen fragt, ob sie mit den Kids noch „some days“ bleiben könne, haben auch wir „no problem“.

Ihre kleinen Töchter sind fröhliche, unkomplizierte und wendige Kinder, die jeden Spaß, den Christian für sie veranstaltet, dankbar und kichernd aufnehmen beziehungsweise mitmachen. Wenn sich niemand mit ihnen beschäftigt, lassen sie sich von den zahllosen Fröschen unterhalten, die sie geschickt fangen, um sie dann gezielt wieder losspringen zu lassen. Die Mädchen setzen sich selbstständig in eines unserer Kanus, um kleine Entdeckungsreisen zu unternehmen. Immer in Augenweite machen sie an irgendeinem Felsen, der aus dem Wasser ragt, halt und spielen „Besatzer“. Es gibt also noch Kinder, die sich ohne MP3-Player, Playstation oder Plastikspielzeug in der freien Natur beschäftigen können. Oder steht unseren Stadtkindern einfach zu wenig Wildnis als natürlicher Spielplatz zur Verfügung?

Die Jungen der Indianerin sind schon spürbar von Zeitgeist und Modeströmungen geprägt, immerhin sind sie vierzehn und sechzehn Jahre alt. Zunächst einmal ist es ihnen wichtig, cool zu sein. Sie achten ständig darauf, dass ihre kurzen Hosen ein gutes Stück unter der Unterhose sitzen. Ihre Antworten und Gesten verraten das kontrollierte Bemühen, lässig und überlegen zu wirken. Und trotzdem sind auch sie freundliche, unkomplizierte Jugendliche. Sie haben einen guten Blick für Tiere und zeigen sich und uns begeistert ihre jeweiligen Entdeckungen. So werde ich von ihnen auf eine riesige – weit über einen Meter lange – Wasserschlange aufmerksam gemacht, die sich ausgerechnet an unserer Badestelle durch das Wasser schlängelt. Und auch die Entdeckung der größten Wasserschildkröte, die ich je gesehen habe, verdanke ich den Indianerjungen. Sie nennen sie „Snapper" und warnen mich vor einer direkten Begegnung, da die Schildkröten, wie sie sagen, sehr gefährlich zubeißen können.

An einem Nachmittag mache ich mit der Indianerin eine mehrstündige Kanutour ins Gelände des Reservats. Wir landen an einem sandbedeckten Uferstück – allerdings liegt der Sand nur unter dem flachen Wasser, das Ufer selbst ist felsig, sodass es also keinen Strand gibt. Ich folge der Indianerin in ein Sumpfgebiet, das ich normalerweise gemieden hätte. Aber sie kennt einen trockenen Weg, der am Rande des Sumpfes verläuft, und immer wenn es nicht mehr weiterzugehen scheint, gibt es Steine, auf denen wir uns hüpfend fortbewegen können. Wir erreichen ein Felsplateau, das in einer magisch anmutenden Wellenformation geschwungen ist, sehr flach, relativ waagerecht und groß genug, dass sich eine große Gruppe Menschen darauf zusammenfinden könnte. Ich frage die Indianerin, ob wir uns an einem traditionellen Versammlungsplatz befinden, aber sie lächelt nur.

Ihr Lächeln, aber noch mehr ihr fröhliches Lachen faszinieren mich. Es macht Spaß, sie lachen zu hören – es ist ein freies, offenes und ihrem Gesprächspartner jederzeit zugewandtes Lachen, das jegliche Hintergedanken ausschließt. Wir haben sehr viel Spaß miteinander, finden dieselben Sachen komisch und gehen sehr vertraut miteinander um.

Ich sage ihr, dass sie sich das Lachen eines jungen Mädchens erhalten hat, obwohl sie zweifelsfrei eine selbstbewusste und patente Frau ist. Wir laufen weiter und kommen dicht am Ufer zu einer kleinen Waldlichtung – auf der ein glatter, fast polierter Felsen zum Hinlegen und Ausruhen einlädt. Der Stein ist von der Sonne angenehm erwärmt und strahlt nun seine wohlige Energie in unsere Körper. Die Indianerin hat ihre Kleider abgelegt, und ich folge ihrem Beispiel etwas verklemmt.

Als wir zu unserem Lager zurückkommen, habe ich genügend Vertrauen in die Indianerin gefasst, um ihr mein Geheimnis zu zeigen – meine Steinschlagspuren. Sie ist neben Christian der einzige Mensch, dem ich meinen Arbeitsplatz und das halbfertige Werk zeige. Sie lächelt, schaut sich eine Zeit lang um und sagt dann: „Nice." Nur einmal: „Nice." Mehr nicht, kein weiteres Wort, keine Fragen, keine Vergleiche, keine Interpretationen. Für die restliche Zeit ihres Besuchs kommt sie allerdings gelegentlich zu mir an den Arbeitsfelsen. Während ich Hammer und Meißel in Schwung habe, setzt sie sich abseits und liest ein Buch. So kommunikativ und fröhlich sie bei gemeinsamen Mahlzeiten oder am Lagerfeuer ist, so schweigsam und ruhig sitzt sie am Rand meiner „Spuren". Wenn ich von Zeit zu Zeit zu ihr aufsehe, treffen sich unsere Blicke, und sie schenkt mir ein Lächeln – das mir Zustimmung und vielleicht auch Anerkennung signalisiert. Ich hätte gern mit ihr ausführlich über meine Gedanken bei der Arbeit gesprochen, aber ich genieße auch ihre schweigsame Anwesenheit sehr.

Die Indianerin ist eine bemerkenswerte Frau, offen und irgendwie geheimnisvoll. Das kleine Kichern, das in ihrem Lachen versteckt ist – es klingt noch lange in meinen Ohren, nachdem sie sich von uns verabschiedet hat.

DIE STADT DER WEISSEN ROTHÄUTE

36. Die Indianerin hat mich durch ihre Erzählungen neugierig gemacht. Sie bezeichnet sich und ihre Stammeskollegen als „Natives“, und nun will ich Genaueres über ihre Herkunft und ihre Geschichte erfahren. Die Indianerin empfiehlt mir, mich an „Tante Adele“ zu wenden, von der sie behauptet, dass sie „alles“ über die Indianer in und um Killarney wisse. „Wo wohnt denn Tante Adele?“, frage ich. „In Killarney“, lautet die präzise Antwort.

Im Museum der Stadt, einer Blockhütte mit Siedlerantiquitäten vom Sägeblatt bis zur Biberfalle, bekommen wir den Tipp, uns an das Postamt zu wenden. Das liegt glücklicherweise gleich gegenüber und beherbergt neben dem Brief- und Päckchenbusiness auch Teile der Stadtverwaltung. Zwei bezaubernde Ladies nicken wissend. „Adele“, sagen sie, „Adele Loosemore – das ist Ihre Frau. Die ist für die Historic Society zuständig.“ Sie bieten an, den Kontakt herzustellen. Es dauert noch ein paar Tage, aber dann, als wir wieder nach Killarney fahren, um unsere Lebensmittel aufzustocken, führt uns der Weg zu einem typisch kanadischen Holzhaus am Rande des Ortes. Ein alter Hund im Vorgarten, die Blumen schön arrangiert, kein Müll hinter oder neben dem Haus.

Wir klopfen an die Fliegengittertür. Der Hund bellt. Und dann steht sie vor uns: kompakt gebaut, um die fünfzig, dunkle Haare mit grauen Strähnchen, Typ Tante Gisela. Sie bittet uns herein. Ländliche Gemütlichkeit und Funktionalität. Wir wandern durch eine Art Werkstatt, um wenig später in einer niedlichen Küche am Tisch zu sitzen. Einfache, weiß gestrichene Holzmöbel, geblümte Vorhänge, eine blubbernde Kaffeemaschine und – hmmm, was riecht hier denn so fein? Blaubeermuffins! – herrlich. Adele setzt sich. Noch ist sie etwas skeptisch. Was wir denn wissen wollen? Was wir überhaupt hier machen? Wir versuchen zunächst unsere übliche Story von den Städtern, die sich eine Auszeit nehmen. Filmen dürfen wir nicht. „Ja, die Sache mit den Indianern“, fangen wir an. „Die interessiert uns schon. Hier soll es doch viele Indianer geben. Ganze Reservate voll. Wo sind die denn bloß alle? Kann man mal welche kennenlernen?“ Adele schaut zuerst konsterniert, dann fast schon belustigt. Wahrscheinlich denkt sie, dass die Krauts keinen blassen Schimmer haben. Womit sie natürlich recht hat.

„Um das Phänomen der sogenannten ‚Indian Natives‘ zu verstehen, muss man etwa hundertfünfzig Jahre zurückgehen“, erzählt sie. „In Ontario gab es zahlreiche Stämme, die rings um die Georgian Bay und auf den großen Inseln gefischt, gejagt und gelebt haben. Die ins Land strömenden weißen Siedler haben schon früh die wirtschaftliche Bedeutung der großen Seen erkannt und versucht, sämtliches Land um und auf den Seen unter ihre Kontrolle zu bringen. Dabei bedienten sie sich zahlreicher und in den meisten Fällen ziemlich schmutziger Tricks. Generell hatten sie Indianern gegenüber keinen Respekt. Sie behandelten sie wie Menschen zweiter Klasse, sie haben sie betrogen und versucht, ihnen den ‚Indian Status‘ abzuerkennen und sie zu ‚normalen Bürgern‘ zu machen.“ Der „Indian Status“, also die rechtliche Anerkennung beziehungsweise Abstempelung als Indianer, brachte mal Vorteile und mal Nachteile mit sich. Als anerkannter Indianer durfte man lange Zeit kein eigenes Unternehmen gründen, keine größeren Käufe tätigen und sich nicht überall aufhalten. Im Rahmen der Verhandlungen des Staates mit den großen Indianerstämmen wurden aber auch Freiheiten festgelegt, wie zum Beispiel der Anspruch auf eigenes Land, freie medizinische Versorgung und das Jagdrecht. Der Erhalt dieser Rechte ging meist einher mit dem Abtritt von Grundstücksrechten, die dem Staat oder großen Unternehmen den Raubbau an der Natur erlaubten. Es ging um jede Menge Holz, Rohstoffe wie Quarz oder Silikat, um die Fischrechte und damit um sehr viel Geld.“

Wie Irmin und ich schon vorher herausgefunden haben, hat sich Killarney bedingt durch seine Abgeschiedenheit einen besonderen Status erhalten. Bei den Vertragsverhandlungen des sogenannten „Georgian Bay Treaty“ wurde das kleine Örtchen schlichtweg übersehen, da es nur über den Seeweg zu erreichen war. Eine richtige Straße zum Ort wurde ja erst 1964 gebaut. Im Rahmen des „Treaty“ mussten die Stämme außerhalb des Städtchens große Flächen ihres Landes gegen ein paar müde Privilegien abgeben. Killarneys Bürger unterzeichneten den Vertrag nicht und sind deshalb prinzipiell immer noch Eigner des gesamten Landes, auf dem sie leben.

„Zu Beginn der Besiedlung um 1820 gab es einen Kanadier französischer Abstammung, der sich über die großen Seen bis hierher durchgeschlagen hat", erzählt Adele. „Sein Name war ellenlang: Etienne Augustin Robert de la Morandiere. Ein ruppiger Kerl. Ein Pelzhändler und Naturbursche, der nicht nur mit der Jagd nach den begehrten Fellen vertraut war, sondern einige Indianerdialekte sprach und sogar eine indianische Frau hatte. Er siedelte hier, weil es einen guten Wasserzugang, eine geschützte Bucht und jede Menge Pelztiere gab. Ihm sind viele Siedler gefolgt. Ressentiments gegen Indianer gab es hier draußen nicht. Warum auch? Man jagte gemeinsam, betrieb Tauschhandel, und abseits von Neid und Missgunst der Siedlerboheme verstand man sich prächtig. Nach nur ein paar Jahrzehnten hatte man so oft kreuz und quer geheiratet, dass niemand mehr so recht wusste, wie viel indianisches Blut in welchen Adern floss." Adele grinst uns an. „Ihr habt noch keine Indianer in Killarney gesehen? Das ist vollkommen unmöglich. Hier ist nahezu jeder Indianer. In Killarney haben 97 Prozent der Einwohner den Indian Status." Uns wird klar, dass wir unser Trugbild vom rothäutigen Mann mit dunklem Pferdeschwanz wohl revidieren müssen. „Blonde, rothaarige oder brünette Indianer. Gibt's alles", referiert Adele.

„Eigentlich müssten wir uns hier stammesmäßig organisieren und uns die Rechte für Killarney und das umliegende Land erstreiten, aber die meisten haben ihre indianischen Wurzeln schon seit Jahrzehnten vergessen. Viele Familien hatten zu Beginn des letzten Jahrhunderts ihren Indianerstatus zugunsten „normaler" Bürgerrechte sogar aufgegeben. Während der großen Depression um 1930 kaufte ihnen der Staat den Status regelrecht ab. „Enfranchised" nannte man das. Kinder von ehemaligen Indianern wurden nachfolgend nie als indianischen Ursprungs registriert und erst recht nicht deren Kinder. Erst in den Achtzigerjahren erkämpfte eine mutige Frauenrechtlerin in einem beispiellosen politischen Prozess die Rücknahme der Statusaberkennung. Als die Gesetze so weit geändert wurden, dass alle, die vor Jahren unter Zwang oder aus Sicherheitsgründen ihren Indian Status abgegeben hatten, ihn jetzt wiedererlangen konnten, nutzten das viele aus. Kein Wunder, denn mit dem Status sind teilweise Steuerfreiheit und freie medizinische Versorgung verbunden."

Dass viele der Einwohner aus Killarney Indianer sind, aber weder die alten Dialekte kennen noch wirklich an der indianischen Kultur interessiert sind, betrübt Adele. Sie selbst spricht nur einige Worte „indianisch" und kennt die festliche Pow-Wow-Zeremonie nur aus benachbarten Reservaten. „Eigentlich wäre erst mal die Gründung einer Indianerschule angesagt, damit wir unsere eigene Kultur wieder erlernen", schmunzelt Adele, obwohl ihr nicht zum Scherzen zumute ist. Wie viele Leute in Killarney hat sie das Gefühl, hierher zu gehören und gleichzeitig zu wenig über die eigene Herkunft zu wissen. Aus diesem Grund arbeitet sie mit Feuereifer die Geschichte Killarneys und der Indianer auf. Die Killarney Historic Society, ihr Steckenpferd, hat schon einige Publikationen auf dem Markt. Zwei Broschüren dürfen wir behalten. Einen prächtigen Bildband über Killarney kaufen wir später. Als wir unseren Truck besteigen, um zum Chikanishing River zurückzukehren, begegnen uns unterwegs jede Menge Indianer. Zum Beispiel Jerry aus der Lodge. Und wir haben das immer für einen seiner Lieblingswitze gehalten, dass er Indianer sei. Jetzt sind wir schlauer.

HAMMER, MEISSEL, KLAPPERSCHLANGE

37. Wenige Tage nachdem die Indianerin uns wieder verlassen hat, mache ich mich in Begleitung meines nun endgültig stumpfen Meißels auf den Weg zurück in die Zivilisation. Erste Station ist Jerry in der Mill Lake Lodge. Nun gilt es, ihn irgendwie ein bisschen einzuweihen, da zu einem normalen Aufenthalt im Busch ja nicht zwingend ein funktionierender Widia-Meißel gehört. Andererseits will ich unser Geheimprojekt nicht auffliegen lassen. Ich mogle mich um das Thema herum, und mein schlechtes Englisch hilft mal wieder prima. Jerry steht ratlos vor mir und ist nur noch auf das Thema „Meißel kaufen" konzentriert. Er schickt mich schließlich Richtung Sudbury, er meint, die Stadt sei groß und irgendwo gebe es sicherlich auch einen Meißel. Und dann hat er noch hundert gute Tipps für mich, wo es garantiert keine Meißel gebe und ich erst gar nicht fragen müsse. Ich breche auf Richtung Chikanishing Creek, starte den in der Sonne aufgeheizten Truck, und los geht's bei 32°C – ohne Klimaanlage – Richtung Sudbury.

Ziemlich genau am Ortseingang gibt es zwei heiße Adressen: erstens Tim Hortons, meine Lieblings-Fast-Food-Kette, die ich seit über zwanzig Jahren als „Workingclass-Hero-Café" verehre. Tim Horton war ein berühmter kanadischer Eishockeyspieler. Ob er die Kette wirklich gegründet hat, weiß ich nicht. Vor zehn Jahren hat man zu diesem Betriebstyp noch „Donut Shop" gesagt. Der Kaffee war schon immer ganz ordentlich, im Fokus des Angebotes standen jedoch primitive Backwaren. Mittlerweile hat sich Tim Hortons zu einem passablen Sandwich-, Snack- Kuchen- und Coffee-Shop entwickelt. Die Gäste bilden nach wie vor einen repräsentativen Querschnitt durch die arbeitende Bevölkerung, die sich hier für kleines Geld ein Gastronomieerlebnis gönnt. Zu Tim Hortons kann man ruhig mehrmals am Tag gehen, eine Option, die mir noch helfen soll.

Die zweite Adresse ist der Canadian Tire Markt, der am gleichen Parkplatz liegt. Mir ist klar, dass es hier keine Widia-Meißel gibt, aber ich hoffe auf einen hilfreichen Verkäufer, der zum „Haben-wir-nicht“ wenigstens noch ein „Gibt-es-aber-da-und-da“ mitliefert. So ähnlich kommt es dann auch. Ich habe die unterstützende Solidarität der anderen Heimwerkerkollegen nicht bedacht, die sich hier wie in deutschen Baumärkten tummeln. Genau so ein engagierter Heimwerker mit Helfersyndrom hat das entscheidende Passwort: „Monumentary Shop“, also mit anderen Worten, der gute alte Steinmetzbetrieb. Und er hat eine Adresse parat, zwar am anderen Ende der Stadt, aber leicht zu finden, wie er sagt. Ich habe etwas Mühe, den Weg zu finden, stehe dann aber in einer echten Steinmetzwerkstatt – vor drei entsetzten Gesellen, die nicht auf Kundenkontakt trainiert sind und keine Ahnung von Meißeln haben. Aber sie kennen Fred. Fred ist ihr Chef, und einer der Gesellen weiß sogar seine Handynummer.
Fred ist vor über zwanzig Jahren aus Italien gekommen, erfahre ich, und er hat seine gesamten Meißel damals mit einwandern lassen. Seitdem hütet er sie wie sein Augenlicht, und natürlich will er sein Augenlicht nicht mit mir teilen. Ich bekomme aber zwei weitere Hinweise: Erstens, er hat keine Zeit mehr, und zweitens, er hat die Telefonnummer von Ritchie Suplies Ltd. in Toronto. Die „einzige Adresse für Widia-Meißel in Ontario“, sagt Fred.

Zwar ist Ontario nur eine Provinz von Kanada, aber ein Blick auf die Karte zeigt, dass Ontario ganz schön groß ist und Toronto weit weg. Ich rufe bei Ritchie an, und bekomme das nächste Hindernis in den Weg gelegt. Bei Ritchie läuft nix ohne Kundennummer – hab ich nicht – ohne E-Mail-Adresse – hab ich nicht – und ohne Katalog – hab ich auch nicht. Ich habe einfach nur einen heißen Truck am Straßenrand und das dringende Bedürfnis nach einem frischen Meißel.

Systematisch arbeite ich im Kopf meine verbleibenden Chancen ab und setze mich erst mal planlos in Bewegung. Nach ein paar Kilometern mache ich mal wieder Station in einem Tim Hortons. Ich beschließe, in der Warteschlange vor der Kaffeeausgabe nach Meißel-Informanten Ausschau zu halten. Ich suche den Mann mit der besten Übersicht über die Steinmetz-Szene in Sudbury, und gleich mein zweiter Kandidat ist ein Volltreffer, geradezu ein professioneller Steinmetz-Scout. Nachdem ich ihn in der Schlange angesprochen habe, gibt er mir nicht einfach nur eine Antwort, sondern bestellt mich sogar zu seinem Tisch. Ich solle kommen, sobald er den ersten Schluck Kaffee getrunken hat.

Ich nehme meine eigene Tasse in Empfang und belauere ihn aus etwas Abstand. Als ich glaube, dass er sich genügend gesammelt hat, trete ich vor. Mein Informant kennt natürlich „alle" infrage kommenden „Monumentary Shops", aber, und da muss er sich selbst loben, er kennt sogar die einzige passende Werkstatt für mein Problem. Und dann malt er mir eine Wegskizze, die ich in Zukunft ganz praktisch auch als Stadtplan von Sudbury benutzen kann.

Ich finde Khouni Granit Ltd. ohne mich zu verfahren und stehe einem freundlichen Steinmetz gegenüber, der auf meinen Besuch gewartet zu haben scheint. Als ich ihm meinen stumpfen Meißel hinhalte, ruft er erst mal zwei Lehrlinge zu sich und zeigt ihnen das gute Stück. Die Jungs bewundern ihn wie Computerfreaks einen Abakus. Der Widia-Meißel geht von Hand zu Hand und ergänzt so ihre Ausbildung. Schade, sagt der Meister dann, Handmeißel hätten sie schon seit „zig" Jahren nicht mehr im Betrieb. „Everything is machine-driven, you know?" Nichts geht mehr von Hand, alles ist Maschinenarbeit – so vernichtet man Arbeitsplätze und Künstlerträume.

Die Firma Khouni Granit Ltd. hat nur Pressluftmeißel im Einsatz. Dafür braucht man einen Kompressor und Ohrenschützer, was ich aus Prinzip und modischen Erwägungen beides ablehne. Ich fühle mich völlig deprimiert und antriebslos, frage dann aber noch entmutigt, ob es denn in dieser Stadt wenigstens eine Werkstatt gebe, die Widia-Meißel schleifen könne, wenn es schon keine neuen Meißel zu kaufen gibt. Ich muss gestehen, dass ich nicht die geringste Ahnung habe, ob sich Widia-Stahl überhaupt schleifen lässt, und wenn, womit. Mit Tom wäre ich nicht in diese Sackgasse gefahren! Wieder einmal vermisse ich ihn, schade, dass er nicht dabei ist.

Meister Khouni führt mich durch seine Werkstatt, er wolle mir noch etwas zeigen oder so ähnlich, habe ich jedenfalls verstanden. Endlich habe ich mal jemanden gefunden, dessen Fremdsprachenkenntnisse sich auf meinem Niveau bewegen, auch wenn es nicht direkt der besseren Verständigung dient, da ich kein Persisch spreche, er kein Deutsch und wir beide nur sehr begrenzt Englisch. Wir landen vor einem verstaubten und eingemüllten Elektroschleifgerät mit zwei Schleifrollen. Der Meister nimmt meinen Meißel und will ihn an die Schleifscheibe halten, um so etwas wie einen spitzen Bleistift zu kreieren. Ich schreie auf und reiße ihm den Meißel aus der Hand, denn so viel habe ich von Tom gelernt, dass ich weiß, die Spitze muss eine Halbkugel sein und auf gar keinen Fall eine wirklich spitze Spitze.

Herr Khouni lässt mich bereitwillig an die Schleifmaschine, und ich tanke mein Selbstbewusstsein und meinen Stolz in wenigen Minuten randvoll. Kaum zu glauben, aber in kürzester Zeit halte ich einen perfekt geschliffenen Meißel in der Hand. Meine Angst, zu viel Hitze zu erzeugen und das Material eventuell spröde zu schleifen, ist unbegründet, der Widia-Stahl bleibt kalt und lässt sich wunderbar schleifen. Was ist das für ein Glücksgefühl! Ich danke Meister Khouni und in Gedanken Tim Hortons und seinem Stadtplanzeichner. Der Mann hat sich zu Recht selbst gelobt – er kannte tatsächlich die passende Werkstatt für mein Problem.

Als ich am späten Abend ins Lager zurückkomme, probiere ich trotz Moskitogesellschaft den Meißel aus. Er funktioniert wieder einwandfrei. Meine Freude ist groß und vielleicht vergleichbar mit dem Glücksgefühl von Rentnern nach der Erfindung von Viagra.

In den nächsten Tagen arbeite ich viel und lege dabei meist mehr Konzentration auf mein Werk als auf die Umgebung. So kommt es, dass ich an einem heißen, sonnigen Nachmittag auf meinem Felsen liege und munter auf den Granit einschlage, der wieder einmal alle paar Zentimeter seinen Härtegrad wechselt. Als ich kurz aufblicke, sehe ich in etwa zwei Metern Entfernung eine Klapperschlange, die sich fröhlich auf mich zuschlängelt.

Ich springe sofort auf. Mein Herzschlag geht rasant in die Höhe. Die Schlange lässt sich nicht beirren und schlängelt sich ausgerechnet über mein grünes Handtuch, das ich als Unterlage nutze. Ich weiß, dass der Biss dieser Schlangen für Kinder tödlich ist und für Erwachsene ebenfalls lebensgefährlich, da man nach einem Biss möglichst schnell ein Serum gespritzt bekommen muss, das es in Killarney bei einer Krankenschwester gibt und das angeblich 15.000 Dollar kostet. Außerdem weiß ich, dass man sich nach einem Biss möglichst wenig bewegen soll, damit das Gift nicht so schnell in den Blutkreislauf gelangt. Ein sehr nützlicher Rat, wenn man in einer Entfernung von dreißig Kilometern zum nächsten Serum gebissen wird.

Nachdem Christian sich erfolgreich als Schlangentöter profiliert hat, bin nun ich wohl oder übel an der Reihe. Die Schlange als klappernde Nachbarin an meinem Arbeitsplatz – das ist keine akzeptable Vorstellung für mich. Also gehe ich zum Angriff über. Ich werfe ihr meinen Hammer auf die Schlangenhaut und ernte dafür das heftige Rasseln ihres Schwanzes. Aus sicherem Abstand von vielleicht einem Meter schmeiße ich noch ein paar Steine hinterher, und schon „klingt die Klapper schlapper", wie Heinz Erhard gesagt hätte.

Die tote Schlange tragen wir wieder in einen Tümpel zur Resteverwertung, und natürlich habe ich anschließend noch eine Weile Herzklopfen und muss Christian mehrmals von meinem heldenhaften Kampf mit dem Ungeheuer erzählen. Wie beseelt ich dennoch von meiner Arbeit bin, ist daran abzulesen, dass ich schon eine Dreiviertelstunde nach dieser Aufregung wieder ans Werk gehe. In Deutschland wäre mir das sicherlich nicht passiert – als Angestellter hätte ich eher gekündigt, als so einen Arbeitsplatz beizubehalten.

Einige Tage später erzählt uns Jerry, dass Klapperschlangen in Kanada unter Schutz stehen und nicht getötet werden dürfen. Wir machen uns zunächst darüber lustig und witzeln herum, dass wir uns natürlich gern hätten beißen lassen, wenn wir von der Vorschrift gewusst hätten. Später komme ich aber doch ins Grübeln. Einen großen Teil meiner Entspanntheit und Freude hier im Camp verdanke ich unserer Herangehensweise: Christian und ich versuchen, uns möglichst ohne Hektik den Verhältnissen anzupassen. Und die Verhältnisse hier sind nun mal von der Natur vorgegeben. Bisher fand ich, dass uns die Integration in die Natur gut gelungen ist, jetzt muss ich feststellen, dass wir bestenfalls integrationswillig waren. Wir haben ein Stück unserer Zivilisation mit in die Wildnis gebracht, wie an unseren Zelten, dem allabendlichen Lagerfeuer und dem täglich zweistündigen Generatorenkrach unschwer zu erkennen ist. Unser Eingriff in die bestehenden Verhältnisse geht so weit, dass wir, um selbst überleben zu können, einer alteingesessenen Bewohnerin von Deer Island an den Kragen gehen. Bin ich als Mensch ein gleichwertiger Teil des ökologischen Systems und verhalte mich nur natürlich, wenn ich mich gegen die Klapperschlange zur Wehr setze? Hätte sie mich angegriffen und tatsächlich gebissen? Irgendwie bin ich doch nicht so naturverbunden, um es auf einen Versuch ankommen zu lassen. Bin ich also ein Eindringling und mache der Schlange ungerechtfertigterweise ihren Lebensraum streitig? Zu gern würde ich mich mit der Indianerin über mein Dilemma unterhalten. Was sie wohl zu diesem Thema gesagt hätte?

ALLEIN AUF DER INSEL

38. Irmins Meißel hat schlapp gemacht, jetzt braucht er entweder einen neuen oder eine amtliche Schleifanlage. Als er mit dem Boot am Horizont verschwindet, bin ich zum ersten Mal allein im Camp und versuche mich davon nicht beunruhigen zu lassen. Ich mache weiter wie immer. Für heute war eigentlich schlechtes Wetter vorausgesagt, wie ich dem kleinen Weltempfänger entnehmen konnte, den Andrea mir in den Rucksack geschmuggelt hat. Tatsächlich ist es in den Morgenstunden grau und kühl. Doch gegen Mittag klart es auf und die Sonne lässt sich blicken. Es wird heiß.

Der Tag ohne die übliche Routine gefällt mir. Ich beschließe, später zu frühstücken und dafür mal meine Solardusche auszuprobieren. Den schwarzen Plastiksack mit einem Schlauch und angeschlossener Brause habe ich vor einigen Tagen zum Aufheizen in einen Baum gehängt und dann zunächst vergessen. Jetzt hat das Wasser eine angenehme Temperatur und ich genieße das Plätschern. Leider ist der Wasserbeutel viel zu schnell leer. Zum Trocknen laufe ich eine Weile nackt durch die Gegend. Irgendwie komme ich mir vor wie der erste Mensch: ganz allein auf der Welt.

Um mich abzulenken, gehe ich das Thema Feuerholz an und fälle nicht weit vom Lager einen abgestorbenen Baum. Er misst bestimmt neun Meter in der Länge, und ich placke mich in der frühen Nachmittagshitze damit ab, ihn zu zerkleinern. Anschließend filtere ich eine Riesenmenge Wasser. Völlig verschwitzt erreiche ich das Lager und springe kurz darauf in den See. Das tägliche Baden ist eins der vielen Highlights, die ich hier draußen genieße.

Während ich nach dem Bad auf einem sonnenbeschienenen Felse trockne, beobachte ich zwei Frösche, die mich beobachten. Wie wohl der Abend werden wird? Ich beschließe, heute nur eine kleine Suppe zu mir zu nehmen. Keine große Salatmacherei, kein Riesenfeuer – alles entspannt und auf eine Person abgestimmt. In Gedanken bin ich bei Irmin. Ob er schon im Truck sitzt? Ob er wohl ein Postamt findet für den Brief, den ich ihm für meine Liebste mitgegeben habe? Kommt er mit einem neuen Meißel zurück oder hat er plötzlich ein Problem mit dem Kunstwerk?

Am späten Nachmittag sitze ich in unserem Konferenzzelt und merke, wie mich eine bleierne Müdigkeit überfällt. So ein Baum kann einen schon schaffen, denke ich, reiße mich aber noch zusammen. Ein Nickerchen zu dieser Stunde würde mich später die Nacht zum Tage machen lassen. Ich beschließe, heute einfach alles ein bisschen zeitiger anzugehen und ziehe das Abendessen vor. Die Suppe, die ich am Seeufer sitzend schlürfe, ist super. Aus der Ferne höre ich Motorengeräusche, das tiefe Röhren mehrerer großer Außenborder. In der Bucht tauchen drei Boote auf, die sich mit hoher Geschwindigkeit nähern. Kurz vor der Kücheninsel werden sie langsamer. Sechs Typen, eine Frau, alle Mitte bis Ende zwanzig, kommen langsam auf mich zugetuckert. Gibt es eigentlich Hells Angels zur See?, überlege ich und harre der Dinge, die da kommen. „Look, someone's there", höre ich sie tuscheln, als sie mich erblicken. Zwei Boote sind voraus und erreichen den Felsen, auf dem ich sitze. Ich grüße und frage, ob sie auf Fischfang seien. Sie antworten: „Just cruising." Sie alle haben eine Bierdose in der Hand. „Take care", sage ich, und die zum Teil heftig tätowierten Typen schippern weiter. Das Nachzüglerboot mit zwei Kerlen und einem Hund rauscht ebenfalls vorbei. Lässig heben sie die Hand und geben Vollgas, um den anderen zu folgen. Ich besteige kurz darauf das Kanu, paddele zur Lagerinsel zurück und bin froh, als ich den Bärentöter und das Pfefferspray sehe. Auf der Rückseite der Kücheninsel sind jetzt Schüsse zu hören.

Anscheinend hat die Clique vor, sich das Abendessen zusammenzuschießen. Ein bisschen gruselig ist das schon. Mal sehen, was passiert. Mittlerweile ist es halb neun. Die Sonne geht langsam unter. Dann und wann ertönen Schüsse. Ich hoffe, die Gang haut bald ab, und kurz darauf röhren tatsächlich die Boote davon. Es herrscht wieder Stille. Ich fühle, wie eine Bedrohung von mir weicht. Die Entspannung kehrt zurück. Die Clique war anscheinend eine Spur zu viel Zivilisation für mich.

Es wird dunkel. Ich zünde das Lagerfeuer an, um die letzten Küchenabfälle zu verbrennen und Tee zu machen. Als plötzlich der Himmel zuzieht, verbringe ich einige hektische Minuten damit, den Holzstapel abzudecken, die Wäsche von der Leine zu evakuieren, das Zelt zu verrammeln und den Generator zu verkleiden.

Pünktlich zu den Neun-Uhr-Radionachrichten proste ich dem vom prasselnden Regen verlöschenden Feuer mit einem Becher heißen Tee zu. Ich stelle mich bereits auf einen Abend allein im Camp ein, als ich plötzlich Geräusche höre. Sollte das doch noch Irmin sein? Draußen ist es bereits richtig dunkel, es gießt, und nur dann und wann sieht man durch die vorbeirasenden Wolken den Vollmond, der die ganze Bucht in ein mattes Licht taucht. Ich springe raus. Tatsächlich, es ist Irmin, nach dem langen Tag und der regnerischen Nachtfahrt schon leicht neben der Spur und etwas hektisch. Er landet zunächst an der Kücheninsel. Ich schwimme rüber, helfe ihm beim Ausladen der Vorräte und mache einen schnellen Salat.

Wenig später setzen wir über zum Lager und räumen den Rest provisorisch ein. Irmin hat eine abenteuerliche Tour hinter sich, zeigt aber stolz seinen perfekten Meißel. Selbst geschliffen, wie er betont, und er ist so irre, in der Dunkelheit zum Test noch eine Runde zu meißeln. Mit seiner Kopflampe und dem Werkzeug sieht er aus wie ein Bergmann. Um Mitternacht löse ich unsere Zweierrunde auf und eile ins Zelt. Das hat seinen Grund. Andrea hat geschrieben. Irmin hat ihren Brief von Jerry mitgebracht. Sie hatte mir versprochen, an die Adresse der Lodge Briefe zu schicken. Wie schön. Ihre Zeilen bringen mir ein Stück Zuhause in den Busch.

LAGERFEUERGESCHICHTEN

39. Das schönste an unseren abendlichen Lagerfeuern sind die Geschichten, die Christian und ich uns erzählen. Warum kommen Menschen am Feuer so gut ins Geschichtenerzählen? Wegen der Wärme? Vielleicht ein bisschen deshalb, weil man sich wohlfühlt, vor allem aber auch, weil man sich sicher fühlt, denn das Feuer macht uns ja den Tieren überlegen. Ich glaube, dass es zudem der ins Feuer gerichtete Blick ist, der die Gedanken frei und unreflektiert treiben lässt. Man registriert kaum die Reaktionen im Gesicht des anderen und redet deshalb ungehemmt drauflos.

Viel zu spät kommt mir die Idee, die spannenden, lustigen, lehrreichen oder unterhaltsamen Geschichten zu sammeln, die unsere Abende hervorbringen. So verbrennen einige emotionale Höhepunkte im prasselnden Feuer, bis ich merke, dass man mit unseren Lagerfeuergeschichten ein ganzes Buch hätte füllen können.

Zu den wundervollen Geschichten, die ich von Christian erzählt bekomme, gehört seine Schilderung von einer Aushilfstätigkeit bei einem Inkasso-Unternehmen, das für ein großes Versandhaus den Geldeintreiberjob zu erledigen hatte. Das Ganze spielt zu der Zeit, als Computer noch Hilfsmittel der Administration waren, im Gegensatz zur Gegenwart, wo Menschen oft die Hilfsarbeiter für Kollege Computer sind. Insofern ist alles Nachfolgende verjährt und juristisch (hoffentlich) nicht mehr verwertbar. Und um es ganz sicher zu machen: Die Geschichte spielt zu jener grauen Vorzeit, als Christian noch sehr, sehr jung war. Sollte es dennoch zu einer verspäteten Anklage kommen, erkläre ich dem Richter schon mal auf diesem Wege, dass es sich „nur“ um eine Lagerfeuergeschichte handelt!

Christian war etwa neunzehn Jahre alt und, wie gesagt, Aushilfskraft einer Firma, die auf verschiedenen Etagen unterschiedliche Stufen eines professionellen Mahnwesens betrieb. Seine Jobs wechselten vom Aktenstecken bis zur Datenpflege, und ebenso änderten sich die Einsatzorte, sprich Etagen. Mal musste er verschwundene Schuldner in Telefonbüchern aufspüren, dann war er damit beschäftigt, Datensätze zu ergänzen oder zu erneuern. Zu jeder Gläubigerakte gab es verschiedene Zugangscodes, sodass zum Beispiel die eine Abteilung auf ihrer Etage Namen und Adressen bearbeiten konnte, während auf einer anderen Etage von jener Abteilung mit speziellen Codes die Mahnstufen verändert wurden und noch ein weiterer Code nötig war, um Beträge oder Zinsstaffeln zu verändern. Im Laufe von sechs Wochen hatte man ihn durch alle Abteilungen geschickt, da es überall Hilfsdienste zu verrichten gab. Christian hatte zu allen Abteilungsleitern einen guten Draht und bekam selbstverständlich die jeweils nötigen Zugangscodes. Und am Ende hatte er sie alle! Durch seinen Einsatz im Archiv hatte er seine Nase in die Korrespondenz der Schuldner gesteckt und dabei zwei Lieblingsschuldner in sein Herz geschlossen. Zum einen gab es einen verrückten Philosophen, der in seiner Korrespondenz „den Bannfluch“ über die Inkasso-Company ausgesprochen hatte, und das wohl bei aller Ernsthaftigkeit der Sache sehr skurril und mit hohem Unterhaltungswert. Zum anderen war Christian eine junge Frau aufgefallen, die herzzerreißend, aber authentisch ihr Leid geklagt und ihren unglücklichen Weg in die Schuldenfalle beschrieben hatte. Mit dem Spickzettel aller Zugangscodes machte sich Robin Hood alias Christian Pfaff nun ans Werk und packte die Daten der beiden in eine Seifenblase, die sofort zerplatzte und keinerlei Rückstände hinterließ – außer den Akten im Keller. Und für die gab es einen Aktenschredder, dessen Zugangscode wiederum ein simpler Kippschalter war. Damit waren diese beiden Schuldner sauber abgearbeitet und circa 60.000 DM Schulden hatten sich in Luft aufgelöst. Christian verschwand nach dem Ende der Aushilfstätigkeit aus den Inkasso-Etagen in die codefreie Zone einer Restaurantküche.

Diese Story finde ich so aufregend, dass mein jugendliches, ungestümes Gerechtigkeitsgefühl für ein paar Holzscheite zu mir ans Lagerfeuer zurückkehrt. Ich stelle Christian lauter Fragen aus dem Blickwinkel eines Tom Sawyer oder Huckleberry Finn, der den gerechten Kampf des kleinen Mannes gegen die herzlose Macht des grausamen Kapitals bejaht. Ich fühle mit den armen Schuldnern und bin glücklich über das Happy End.

Natürlich gibt es auch traurige Geschichten oder welche, die feststehende Bilder ins Wanken bringen. Eine solche Geschichte ist die von einem Mann, dessen kleines, rotes Buch 1968 zur Standardausrüstung jedes Bob-Dylan-Fans gehörte, also auch zu mir, und dessen milde lächelndes Porträt in den Zimmern meiner Schulfreunde ganz selbstverständlich neben John Lennon, Frank Zappa oder Jimi Hendrix hing. Mao Tse Tung hatte ich bisher immer als positiven Spinner in Erinnerung. Aus seinem Buch kann ich zitieren, ohne genau zu wissen, was eigentlich gemeint ist – irgendwie hat Mao zu meiner kuschelig-revolutionären Jugendzeit im Kleinbürgertum dazugehört. Christian erzählt nun eines Lagerfeuerabends, dass dieser Typ die Ausrottung aller Vögel beschlossen habe, weil er fand, dass sie der Kulturrevolution im Weg stünden und überhaupt sinnlos seien. Das habe ich bisher noch nicht gewusst. Inmitten der unberührten Natur von dieser Wahnsinnsidee zu hören, ist ein Schock. Ich beschließe spontan, Mao aus der Kategorie „Spinner" rauszuschmeißen und neu unter „Idioten" einzusortieren.

Schön ist auch unsere zweckfreie Lagerfeuerdiskussion über die zehn Platten oder CDs, die wir auf eine einsame Insel mitnehmen würden – als ob wir nicht längst auf einer einsamen Insel säßen! Christian weigert sich zunächst und will lieber hundert Songs benennen, die er auf CD brennen würde. Aber ich quäle ihn unerbittlich und fordere zehn musikalische Gesamtkunstwerke. Nach mehreren Lagerfeuern und weiteren Erinnerungen an den Job, erledigt er ihn wie nachfolgend aufgeführt:

Top 10 – Herr Pfaff

1. Talk Talk – „The Colour of Spring"
2. Eyeless in Gaza – „Sixth Sense"
3. R.E.M. – „Green"
4. Lou Reed & John Cale – „Songs For Drella"
5. Craig Armstrong – „Film Works 1995-2005"
6. Goldie – „Timeless"
7. Memphis – „I Dreamed We Fell Apart"
8. A Tribe Called Quest – „People's Instinctive Travels"
9. Jimmy Eat World – „Clarity"
10. Feist – „Let it Die"

Meine Liste ist offensichtlich die des Lagerältesten, soll aber natürlich kein Geheimnis bleiben:

Top 10 – Herr Burdekat

1. The Beatles – „Abbey Road“
2. Elton John – „Captain Fantastic“
3. Candy & The Sugarboys – „Das Zweite Programm“
4. Joe Jackson – „Blaze Of Glory“
5. Sting – „Mercury Falling“
6. The Beatles – „Revolver“
7. Purple Schulz – „Aha“
8. Supertramp – „Crime Of The Century“
9. Ringsgwandl – „Der Gaudibursch vom Hindukusch“
10. Metric – „Grow Up And Blow Away“

Wir haben selbstverständlich noch weitere Hitparaden zusammengestellt, deren Veröffentlichung uns aber eventuell mit dem Jugendschutzgesetz in Konflikt bringen würde beziehungsweise uns vom Frauenbeauftragten unseres Lagers untersagt worden ist. Schade!

Alle drei bis vier Tage habe ich das dringende Bedürfnis, mit einem anderen Menschen über mein Kunstprojekt zu reden. Aber die Auswahl an möglichen Gesprächspartnern ist recht unbefriedigend: Ich muss mit Christian vorliebnehmen. Diese Alleinstellung ist ihm bewusst. Er ist sehr sparsam mit anerkennenden Kommentaren. Andererseits ist er bei konzeptionellen Konflikten, mit denen ich von Zeit zu Zeit zu kämpfen habe, ein absolut kompetenter und wohlmeinender Ratgeber.

Ich will mit meinen einzelnen Symbolen beziehungsweise Zeichen eine fließende Gesamtbewegung erzeugen. Ich rede über „Ströme“, die auf einen konzentrierten, imaginären Punkt zulaufen sollen, um sich dort zu vereinigen – die Vereinigung ist für mich das Zentrum der „Entstehung“, Sinnbild des ewigen Kreislaufs der Natur.

Wenn mir Zweifel über die Aussagekraft der Gesamtsymbolik kommen, helfen mir die Gespräche mit Christian allein dadurch, dass ich ihm meine Gedanken erklären kann, um so Sicherheit für mich zu gewinnen. Aber Christian fördert auch neue Aspekte in meine Gedankenkonstruktionen. Er stellt mir Fragen, die mich zwingen, Antworten zu finden. So konzipiere ich kurz vor dem absoluten Mittelpunkt, auf den alle Zeichenströme zulaufen, einen unsichtbaren Kreis vor meinem inneren Auge, über dessen Grenze hinweg es keinem Zeichen gelingt in die Mitte vorzudringen. An dieser Grenze lasse ich meine Zeichen verschwinden, beziehungsweise sie verschwinden in meiner Vorstellung. Ich schlage die Zeichen nur bis zu dieser Grenze, sodass etliche halb, viertel, dreiviertel oder nur mit einem Rest „Stummelschwanz“ sichtbar sind. In meiner Vorstellung dringen sie in einen unsichtbaren Körper ein, aus dem sich neues Leben explosionsartig entwickeln und wieder heraustreten kann.

Diese Gedanken sind Christian nur schwer vermittelbar. Er will die Zeichen in den Kulminationspunkt fließen sehen, um die Spaltung oder die Explosion oder was auch immer bildlich nachzuvollziehen. Meine unsichtbare Grenze – dieser mysteriöse Kreis – ist Christian unheimlich. Deshalb stichelt er immer wieder und fordert den sichtbaren Übertritt der Zeichen, was mir als Grenzverletzung unvertretbar erscheint. Ich verteidige meine Symbolik und festige dadurch meine Position. Mit jedem dieser Gespräche werde ich mir sicherer, dass die Entstehung neuen Lebens der Eintritt in eine unbekannte, geheimnisvolle Dimension ist, eine Dimension jenseits von Länge, Höhe, Weite und Zeit.

Wie entsteht Leben? Unsere täglichen Erfahrungen vermitteln uns vor allem, wie man Leben vernichten kann. Aber in der Wildnis fühle ich mich der Erneuerung irgendwie näher, und der Grund dafür ist wohl die uneingeschränkte Wirkung der Natur auf mich. Der Einfluss der Natur – die Konfrontation mit so viel natürlichen Umfeldbedingungen – inspiriert meinen Schaffensprozess und großartigerweise die Gespräche zwischen Christian und mir. Während wir über einzelne Facetten meiner Skulpturen sprechen, dringen wir in die Systembedingungen der Natur ein. Wir philosophieren und meinen, dem Sinn des Lebens ein klein wenig näherzukommen.

TATORT SUDBURY

40. Wir wollen mehr Luxus! Irmin und ich schwärmen schon seit einigen Tagen am Lagerfeuer über lukullische Köstlichkeiten wie Greyerzer Käse, Bio-Ananas, Paranüsse usw. Auch über Pommes habe ich insgeheim nachgedacht. Während das Holz in der Glut knackt, wird der Plan geschmiedet. Nach Sudbury soll es gehen. Eine gute Tagesreise. Erst ordentlich paddeln, dann mit dem Truck 120 Kilometer weiter und vor uns liegt das Schlaraffenland.

Am frühen Morgen halten wir uns nicht lange auf, stopfen – in Anbetracht der Leckereien, die uns in der Großstadt erwarten – ein paar Äpfel in die Taschen und paddeln mit dem Kanu los. Wir kommen gut voran. Noch vor der großen Mittagshitze erreichen wir unseren geparkten Truck, der ohne Probleme anspringt. Die Laune ist prächtig. Wir hören knarzendes Country-Radio und gröhlen bestens gelaunt mit, während sich der scheppernde Truck auf dem Highway der größten Provinzstadt von Nord-Ontario nähert.

Der Einkauf in einem der großen Supermärkte der City hat etwas von Kindergeburtstag. Ohne an die Kapazität unseres Kanus zu denken, packen wir den Einkaufswagen voll und kaufen selbst so bescheuerte Dinge wie eine Fliegenklatsche. Ein Heidenspaß, der in einem Coffee-Shop, der 'Coffee-Pub' heißt, ein paar Ecken weiter endet. Irmin isst zur Feier des Tages ein Riesenstück Kuchen und ich lasse mir ein überdimensioniertes Hühnchensandwich schmecken, während ich eine abgedrehte Postkarte an Andrea schreibe. Die Gelegenheit ist perfekt. Gleich um die Ecke ist ein Postamt. Ich sage Irmin, er soll mir noch einen Kaffee bestellen und flitze los, als die Realität für mich die Ereigniskarte zieht.

Ich bin kaum fünfzig Meter von der Kaffee-Kneipe entfernt, als ein weißes Polizeimotorrad um die Ecke biegt, während ich im Laufschritt die Straße überquere. Die Blaulichter am Heck kreiseln. Der daraufsitzende Freund und Helfer sieht mich, sein Blick verharrt und er gibt Gas. Ich erreiche die andere Straßenseite, als er kurz vor mir hält, vom Motorrad springt und ohne Verzögerung die Sicherungsschnalle seines Hüfthalfters aufklickt und die Waffe zieht. „Hands up, lay down!“, brüllt er mir aus knapp vier Metern Entfernung zu. Ich bin perplex, denke eine Millisekunde an Formate wie „Versteckte Kamera“ und blicke mich um. „What?“, entfährt es mir. „Get your hands up and lay down!!!!“, wiederholt der Polizist lautstark. Hinter dem Visier seines Helmes kann ich ihn nicht wirklich erkennen. Er sieht ein wenig aus wie jemand im Raumanzug. „Ähem, you mean me!?“, stottere ich, gleichzeitig verunsichert. „I'M HOLDING A GUN AT YOU. FOLLOW MY INSTRUCTIONS!!!“, brüllt er im Maximalton. Jetzt begreife ich, dass es wohl besser ist, mich mal hinzulegen.

Mit einem Krachen landet der Kerl auf meinem Rücken. Die Hände biegt er mir nach hinten und ruft in die Gegend:„Got him!!“ Ich habe nicht wirklich Angst, verstehe aber auch nicht, was gerade passiert. Die Ereignisse überschlagen sich. Eine unglaubliche Lärmkulisse entsteht. Kurze Zeit später kreist ein Polizeihubschrauber über uns. Das Quietschen bremsender Reifen auf Asphalt ertönt neben mir. Dann bin ich von Uniformierten umstellt. Der Kerl, der auf mir sitzt, schreit etwas. Er ist schwer. Meine Hände werden weiter zurückgebogen. An den Handgelenken tut es plötzlich weh. Ich höre das Klicken von Handschellen. Ich bin gefesselt. Jetzt regt sich der Widerstand. „Was ist hier los? What's going on here?“, gifte ich ihn an – mit dem Gesicht auf dem Boden. Irgendwas mit „Bank Robbery“ ist die Erklärung, die ich darauf erhalte. Ein Bankraub? „I'm not a bank robber, I'm a tourist“, stottere ich. Sämtliche Spontanität ist mir abhandengekommen. „Yeah, sure, we'll see“, ist die lapidare Antwort. Mehrere Hände fummeln in den Taschen meiner Jacke und Hose. Eine weibliche Polizistin fragt, ob ich Waffen oder Spritzen dabeihabe. Ich schüttele den Kopf.

Mir kommt es so vor als ob ich Stunden auf dem Bürgersteig neben dem Motorrad gelegen habe, als ich aufstehen soll. Leichter gesagt als getan, wenn man wie ich Handschellen trägt und nichts mehr zum Abstützen hat. Im Knien richte ich mich auf. Einige Meter weiter springt ein Kerl mit einer Filmkamera aus dem Auto, reißt die Kappe vorne ab und richtet das Ding auf mich. Mir sträuben sich die Haare. Ich versuche den Polizisten, der mich mit eisenhartem Griff an ein parkendes Auto gedrückt hält, davon zu überzeugen, dass er den Mann abwimmeln soll, weil ich kein Gangster wäre und auch nicht in die Abendnachrichten möchte. Er kümmert sich nicht darum. Überall auf der Straße stehen plötzlich Leute und glotzen. Bauarbeiter stehen auf dem Gerüst eines Neubaus, sichtlich vergnügt, eine Abwechslung zu erleben. Niemand spricht mit mir. Mir fallen auch keine Fragen mehr ein. Zwei Polizisten führen mich zu einem Streifenwagen. Mir wird der Kopf beim Einsteigen grob heruntergedrückt. Der Filmkameratyp versucht näher ranzukommen. Ich drehe mein Gesicht weg. Wir fahren los.

Im Wagen Stille. Während wir fahren, muss ich plötzlich loslachen. Der Polizist, der sich mit mir die Rückbank teilt, guckt mich fragend an. „This is crazy“, kichere ich ihn an und versuche ihm in holprigem Englisch zu erzählen, dass ich unschuldig bin, aber diese Geschichte noch meinen Enkeln erzählen werde. „Grandpa the bank robber.“ Die Polizisten im Auto schweigen. Humor gehört nicht zu ihrem Geschäft.

Auf der Wache ist alles anders als im Krimi. Mir werden keine Rechte vorgelesen, ich darf keinen Anruf tätigen und in einer Kammer mit einem Tresen, hinter dem ein weiterer Cop sitzt, werden mir die Handschellen abgenommen. Nach und nach soll ich meine Klamotten ausziehen. Alle. Die Taschen werden gefilzt. Was drin ist, wird notiert und in eine Kiste gestopft. Meine Brille wird mir abgenommen. Mein Ehering auch. Das Geld im Portemonnaie gezählt. Als ich nur noch in Unterhose dastehe, soll ich die nach unten ziehen. Da ist auch nichts wirklich Gefährliches drin. Ich wundere mich darüber, wie wenig ich fühle. Kein erhöhter Pulsschlag, kein Angstschweiß, aber auch keine Wut. Ich hatte erwartet, in einer solchen Situation müssten die Emotionen hochkochen, aber ich fühle mich wie betäubt. Eine Unterschrift zur Bestätigung für die eingesammelten Gegenstände wird mir abgenommen. Ich darf Socken, Hose, T-Shirt und Pulli anziehen. Ein Polizist schießt mit einer kleinen Digitalkamera recht unprofessionell Fotos von mir.

„And now?“, frage ich. „Zelle“, antwortet einer der beiden umstehenden Polizisten einsilbig. „We'll see.“

Ein hoher Raum, groß genug, dass auf der einen Seite eine schmale Holzpritsche steht und Platz für zwei Leute zum Stehen ist. Die Tür klappt zu, Riegel werden vorgeschoben. An der Decke ist eine vergitterte Lampe eingelassen. Eine kleine Kamera ist in einer Ecke außer Reichweite angebracht. Auf der

Pritsche liegt eine Filzdecke mit dem eingewebten Schriftzug „CITY POLICE SUDBURY“. Ich lege mich hin und lasse das Vergangene Revue passieren. Entweder mir geht gar nichts durch den Kopf oder ich muss mich ausschütten vor Lachen, weil alles so bizarr ist. Merkwürdigerweise döse ich sogar kurz ein.

Eine knappe Stunde später öffnen zwei Polizisten die Tür. Sie erklären, dass sie mich jetzt aus dem Gewahrsam entlassen, weil sich der Verdacht nicht bestätigt hat. Das verwundert mich natürlich nicht. In der Kammer von vorhin darf ich die beschlagnahmten Klamotten und Gegenstände wieder an mich nehmen. Neutral entschuldigt man sich. Von wegen, das wäre so ein Fall von „Wrong time, wrong place“ gewesen. Und ein kurzes, knappes „Sorry“. Man bietet an, mich zum Postamt zurückzufahren. Ich wähle 'Coffee Pub' als Wunschziel – die Karte an Andrea ist nicht mehr aktuell – die schreibe ich neu und zum Postamt gehe ich nur noch in Begleitung.

Als ich in den Coffee-Shop zurück komme, ist Irmin genervt und meckert los: „Bist du verrückt? – Ich warte hier seit zwei Stunden und du gehst spazieren?“ Ich setze mich hin und erzähle ihm das soeben Erlebte. Irmin unterbricht mich immer wieder und sagt: „Das glaub' ich nicht – das ist doch nicht wahr.“ Und genau so geht es mir. Während ich erzähle, glaub' ich mir selber schon kaum noch, dass so etwas passiert ist. Irmin sagt: „Hast Du denn eine Quittung oder irgendwas Schriftliches – das ist doch ein Fall für einen Anwalt – Verdienstausfall oder so was Ähnliches.“ Wir lachen los und ich merke, wie kurios und verrückt die Geschichte wirklich ist. Als wir den 'Coffee Pub' verlassen und an dem Neubau vorbeikommen, grinst mich ein Bauarbeiter an und fragt, ob ich geflohen sei oder unschuldig? Wir scherzen mit dem Typen rum und ich bin sooo froh, Irmin wenigstens einen Zeugen meines Abenteuers präsentieren zu können.

NEUE BEFINDLICHKEITEN

41. Dass Christian noch nebenbei eine Karriere als Aushilfsbankräuber startet, zeigt unsere Vielseitigkeit. Ich mache seinen wilden Bartwuchs für die Verwechslung verantwortlich und empfehle ihm sich zu rasieren. Er lehnt das ab. Der Schock seiner Verhaftung sitzt bei ihm nicht sehr tief, obwohl wir in den Tagen danach immer wieder darüber sprechen. Ich merke dabei wie gefährlich ich selber lebe, denn ich befürchte, ich hätte mich nicht so schnell auf die Straße gelegt. Ich bin einfach immer wieder empört bei der Vorstellung, dass man total unschuldig ist und sich dennoch stumpf staatlicher Gewaltandrohung fügen soll. Aber die Gedanken entwickeln sich dann bei mir auch in eine neue Richtung: man muss Entwicklungen auch hinnehmen können, besonders wenn es ausweglos erscheint, sie zu ändern. Ein paar Tage nach der Sudbury-Reise sage ich auf einmal zu Christian: „Ich glaube es war doch ganz gut, dass du vor dem Sheriff in die Knie gegangen bist.“ Das sind Erkenntnisse, die bisher in meinem Leben nicht viel Einfluss auf mein Handeln hatten. Mir wird bewusst, dass die Zeit hier Bewegung in meinen Kopf bringt. Aber nicht nur innerlich passiert was.

Nach über fünfzig Tagen im Zelt, auf Felsen, im Wald und damit ununterbrochen an der frischen Luft, bemerken wir auch körperliche Veränderungen an uns selbst. Nicht die naheliegenden Veränderungen wie Christians Vollbart oder unsere dunkle Ganzkörperbräune sind gemeint, auch nicht so angenehme Nebenerscheinungen wie die zwei Löcher, die ich meinen Hosengürtel inzwischen enger trage. Mir fällt eines Tages auf, dass meine Fingernägel nicht mehr wachsen. Sonst schneide ich meine Nägel einmal pro Woche, und jetzt dauert es mindestens drei Wochen oder länger, bis das übliche Ritual fällig wird. Christian bemerkt das Phänomen ebenfalls, und nun fehlt uns der Lagerarzt, der es uns erklären könnte. Ich fahre mir durch die Haare und wundere mich ebenfalls – sie scheinen kaum gewachsen zu sein! Ich krame mühsam einen Spiegel hervor, um diese Beobachtung zu überprüfen, und bemerke erst jetzt, wie lange ich mich schon nicht mehr angeschaut habe. Selbst das Rasieren alle paar Tage erledige ich blind beziehungsweise nach Gefühl. Als ich dann beim Haarwuchstest in den Spiegel schaue, freue ich mich wie ein Wellensittich, der sein Ebenbild für einen fremden Artgenossen hält. Ich schneide zunächst ein paar Grimassen, um mich wieder an mich selbst zu gewöhnen. Wie häufig man im Alltagsleben in den Spiegel schaut, wird einem erst bewusst, wenn man sich mal ein paar Wochen nicht mehr gesehen hat.

Ich mache nun einen Ganzkörper-Befindlichkeits-Check und fördere weitere Neuigkeiten hervor. Meine Haut kommt mir wesentlich weicher vor. Und ich schlafe hier länger, an manchen Tagen sogar viel länger, ohne dass es dafür einen plausiblen Grund gibt. Aber ich schlafe hier auch gern, vergisst man mal die ersten knapp zehn Tage, in denen ich noch ständig auf der Hut war und auf verdächtige Geräusche gelauscht habe, sobald ich im Zelt lag. Die fürchterlichen Rückenschmerzen, die ich während dieser Zeit hatte, haben sich völlig verabschiedet. Mir fällt auf, dass mir nichts wehtut, was für einen Mann in meinem Alter eigentlich ein Alarmzeichen ist. Mein Lieblingscousin hat mir vor zehn Jahren mal gesagt: Wenn man mit über fünfzig morgens aufwacht und nichts tut weh, dann ist man wahrscheinlich tot. Vor zehn Jahren fand ich den Spruch noch flach, seit fünf Jahren erspüre ich an vielen Tagen den Wahrheitsgehalt. Aber hier bin ich schmerzfrei und lebendig!

Eine grausame Entdeckung für mich bringt die leider viel zu spät eingeleitete Belüftungsaktion unter meiner Luftmatratze. Als ich sie nach Wochen das erste Mal hochnehme, stinkt es auf einmal fürchterlich – ein saurer, käsiger Geruch. Ich bin entsetzt, denn trotz Lagerleben habe ich mich für relativ reinlich gehalten. Was ist das nun? Ich schrubbe die Matratze mit unserem Bio-Shampoo ab und lege sie bis kurz vorm Platzen in die Sonne. Aber der Gestank geht nicht weg. Ich bin total aufgelöst und beschäftige mich drei Tage lang mit Wasch- und Lüftungsaktionen. Ich hebele das Zelt mit Holzscheiten während des Tages hoch, damit auch unter dem Zelt Frischluftbedingungen herrschen und lasse sogar den Zelteingang über Tag offen stehen – Moskitos hin, Klapperschlangen her. Nach vier Tagen habe ich den Geruch besiegt. Nun fehlt der Lagerchemiker, der diese Erscheinung befriedigend erläutern könnte.

Allerdings erfahre ich anhand der Einschränkungen hier im Camp auch die unüberwindliche Grenze meiner Leidensfähigkeit. Ich kann mit reduzierter Körperpflege, etwas Dreck, Unordnung und medium-sauberem Geschirr und Besteck, sogar mit einem zwei Quadratmeter großen Schlafzimmer problemlos klarkommen. Ich kann eine gewisse Gelassenheit gegenüber Bären, Klapperschlangen, heulenden Wölfen und Moskitos entwickeln, aber ich kann einfach nicht mit unangenehmen Gerüchen leben. Da ist meine Nase nicht wildniskompatibel. Ich kann und will nur in einem gut riechenden Umfeld leben. Glücklicherweise wird meine Nase nicht von unserer Outdoor-Toilette gequält, die auch Wochen nach der Einweihung noch hervorragend funktioniert.

Und schließlich fehlt uns ein Lagerpsychologe, der uns einige interessante Dinge erklären könnte. Zum Beispiel träumen wir viel intensiver als zu Hause. Oder sind wir nur aufmerksamer und registrieren unsere Träume sensibler? Wir besprechen das Phänomen, ohne zu einem Ergebnis zu kommen. Im richtigen Leben gehört außerdem Streit zu meinem Alltag. Ich streite mich, um nichts in mich hineinfressen zu müssen, vielleicht auch um meine noch vorhandenen Neandertalerinstinkte abzureagieren und Rangordnungskämpfe auszufechten. Ich streite, um den Ärger über unvereinbarte Regelabweichungen zu zeigen. Und natürlich streite ich so, wie ich es als Kind bei meinen Eltern gesehen habe. Vorwürfe aus meiner Umgebung, ich würde gerne streiten, empfinde ich so lange als unsachlich, bis ergänzend vermerkt wird, dass ich mich auch gerne vertrage!

Dies vorausgeschickt, fällt die Streitbilanz im Lager sehr mager aus. So – Herr Freud – und woran bitte liegt das? Christians Position zu dem Thema erfrage ich beim Mittagskaffee. Er holt zu einer umfangreichen Erklärung aus: Erstens sei er der perfekte Mann, mit dem zu streiten es einfach keinen Grund gebe, zweitens sei er der Lagerkoch und jeder Streit würde zu Hungerödemen führen, und drittens gebe es wichtigere Dinge als Streit und man könne sich den Stress auch sparen. An dieser Stelle könnte ich eigentlich mit ihm einen Streit anfangen, weil er eine ernste Frage mal wieder nicht ernst nimmt. Aber auch jetzt lasse ich mich nicht auf den Zwist ein – das „Problem“ der mangelnden Streitbereitschaft existiert also latent.

Eine weitere Befindlichkeitsveränderung ist die nachlassende Neugier auf „die Welt da draußen“. Wir haben nicht den geringsten Heißhunger auf Neuigkeiten. Die Politik muss ohne uns auskommen, wir machen einfach nicht mehr mit! Selbst bei den sporadischen Anrufen zu Hause – immer wenn wir Proviant auffüllen, kommen wir in Killarney an einem Kartentelefon vorbei – freue ich mich vor allem Candis zu hören, mit ihr zu sprechen und auch den Kindern Hallo zu sagen. Ich frage zwar reflexartig: „Gibt's was Neues?" Aber eigentlich will ich gar nichts hören.

Große Sorgen hatte ich lange Zeit, dass beim Leben in der unwegsamen Wildnis mein Laufbedürfnis verkümmern und ich mich deshalb irgendwann unwohl fühlen könnte. Die Lösung ist ganz simpel, aber höchst unattraktiv anzusehen. Ich habe einen Sechzig-Meter-Parcours über unseren Haus- und Lagerfeuerfelsen entwickelt, auf dem ich zu achtzig Prozent laufen kann und den Rest hüpfen oder trippeln muss. Jeder Schritt ist eine Herausforderung, und nach dreißig Runden schwitze ich wie sonst nach sechs Kilometern. Jeden Morgen rede ich mir ein, dass mich ja außer Christian Gott sei Dank niemand sieht. Und Christian zählt nicht!

HEIMWEH & KONSORTEN

42. Heute hat mein Vater Geburtstag. Während er im Süden von Frankreich seinen Jahrestag begeht, sitze ich auf meinem selbst gebauten Holzstuhl am Lagerfeuerplatz und denke an ihn. Da wir hier in den endlosen Weiten der Georgian Bay von jeglichem Funknetz abgeschnitten sind, entfällt der Geburtstagsanruf. Vielleicht klappt es morgen, falls wir mit dem Boot den Weg nach Killarney wagen. Das steht jedoch noch in den Sternen, denn das Wetter ist zurzeit nicht stabil.

Ich denke an meine Freunde und Bekannten, die gerade jetzt Tausende von Kilometern entfernt ganz normal ihr Leben führen. Nicht, dass mir die Zweisamkeit mit Irmin auf den Geist ginge, aber plötzlich merke ich, mit wie vielen Menschen ich mich sonst umgebe und was für einen wichtigen Teil meines Lebens sie ausmachen. Einige von ihnen vermisse ich, bei manchen fällt mir ihr Fehlen nur auf, ohne dass der Gedanke an sich eine besondere Regung hinterlässt. Wiederum andere würde ich gern kurz anrufen, um sie etwas zu fragen, das mir gerade durch den Kopf geht. „Sag mal, Wolfgang, wie dreht man eigentlich einen Zeitrafferfilm mit einer digitalen Videokamera?" Einige Freunde würde ich einfach so sprechen wollen, vielleicht um ihnen kurz zu sagen, dass ich just in diesem Moment sehr wohlwollend an sie denke. Meiner guten Freundin Sylvia würde ich gern das Lager zeigen. Mit meinem Sohn Laurenz wäre es schön, angeln zu gehen oder durch den Wald zu stromern. Das würde ihm gut gefallen.

Besonders abends, wenn ich in meinem Zelt liege, denke ich mir, wie lustig es wäre, wenn jetzt Ede, mein Nachbar, kurz mit dem Boot vorbeischauen würde. Oder wenn mein Freund Jens, mit dem ich seit meiner Schulzeit Kontakt halte, mit mir zusammen in der Killarney Mountain Lodge eine Countryband anschauen könnte. Da das Beamen ja noch nicht erfunden ist, grinse ich ein wenig über diese absurden Ideen und versuche mich abzulenken.

„Wie schnell ich mich auf meine Umgebung eingestellt habe!", denke ich dann. In meinem sonst oft mit Terminen überfüllten Arbeitsleben habe ich mit jeder Menge Menschen und Projekten zu tun. Kein Tag vergeht ohne Anrufe, Meetings und Mails. Auch abends treffe ich oft Leute. Der Kontakt zu unseren Nachbarn im Haus ist gut. Manchmal klopfe ich spätabends noch mal an ihre Türen, und nicht selten werden daraus lange Nächte. All das, die Jobs, die beruflichen, aber auch die privaten Termine, gibt es hier nicht. Seltsamerweise vermisse ich sie auch nicht. Es gibt überhaupt nur wenige Momente, in denen ich daran denke.

Bin ich so ein Aus-den-Augen-aus-dem-Sinn-Typ?, frage ich mich. Ich denke nicht, glaube aber, dass unser Projekt derart viele Anforderungen mit sich bringt, dass es gar nicht anders geht, als sich voll darauf zu konzentrieren. Beim Anblick des Holzstapels fallen mir beim besten Willen keine Clous für ein ambitioniertes Internetprojekt ein. Wenn ich den Salat mache, spielen für mich Redaktionskonzepte für Pharmaunternehmen einfach keine Rolle. Nur das mit der Familie und den vielen Freunden ist eine Sache, die mich etwas ins Grübeln bringt.

Am meisten fehlt mir meine Frau. Unser Zusammensein ist für mich eine Erfüllung in so vielen wichtigen Situationen meines Lebens. Das Miteinander, auch das alltägliche Nebeneinanderher – das Wissen, dass wir so viele normale und in der Überzahl schöne Momente miteinander erleben, macht mich hier dann und wann melancholisch. Ich weiß, dass es ihr ähnlich geht. Schon nach ein paar Tagen merke ich, dass mir unser Austausch fehlt. Sonst erzählen wir uns immer, was den Tag über so gelaufen ist. Hier entfällt das einfach. Die einzige Möglichkeit, die mir bleibt, ist zu schreiben oder – wie unromantisch – eine DVD zu brennen, mit Bildern und Briefen und vielleicht noch ein paar Audio-Aufzeichnungen darauf. Ein Trost ist, dass ich hier Post bekommen kann. Alle zehn Tage werde ich ganz zappelig, wenn es zur Lodge geht. Andrea hat mir ein paarmal geschrieben. Auch mein Sohn hat mir schon Post zukommen lassen, was ich besonders toll finde. Es sind zwar nur zwei Zeilen, die er wahrscheinlich unter dem Zwang einer vorgehaltenen Waffe seiner Mutter niederschrieb, aber ich freue mich total.

Da Telefonieren das Maximum an Nähe darstellt, bin ich beseelt davon, auch nur für ein paar kurze Momente mit Andrea zu sprechen. Zugegeben stammeln wir dann meist nur ein wenig herum, aber trotzdem erfreuen wir uns an dem Klang unserer Stimmen.

Ab und zu geht mir aber auch der Gedanke durch den Kopf, wie es wohl wäre, wenn ich einfach hierbleiben würde. Vielleicht nicht gerade im Zelt, aber ein einfaches Leben in einer Blockhütte übt auf mich eine starke Anziehungskraft aus. Schluss mit dem stressigen Großstadtleben! Ein Saisonjob in der Lodge, keine verwöhnten Art-Direktoren, keine nervigen Marketing-Problemchen ...

Jerry aus der Lodge beispielsweise schaut nur selten Fernsehen; meist nur um zu wissen, wie das Wetter für die nächsten Tage wird. Er kümmert sich um handfestere Probleme. Hier gibt es ein Dach zu decken, da müsste man mal den Motor eines Bootes überholen, einige Planken am Anleger müssten erneuert werden oder der Generator braucht Diesel – solche Sachen. Im Winter arbeitet er in einer Konstruktionsfirma, und kaum ist der Schnee geschmolzen, ist er wieder hier draußen. Klingt verlockend, oder? Von meinen vielen Reisen weiß ich allerdings, dass es schön ist, unterwegs zu sein, aber noch schöner, irgendwann wieder nach Hause zu kommen. Mit dem ganzen Zivilisationsnerv, der Stromrechnung, den Computerproblemen, aber eben auch mit den Freunden, den Kollegen, den Nachbarn und dem prallen Angebot, das so eine Stadt zu bieten hat. Und ehrlich gesagt, auch ein voll eingerichtetes Badezimmer kann eine Freude sein.

ALLTAG IN DER WILDNIS

43. Ohne eine konkrete Absprache hat sich ein Alltagstrott oder besser gesagt ein Tagesablauf herausgebildet. Meist wache ich eine Stunde vor Christian auf, oft kurz vor oder nach acht Uhr. Ich nutze die „Christian-freie-Zeit“ für die Morgengymnastik, ich trinke Wasser, gucke in die Gegend und mache meinen „Kreislauf“, das heißt, ich laufe meine Kreise, die von Christian selten gestört werden. Wenn er aus seinem Zelt kommt, freut er sich über warmes Wasser zum Zähneputzen und ich mich über sein Lob wegen des warmen Wassers. Habe ich das Wasseraufsetzen vergessen, bleibt das Lob aus und uns fehlt beiden etwas. Häufig schippert Christian im Anschluss an einen kurzen Smalltalk zur Kücheninsel und nimmt Hemd und Hose für mich mit, damit ich rüberschwimmen kann und gepflegt und angezogen am Frühstückstisch sitze. Der Tisch für alle Mahlzeiten ist eine blaue, fünfzig Zentimeter hohe Plastikkiste, auf die genau unsere Salatschüssel plus zwei Essschüsseln passen. Wenn ich zum Frühstück komme, ist der Tisch gedeckt und es gibt immer Obstsalat. Christian ist allerdings Gourmetkoch und liebt sowohl bei Obstsalat wie auch in Gemüsesuppen dicke Stücke, während ich klein geschnippeltes Obst und Gemüsegut vorziehe. Aber da er der Küchenchef ist, sage ich natürlich nichts, zumal es geschmacklich nun wirklich keinen Grund zum Meckern gibt.

Nach dem Frühstück habe ich fast immer Küchendienst, das heißt ich schnappe mir Besteck und Schüsseln, klettere den Felsen zum Wasser hinunter und wasche auf ein paar Steinen kniend ab. Meistens wartet ein Schwarm kleiner Fische auf mich und die Essensreste. Danach paddeln wir zum Lager zurück und lesen ein bisschen. Spätestens um elf Uhr ist Schichtbeginn. Ich hole meine blaue Leinentasche und gehe zu meinem Felsen, während Christian Feuerholz fängt oder Fotos schießt oder sich den Computer greift, um zu schreiben. Zwischen zwölf und dreizehn Uhr warte ich auf den „Coffee-is-ready“-Schrei, denn dieser Moment läutet nicht nur den Genuss von Cowboy-Kaffee mit Crema ein, sondern auch meine Pause – die je nach Stimmung bis zu einer Stunde dauert.

Ab vierzehn Uhr belauern Christian und ich uns gegenseitig, wer zuerst die Nerven verliert und von Hunger redet. „Hunger? Da geht was!“, ist dann Christians Aufbruchsspruch. Er paddelt mit dem grünen Kanu zur Kücheninsel, ich folge ihm etwa zwanzig Minuten später mit dem roten. Nach dem Mittag – manchmal ist es dann schon halb vier – weichen wir das Geschirr in einer Plastikkiste mit Wasser und Shampoo ein und paddeln zum Mittagsschlaf, der selten länger als ein Stündchen dauert.

Danach geht's für mich zurück zu Hammer und Meißel. Zwischen neunzehn und zwanzig Uhr beenden die einrückenden Moskitos meine Arbeit. Ich muss dann zum Bay und Wasser pumpen. Danach bade ich häufig, zumindest muss ich den Granitstaub aus den Haaren und vom Körper waschen. Christian ist dann schon vorgefahren auf die Kücheninsel und werkelt vor sich hin. Jede Hausfrau weiß, was es so alles rund um das Thema Küche zu tun gibt: Lagerhaltung überprüfen, aufräumen, Ware umschichten und was weiß ich. Ich bin schließlich keine Hausfrau! Jeden dritten oder vierten Abend gibt es irgendwas Gekochtes: Nudeln mit Pilzen aus dem Wok, Gemüsesuppe mit zigarettenschachtelgroßen Steckrübenstücken, warmen Kartoffelsalat oder irgendwas mit Reis. Ansonsten essen wir eine weitere Variante unseres Gemüsesalat-Mixes mit Crackern oder Tortilla-Fladen.

Wenn wir wieder im Lager sind, entzündet Christian das gleichnamige Feuer. Sollte ich vergessen, ihn für sein schönes Feuer zu loben, erledigt er den Job gleichwertig gut, nur ausführlicher. Selten trinkt Christian dazu ein Bier oder eine Flasche Rotwein – meistens gibt's einen Tee aus dem Kessel vom Feuer. Zwischen elf und zwölf Uhr abends schickt uns die Müdigkeit ins Bett, vorher checken wir noch Horizont, Himmel und Waldrand ab und bestätigen uns, was für außergewöhnliche Glückskinder wir sind, weil wir so viel unglaublich schöne Natur ganz für uns haben. Dann geht's ins Zelt und in den Schlafsack, wofür wir ungefähr doppelt so viel Zeit brauchen wie zu Hause für den Weg ins Badezimmer, Schlafzimmer und Bett zusammen. Die Enge fordert in Kombination mit den sich ewig verklemmenden Reißverschlüssen Nervenstärke, Beweglichkeit und Ordnungsliebe – ohne die alles noch länger dauern würde.

Natürlich gibt es auch noch den regelmäßigen Weg zur Toilette, die weit abseits vom Lager auf einer felsigen Lichtung steht. Dieser Ort höchster Privatheit wird lediglich ein einziges Mal brutal gestört. Ausgerechnet als ich dort verrichtend tätig bin, kommt ein Hubschrauber in vielleicht hundert Metern Höhe angebraust und zieht einen Halbkreis um die Schüssel, während ich aufgeschreckt und nur im T-Shirt danebenstehe und mit der Klopapierrolle winke. Es ist ein Polizeihubschrauber der O. P. P. (Ontario Provincial Police). Natürlich befürchte ich sofort, dass Christian schon wieder eine Bank geknackt hat. Aber Gott sei Dank dreht der Helikopter ab und die Stille kehrt zurück.

Der Alltag mit seiner beruhigend gleichbleibenden Zeiteinteilung wird nur von regelmäßigen Einkaufstagen unterbrochen. Am Anfang habe ich mich auf die große „Stadt“ mit ihren 350 Einwohnern noch gefreut (der Rest lebt verstreut im Gelände). Nach sechs Wochen Anpassung ans Lagerleben habe ich aber kaum noch Lust auf den stundenlangen Trip, der sowieso nur möglich ist, wenn das Wasser auf der Georgian Bay einigermaßen ruhig ist. In Killarney sind Christian und ich bereits bekannt und scheinbar Stadtgespräch. Alle, die unsere Wege kreuzen, wissen von den beiden verrückten „Krauts“, die auf Deer Island zelten, aber niemand ahnt etwas vom Rock-Art-Projekt. Und natürlich fallen unsere Einkaufsgewohnheiten im General Store auf. Während wir zu neunzig Prozent Gemüse und Obst kaufen, nimmt der Durchschnittseinwohner neunzig Prozent industrielle Kohlenhydrate mit nach Hause, wofür er viel weniger zahlt als wir und wovon er dreimal so schnell megafett wird. In Deutschland sollen ja die dicksten Europäer leben, aber gegen den Querschnitt der kanadischen Landbevölkerung sind wir noch ein Volk von Hungerhaken. Vermutlich wird unsere Ernährungsindustrie sich tatkräftig dafür einsetzen, dass wir diesen Rückstand bald aufholen.

Die Kanadier – besonders die ganz fetten – sind sehr freundlich und immer hilfsbereit. Alle, mit denen wir ins Gespräch kommen, fragen uns interessiert nach unserem Urlaub auf der Insel, doch unsere Einladung ins Lager nimmt keiner ernst, der Weg ist ihnen einfach zu weit. Wie beruhigend für uns und unseren „Steinschlag im Verborgenen“.

LEBEN IM BIOTOP

44. Beim Betreten von Deer Island hat vermutlich jeder denselben Gedanken: „Ganz schön ruhig hier. Gibt es überhaupt Tiere?“ In der Tat geht es in den meisten deutschen Wald- und Wiesengegenden wohl lauter zu: Vögel pfeifen, Frösche quaken, und jede Menge Kleinvieh gibt das eine oder andere Dezibel von sich. Abgesehen von ein paar Grillen und einem vereinzelten Möwenschrei empfängt einen auf unserer Insel eher die Stille. Doch daraus zu schließen, dass die Tierpopulation gering sei, ist falsch. Es ist nur so, dass man ein paar Tage braucht, um die hiesige Tierwelt zu entdecken. Die felsige Landschaft mit ihren vielen Vorsprüngen, Senken, Stufen und zahllosen herumliegenden Steinbrocken, dem angrenzen Urwald und den zugewachsenen Uferzonen ist ein unglaublich artenreiches Biotop. Einen großen Teil meiner Tage verbringe ich damit, allein durch das Gelände zu streifen. In den vergangenen Wochen haben sich dabei meine Sinne erheblich geschärft.

Jetzt sehe ich es überall krabbeln, kriechen, schwimmen, fliegen, hoppeln und laufen. Ich habe das Gefühl, dass ich, was meine Umwelt angeht, Stunde um Stunde sensibler werde. Ich kann plötzlich Geräusche zuordnen, die ich vorher gar nicht wahrgenommen habe. Ich erkenne das ziemlich laute Knarren der Springbocklarven in der Rinde umgestürzter Bäume. Das melodiöse Pfeifen von „Birdy“, wie ich den Waldvogel, den wir nie zu sehen bekommen, getauft habe, klingt wie eine verulkte Kurzform von „O sole mio“. Als ich den gefiederten Unbekannten zum ersten Mal höre, denke ich zunächst, es gäbe noch einen anderen Menschen auf der Insel, der nach seinem Hund pfeift. Vögel gibt es hier, wie ich bald merke, in einer bunten Vielfalt, wenngleich sie deutlich ruhiger sind als ihre deutsche Verwandtschaft. Kleinere Finken, Spechte, die tagsüber in den Kiefern klopfen, Kraniche, die am Ufer nach Fröschen und Schlangen jagen, Wildentenfamilien, die ihren Kleinen das Tauchen beibringen, Gänse, die schon aus weiter Entfernung den Menschen ahnen und laut mit den Flügeln schlagend das Weite suchen, kleine schwarze Seekormorane, die sich zusammen mit den Möwen auf Krebsfang begeben – sie alle begegnen mir nach und nach bei meinen Inselspaziergängen.

Schon am ersten Tag ist mir der Anblick eines echten Superstars vergönnt gewesen. Ein Weißkopfseeadler gleitet majestätisch über den Baumwipfeln des Ufers entlang. Deutlich hebt sich sein weißer Federkragen ab, und auch aus der Entfernung erahne ich, wie groß er sein muss. Auf einen seiner kleinsten Kollegen habe ich länger warten müssen: den Kolibri. Als Irmin mir erzählt, dass es die daumengroßen Schnellflieger auch hier gibt, habe ich zunächst meine Zweifel. Bislang hatte ich die Brummer eher in tropischen Gegenden verortet. Dann aber sehe ich einen, wie er heransaust und mitten in der Luft stehend verharrt, um sich an einer Blume zu vergreifen. Erst denke ich, dass es eine Libelle oder eine große Hummel sein muss, aber dann erkenne ich deutlich, dass es sich um einen Vogel handelt. Ich bin begeistert.

Auch am schilfigen Ufer fällt mir bei genauerem Hinsehen ein lebendiges Gewimmel auf. Dass es viele Frösche gibt, damit hatte ich gerechnet, aber mit den vielen unterschiedlichen Schlangenarten nicht. Ich zähle insgesamt fünf verschiedene, glücklicherweise sind sie, wie ich unserem Bestimmungsbuch entnehme, bis auf die Klapperschlange alle ungefährlich und sehr scheu. Eine knackig-grüne Schleiche sucht gern den Schatten unter Irmins rotem Kanu. Eine andere – braun-beige kariert – schnappt am Uferrand nach kleinen Fliegen und anderem Getier. Eine schwarze Natternart, deutlich an ihren gelben Rallye-Streifen zu erkennen, ist vielerorts zu finden, bevorzugt morgens beim Sonnen auf den glatten Felsen. Soweit ich es erkennen kann, sind die Wasserschlangen, die sich wirklich höchst elegant unter der Wasseroberfläche bewegen, tiefschwarz.

Neben den vielen Moskitos bevölkern große Admiralsfalter die Luft, immer auf der Hut vor den zum Teil bis zu handtellergroßen Libellen. Grashüpfer, die im Gegensatz zu den mir bekannten Arten sehr laut mit den wunderschön gemusterten Flügeln „klappern“, fliegen lange Strecken auf den Felsvorsprüngen umher. Hinter ihnen im Wald keckern Eichhörnchen mit ihren Kollegen, den Streifenhörnchen, um die Wette. Abends sieht man dann und wann einen besonderen Verwandten von ihnen, das Beutelhörnchen, das seinen weit geschnittenen Fellanzug beim Durch-die-Bäume-Springen wie Tragflächen zum Gleiten benutzt. Ebenfalls am Abend werden die Biber aktiv. Sie knacken fleißig junge Äste, um ihre Wasserhäuser aufzuschichten, oder sie untergraben ganze Uferböschungen, um Vorratslager, Fluchtwege oder Höhlen für den Nachwuchs anzulegen.

Die junge Bärenfamilie, die uns bereits am zweiten Tag unseres Inselaufenthalts begrüßt hat, hält Distanz. Im Gegensatz zu den Schwarzbären, die auf der Müllkippe von Killarney zum Teil in Mannschaftsstärke ihr Unwesen treiben, ist unsere Bärenmutter mit den beiden kleinen Bärchen menschenscheu und hat wohl akzeptiert, dass wir unser Territorium am Südufer eingenommen haben und mit Krach verteidigen.

Es wird Abend. Als ich unbeweglich am Wasser sitze, um den Flusskrebsen beim Rangieren zwischen den Steinen zuzuschauen, taucht plötzlich ein niedlicher kleiner Fischotter vor dem Felsen auf, direkt vor meinen Füßen. Neugierig beäugt mich das nasse Pelztier und kommt sogar ein wenig näher, um mich genauer in Augenschein zu nehmen. Der ist ja echt putzig, denke ich mir und freue mich, ihn ebenfalls aus nächster Nähe betrachten zu dürfen. Ich winke ihm nach, als er kurz darauf wieder ins Wasser watschelt.

Im Camp will ich mir die Abendmontur, bestehend aus langer Hose, Boots und Jacke, anziehen, als ich gerade noch die Maus aus meiner Socke krabbeln sehe, die das herrlich duftende Wanderstück wohl am liebsten als neue Höhle in Beschlag genommen hätte. Höhlen stehen sowieso hoch im Kurs. Die Klapperschlange, die kurz nach der Ankunft in meinem Vorzelt auf territoriale Rechte pochte, hat mich veranlasst, bei jeder Wiederkehr in meine kleine Zelthöhle genauestens nachzuschauen, wer vielleicht dieses Mal als neuer Hausbesetzer das Recht auf kostenfreies Wohnen einklagt. Bleiben dürfen nur die Spinnen, mit denen ich einen Friedenspakt geschlossen habe, da sie mir tausendmal lieber sind als die Moskitos, die mir nach dem Blut trachten. Jetzt im späten August werden die blutsaugenden Plagegeister etwas seltener. Glücklicherweise habe ich keine Bekanntschaft mit den sogenannten „Black Flies“ gemacht. Gerüchten zufolge stechen sie nicht, sondern beißen gleich fest zu, um sich einen kleinen Vorrat vom Outdoor-Begeisterten mit nach Hause zu nehmen. Allerdings nerven diese kleinen Fliegenbiester die Naturfreunde nur bis Mitte Juni, und ich bin froh, dass wir erst einen Monat später hier aufgetaucht sind.

Nachts vernehme ich das schrille Fiepsen der Fledermäuse, die um das Licht über unserer Lagerfeuerstelle kreisen und sich dann und wann einen fetten Nachtfalter fangen. Es ist Schlafenszeit. Eine Grille hat sich in mein Zelt verirrt. Was aus wohl bemessener Entfernung mediterrane Romantik verbreitet, kann auf ein paar Zentimetern Distanz plötzlich ein infernalischer Lärm sein. Mitten im lautstarken Zirpen höre ich ein Plumpsgeräusch und danach ein Schnalzen und Knacken. Eine von den kleinen Waldkröten, die sich bevorzugt in den dunklen Stunden aufmachen und nach Käfern, Ameisen oder Larven Ausschau halten, hat sich und mir einen Gefallen getan. Die Grille hat ihre Bestimmung als spätabendlicher Krötenimbiss gefunden. Dann höre ich das leise Schwirren von Eulenflügeln über meinem Zelt. „Vielleicht löst sich mein kleines Problem mit der Maus ja gleich auch noch …“, denke ich und döse zufrieden weg.

DIE FEINDE DES MENSCHEN

45. Häufig wissen Christian und ich nicht mehr, welchen Wochentag wir gerade haben – Sonntag oder Freitag? Im Lager sind alle Tage gleich. Der 31. August allerdings ist ein spezieller Tag, dem Christian entgegenfiebert, da er am 1. September seinen ersten Hochzeitstag mit Andrea hat – beziehungsweise ohne sie. Er hat von ihr einen Brief bekommen mit der Anweisung, ihn erst am 1. September zu öffnen. Nun diskutiert er mit mir schon seit Tagen, ob da nicht vielleicht die deutsche Zeit gelte. Aber als Lagerältester bleibe ich hart und verfüge die früheste Öffnung für null Uhr kanadischer Zeit, was in Deutschland der frühmorgendlichen Stunde von sechs Uhr entspricht.

Am 31. August sind wir in Killarney, um Einkäufe zu machen und in der Münzautomatenwaschhütte des General Store unsere Wäsche zu waschen. Als wir spätnachmittags zum Lager zurückkommen, scheint vom Wasser aus alles unverändert und normal zu sein. Trotzdem erfasst mich eine leichte Erregung, als ich den Felsen zu unserem Lagerplatz hochklettere. Irgendetwas stimmt nicht und genau das stimmt! Vor unserem Sitzplatz am Lagerfeuer, auf dem ebenen, glatten Felsen und damit sozusagen in unserem „Wohnzimmer" entdecken wir einen älteren Mann, der dort liegt und schläft, neben ihm ein großer Müllsack, ein gelber Zehn-Liter-Ketchup-Eimer und eine kleine Futterkiste.

Er erwacht sofort und begrüßt uns freundlich und verschlafen. Und da er unsere erstaunten, aber wohl eher skeptischen Blicke richtig deutet, fängt er sofort an zu erzählen. Er weiß nahezu alles über uns, er weiß, was uns interessiert und was nicht, und schneidet auffallend zielstrebig die richtigen Gesprächsthemen an. Ich habe gleich Jerry als Informanten im Verdacht und streue seinen Namen ins Gespräch ein, und siehe da, mit Jerry hat der Mann erst vor zwei Tagen telefoniert. Aha, das ist also die Verbindung, denke ich und fasse langsam etwas Vertrauen. Anschließend fackelt der Alte nicht mehr lange herum. Es gebe eine Botschaft seiner Leute, die er uns überbringen wolle, sagt er, und da man Botschaften nur verstehe, wenn sie einem richtig erklärt werden, habe er sich entschlossen, mit uns eine lange Nacht am Feuer zu verbringen. Unsere abendlichen Feuer seien ja sehr ausgedehnt und groß, sagt er, und gut zu sehen – sogar bis hinüber ins Reservat.

Uns dämmert allmählich, mit wem wir es zu tun haben. Vor uns steht ein Ureinwohner. Und nicht nur das. Er ist eine Art Unterhäuptling, ein Funktionär, Unabhängigkeitskämpfer und Schamane, ein weiser alter Mann, mit einem gütigen Gesicht und der Kraft der zweihundert Herzen, die alle für mehr Gerechtigkeit in der Welt zu schlagen scheinen. Christian und ich sind begeistert, der Typ ist ein Erlebnis, schon allein durch seine äußere Erscheinung. Seine Kleidung hätte zwar auch den Weg in die Waschmaschine verdient, dennoch wirkt er nicht ärmlich oder heruntergekommen, trotz seines etwas ungewöhnlichen Reisegepäcks. Er hat eine Glatze und im Nacken einen Pferdeschwanz, der von einer silbernen Spange zusammengehalten wird. Dazu trägt er eine dicke Jacke, die sicherlich mal orange gewesen ist. „Gut gegen Mücken – als Schlafsack geeignet und von der Regierung als Schwimmweste auf dem Wasser zugelassen“, bemerkt er, denn der kanadische Staat kontrolliere das Schwimmwestentragegebot streng und rücksichtslos, wie er versichert.

Als wir ihn fragen, wo denn sein Boot sei, lächelt er verschmitzt und erklärt, er sei „zu Fuß“ gekommen. Dann macht er seine Futterkiste auf und schenkt uns den Inhalt. Er meint: „Ihr seid ja leider Vegetarier“, weshalb er seinen Garten geplündert habe. Eine große Menge ökologisch gezogener Tomaten, Gurken und Zwiebeln liegen auf ein paar Minidosen mit uns unbekannten Fleischpasteten, die wir, auch als Vegetarier, „unbedingt probieren“ müssten. Dazu hat er Obst und Grapefruitsaft im Angebot. Eine Einladung zum Abendessen muss längst nicht mehr ausgesprochen werden: Wir haben einen Übernachtungsgast ins Nest gelegt bekommen und keinerlei Probleme damit. Der Alte hat bereits unser Lager inspiziert und lobt uns für die Einfachheit unserer Lebensführung. Und damit beginnen die Weisheiten nur so aus ihm herauszusprudeln.

Er erklärt uns im Zusammenhang mit dem „Erfolgsprinzip höchster Unkompliziertheit“ das Teufelswerk der Komplikation. Er beschimpft die finstere Macht des Marketings, das einzig und allein ein Kampfinstrument der Gier sei. Und damit wir ja nichts falsch verstehen, liefert er uns ein Beispiel für den Ursprung allen Übels der Menschheit: die Erfindung der Untertasse! Die Untertasse, eine Ausgeburt des Überflusses, der Umsatzgeilheit und der totalen Zweckfreiheit, viel zu kompliziert und nur eine Behinderung für den Menschen! Wir sind heilfroh, dass wir derzeit ein Leben ohne Untertassen führen. Meinen Rock-Art-Felsen hat er auch schon gefunden, und sein feinsinniger Kommentar lautet: „Eine Menge Arbeit!“ Mehr nicht, nur: „Eine Menge Arbeit.“ Gott sei Dank ist er kein Kunstkritiker.

Dann zeigt er uns einen Haufen alter Rohre, die unter einigen Blaubeersträuchern vor sich hin gammeln und die wir noch nicht bemerkt haben. Sie stammen von irgendeinem altertümlichen Gerät, und seine Erklärung dazu ist, dass hier vor langer Zeit heimlich Schnaps gebrannt wurde. Das macht unseren Lagerplatz nun historisch interessanter, und unser Gespräch kreist eine Weile um das Thema Prohibition.

Tatsächlich hören wir von ihm nicht nur eine Menge leicht verschrobener Lebensweisheiten, sondern erfahren auch so einiges, was Hand und Fuß hat. Wenn er über den Umgang des Menschen mit der Natur spricht, könnte man meinen, einem Gründervater der GRÜNEN zuzuhören. Am eindrucksvollsten ist seine engagierte Schilderung des „200-jährigen Kampfes für einen gerechten Ausgleich der Landnahme“, in den sein Volk verwickelt sei. Und an diesem Punkt formuliert er dann erstmals die in der Folge stets wiederkehrende Kernaussage seiner Botschaft. Er bittet uns, unbedingt aufzuschreiben und an alle Leute in unserem Land weiterzugeben, dass „die Zeit der Verarschung vorbei sei“.

Etwas geordnet fasse ich sein Weltbild wie folgt zusammen: Die Indianer werden von der Regierung seit weit über hundert Jahren hingehalten.
Versprochenes Land wird abermals enteignet und den Großkonzernen zur freien Verfügung überlassen. Zusagen über Ausgleichszahlungen werden nicht eingehalten und ausstehende Gerichtsprozesse über Generationen verschleppt. Die größten Feinde der Menschheit sind, so erklärt er uns nachgerade überzeugend, neben dem Marketing noch die Regierung, Rechtsanwälte und Freimaurer.

Wir hören von seiner aktiven Beteiligung an unzähligen Gerichtsverfahren, die alle im Sumpf der Unzuständigkeit oder Vertagung versunken sind. Wir hören von der Zeckenmentalität der Rechtsanwälte, die alles Einfache kompliziert machen, und wir erfahren von einer neuen Kampfoffensive der Indianer. Es würden nun verstärkt Bahnlinien und Autobahnen blockiert, Autoreifen stapelweise angezündet und der Druck auf die Regierung erhöht. Das Ganze sei möglich, weil die Zerstrittenheit der Indianer untereinander beendet sei und, man höre und staune, eigene Anwälte das Paragraphengestrüpp entflechten und sich für die Ansprüche seines Volkes einsetzen würden. Mithilfe dieser Rechtsanwälte und durch den Druck der Aktionen sei man auf einem guten Weg. Die Regierung habe bereits vielversprechende Zugeständnisse in Aussicht gestellt. Ich habe so meine Probleme, diesem Zickzackverlauf der Fronten zu folgen, finde aber, dass er seine Anliegen zumindest spannend und sehr authentisch vorbringt. Mit Respekt hören wir von einem aktuellen Fall, in dem seine Leute den Uranabbau in einem Reservat gestoppt haben. „Dank guter Anwälte", wie er ohne erkennbares Bewusstsein für seine Widersprüchlichkeit betont.

Am späteren Abend und nach einigem Feuerwasser aus der Rotweinflasche fragt Christian den alten Indianer, seit wann seine Leute schon in diesem Land leben. Der Alte antwortet ohne zu zögern: „7000 bis 10000 Jahre." Nun wird Christian komisch und fragt, ob die Indianer, sollte es zu gerechten Ausgleichszahlungen der Regierung kommen, ihrerseits die Vorbesitzer des kanadischen Bodens entschädigen würden. Aber auch hier folgt eine simple, widerspruchsfreie Antwort: „Land kann man gar nicht besitzen, sondern nur zerstören – und genau das tut der weiße Mann." Das klingt ja wie von einem Rechtsanwalt entworfen, denke ich und schaue grübelnd ins Feuer.

Gott sei Dank hat der Alte auch eine Menge lustiger Geschichten auf der Pfanne, und wir erkennen sogar seine sentimentale Seite, als er uns von seinen Enkeln erzählt, die er „mehr liebt als seine eigenen Kinder". Er wünscht sich für sie und für alle Kinder dieser Welt „Unabhängigkeit" und „Angstfreiheit", denn Angst sei der größte Feind des Menschen. Ich gebe ihm recht und schlage vor, die Feinde des Menschen neu zu sortieren und statt der „Rechtsanwälte" besser die „Angst" auf die vorderen Listenplätze zu setzen. Er stimmt lachend zu, und wir scherzen noch ein kleines Weilchen, bis es endlich Mitternacht ist. Der alte Indianer und ich dürfen schlafen gehen, und Christian feiert Hochzeitstag – wie man am Ratschen aus seinem Zelt hört.

Am nächsten Morgen stehe ich früh auf und treffe den Indianer nachdenklich, aber guter Dinge am Lagerfeuerplatz. Er ist bereits „seit ein paar Stunden auf“, was mich nicht wundert, denn er ist ohne Luftmatratze gekommen und wollte auch keine von uns. „Die Erde ist das Bett der Menschen“, belehrt er uns. Beim Frühstücksobstsalat gibt es noch einen Nachschlag an Weisheiten, der mir gut gefällt. Seinem Plädoyer, im Schulunterricht das Fach „Charakterbildung“ einzuführen, stimmen wir zu, und ich ergänze, es sollten noch die Fächer „Partnersuche“ und „Ernährung“ dazukommen. Mit Partnerinnen allerdings hat er es nicht so, wie wir gleich hören und dabei noch einen weiteren Feind des Menschen kennenlernen: die Frau. Nicht die Frau als solche, sondern: „die Frau des Mannes“. Die Frau sei freiheitsraubend und fordere neben dem Geld auch noch die Fremdbestimmung, sozusagen die Macht über den Mann.

Diesem Plädoyer stimmen Christian und ich erst mal nicht zu, was dem guten Einvernehmen aber nicht schadet. Gegen Mittag legt plötzlich ein altes Alu-Motorboot mit Zwanzig-PS-Motor an unserer Insel an, das mir irgendwie bekannt vorkommt. Einer seiner Schwiegersöhne sorgt für den Abtransport des Alten, und unsere Verabschiedung fällt mit männlich-herben Umarmungen sehr freundlich und vertraut aus. Er lächelt uns an und kichert ein wenig, und dazu spricht er seine Abschiedsworte. „Denkt an die Botschaft, Jungs, die Regierung muss es aus allen Richtungen hören, millionenfach: Wir lassen uns nicht mehr …! Und schöne Grüße von meiner Tochter und den Kindern.“

Aha! Die Indianerin! Von daher weht also der Wind!

BÄRENJAGD AUF DEM FOLTERFELSEN

46. Den ganzen Tag bin ich in romantischer Stimmung. Heute vor einem Jahr war meine Hochzeit. Auch wenn mir unser Wildnisabenteuer sehr gut gefällt, wäre ich jetzt gerne bei meiner Frau. Andrea hat mir pünktlich zu unserem Fest einen Brief geschickt, der von Deutschland, via Luftpost, Truck und Kanu tatsächlich rechtzeitig bei uns im Lager angekommen ist. Mit feuchten Augen lese ich die lieben Zeilen. In Hamburg werde ich vermisst. Das ist schön, aber ich habe auch einen Kloß im Hals, denn jetzt würde ich mir gerne eine Auszeit nehmen, um meine Liebste in die Arme zu schließen. Vielleicht erleben sie und ich ja mal einen Hochzeitstag zusammen auf der Insel. Das wäre eine großartige Sache.

Bei einer Kanutour paddeln Irmin und ich an den Ufern der Georgian Bay entlang Richtung Lodge. „Das würde Andrea gut gefallen hier“, denke ich und stelle mir vor, wie sie und ich durch die wilde Seenlandschaft fahren. Plötzlich werde ich abgelenkt. Ich traue meinen Augen nicht recht, als auf einmal einer der Bäume zu winken beginnt. Seltsamerweise hängt eine knallorange Weste in seinen Zweigen. Ich mache Irmin ein Zeichen, und wir gleiten näher ans Ufer. Der vermeintliche Baum entpuppt sich als Shelton, ein Bärenjäger, der im vollen Tarn-Outfit am Ufer steht. Ob wir ihn kanalabwärts ein Stück mitnehmen könnten, er hätte zusammen mit Familie und Freunden eine Hütte in der Mill Lake Lodge. Das trifft sich gut, da wollen wir auch hin, und es ist nicht mehr weit. Und so steigt der Anhalter mit ein. Trampen am Colin’s Inlet. Auf so etwas wäre ich nie gekommen.

Bei der Ankunft in der Lodge gibt es ein großes Hallo. Die Mitbewohner von Shelton sind keine Unbekannten. Seinen Bruder Russell haben wir hier bereits kennengelernt, als Helga, Tom, Irmin und ich auf der Suche nach dem besten Platz für unser Camp waren. Russell ist samt Kumpanen zur Bärenjagd noch einmal hergekommen. Er erinnert sich an uns, und so schwatzen wir eine Weile über dies und das. Wir verabreden uns für den späten Nachmittag des übernächsten Tages. Dann soll es zusammen mit Shelton zur Bärenjagd gehen. Darauf bin ich sehr gespannt.

Als die Sonne zwei Tage später tief im Westen steht, sitzen wir zu viert im Boot und fahren zunächst zum Mill Lake Point, wo Shelton allein Posten auf einem Baumstand bezieht. Zu dritt fahren wir anschließend weiter zum Big Rock, einem Felsblock, der weiter östlich mitten im Wald liegen soll. Nach einer kleinen Wanderung vom Ufer des Colin's Inlet in das Dickicht hinein sehen wir den großen Stein zwischen den Bäumen stehen. Schon während wir zum Waldfelsen laufen, zeigt uns Russell Fährten. Hier scheint in den frühen Abend- und Morgenstunden im wahrsten Sinne des Wortes der Bär los zu sein. Ganze vier Bärenpfade entdecken wir auf dem kurzen Weg. Und auch Elchspuren sind zu sehen.

Wir reden darüber, wie man Bären zur Strecke bringt. Über die Jagd, wie sie hier praktiziert wird, kann man geteilter Meinung sein, denn sie entspricht nicht dem romantischen Klischee des einzelnen Jägers, der allein den Fährten folgt, nach aufwendiger Suche den Bären stellt, um dann Auge in Auge mit seinem Gegner den Kampf auszutragen. Hier in den Wäldern nahe dem Wasser werden an strategisch sinnvollen Stellen Sirupflaschen in die Bäume gehängt und Fischreste, Küchenabfälle oder sogar Donuts unter weithin sichtbaren Holzstapeln versteckt, um dann aus sicherer Entfernung darauf zu warten, dass sich die Tiere, während sie nach den „Leckerlis“ langen, eins auf den Pelz brennen lassen. Leider siegt beim modernen Jäger die Bequemlichkeit, denn mit „Bait“, also dem Futterköder, läuft es eben ungefährlicher; da bleibt die Waidmannsehre auf der Strecke.

Dort wo Russell in den vergangenen Tagen die Bären mit dem Futter angelockt hat, nehmen wir in etwa fünf Metern Höhe auf dem kleinen Felsmassiv Platz. Der Ort ist gut gewählt. Wir haben einen hervorragenden Blick auf den vorab präparierten Holzstapel und können auch die Sirupflasche gut sehen. Sie pendelt ungefähr in Schulterhöhe von einem Ast herunter.

Russell zeigt uns die Munition, die er, wie viele andere Jäger, selber herstellt. Es handelt sich um lange Messingpatronen, die mit wenig Pulver auskommen, da sie für kurze Distanzen ausgelegt sind. Dafür haben sie an der konisch zulaufenden Bleispitze Sollbruchstellen, die nach dem Aufprall dafür sorgen, das eine große, tödliche Wunde entsteht, anstelle eines „nur verletzenden" Durchschusses. Unser Jagdfreund scheint sich bestens auszukennen mit dem Beuteverhalten der Schwarzbären. Er weiß, wann sie aktiv werden, wie sie Witterung aufnehmen und aus welchen Richtungen sie an den Big Rock kommen. Der erhöhte Platz, auf dem wir sitzen, ist für sie nicht einsehbar. Der Wind steht gut, sodass wir nicht gewittert werden können. Einzig und allein die hochempfindlichen Ohren unserer Beute gilt es nicht zu stören. Aber das sei „pretty easy", erklärt uns der robuste Mittdreißiger mit dem akkuraten Bart- und Haarschnitt: „You just gotta sit still!"

Das müsste ja einfach sein, denken wir uns und können schon eine knappe halbe Stunde später zu den vielen Erfahrungen, die wir im Busch gemacht haben, eine weitere hinzufügen: Nix einfach! Es ist eine der schwierigsten Aufgaben überhaupt, sich mehrere Stunden nicht zu bewegen. Plötzlich bewundere ich diese menschlichen Statuen, die manchmal in Einkaufszonen oder an Marktplätzen dick geschminkt regungslos herumstehen, um für ein wenig Kleingeld einfach mal nichts zu tun. Russell sitzt wie festgewachsen in einer optimalen Schussposition. Auf sein Anraten habe ich mir ein Sitzkissen mitgebracht – Stein ist ja bekanntlich hart. Gespannt blicke ich auf den Lockposten und stelle eine Weile später fest, dass mein rechter Fuß einschläft. Ich winkele mein Bein an, was die Mooskruste mit Knarzen quittiert. Russ schaut mich an. Ich Idiot! Ich beschließe, von nun an ruhig zu sein. Keine Minute später juckt mein Po. Langsam hebe ich die Hand, um an meiner Hose zu ziehen. Die Jacke raschelt. Russells Auge zuckt. Verdammt!, entfährt es mir in Gedanken. Es sollte doch bitte schön! nicht so schwer sein, mal die paar Minuten ruhig zu bleiben.

Ein Blick auf Irmin, der wenige Meter rechts von mir sitzt, offenbart, dass er in ähnlichen Schwierigkeiten steckt. Er hat anstelle des Sitzkissens seinen Tagesrucksack als Unterlage gewählt. Innerlich feixe ich. Tja, Irmin, Klettverschlüsse sind schon scheiße, oder!? Auch seine tolle Outdoor-Jacke – top-isolierend und mit den neuesten wasserundurchlässigen Reißverschlüssen – kommt mir jetzt gar nicht mehr outdoortauglich vor. „Lautes Ding!", möchte ich ihm am liebsten zurufen, „das hast du nun davon!" Aber ich habe ganz andere Probleme. Ich spüre ein Kribbeln in der Nase. Jetzt zu niesen wäre fatal. Ich denke an Pfandbriefe und Kommunalobligationen, um mich abzulenken. Die Hand, mit der ich mich am Felsen abstütze, hat sich durch mein Körpergewicht fest an die schuppigen Steinflechten des Untergrunds gedrückt. Das schmerzt nicht nur, sondern würde bestimmt irrsinnig laute Geräusche verursachen, wenn ich sie dort wegnähme, um an meiner Nase zu kratzen. Erleichtert stelle ich fest, dass ich doch nicht niesen muss. Dennoch, meine Sitzposition ist unbequem. Vor dreißig Minuten, als ich sie eingenommen habe, erschien sie mir noch ideal. Jetzt schmerzt mein Rücken, und der Hintern fühlt sich halbtaub an. Wenn ich mich jetzt ein wenig zur Seite drehe, macht das so viel Lärm wie ein Hardrock-Konzert, denke ich – aber es muss trotzdem sein. Knirsch, knack, raschel ... Ich wage erst gar nicht, Russell anzuschauen, der vermutlich denkt, dass diese dämlichen Touristen ihm die ganze Jagd ruinieren.

Aber auch ganz andere Gedanken gehen mir durch den Kopf. Russell hat erzählt, dass wir uns darauf einstellen sollen, dass der Bär ganz plötzlich auftaucht. Wir würden ihn nicht hören, wenn er käme, so ein Tier könne sich lautlos anschleichen. Ich frage mich, wieso Russell sich eigentlich so sicher ist, dass uns der Gevatter Bär nicht urplötzlich auf die Schulter klopft, ein paar tonnenschwere Ohrfeigen verteilt und dann mit seinen Kollegen ein fettes Abendmahl zu sich nimmt – bestehend aus drei lustig verpackten Städtern. So leise wie möglich schaue ich über meine Schulter. Zum Glück knirscht grad nichts. Kein Bär in Sicht. Weder hinter noch vor uns. Meine Sinne sind absolut geschärft, und ich nehme die Umgebung höchst konzentriert wahr. Das wiederum ist sehr schön. Sitzt man erst einmal einige Stunden an einem Ort, erscheint einem das gesamte Areal in einer völlig anderen Weise. Jeder Luftzug hat ein eigenes Geräusch. Ich höre das leise Tuckern eines Bootes, das einen halben Kilometer weiter am Collin's Inlet vorbeizuckelt, sehe kleine Käfer am Fels, eine Raupe an meiner Schuhspitze, einen Nachtfalter, der sich – obwohl geschickt als Steinbelag getarnt – an den Fels schmiegt. Drüben im Baum sitzen zwei Finken, die von einem Ast zum anderen hüpfen. Den Flügelschlag dreier Wildgänse, die im Abendlicht über unseren Fels fliegen, höre ich ebenso, wie ihre kehligen Laute, die sie dann und wann ausstoßen. In einiger Entfernung höre ich einen weiteren Vogel. Ich kann ihn zwar nicht sehen, aber ich stelle fest, dass sich sein „Mek, mek, mek!" langsam von rechts nähert. Auch das Rascheln eines Zweiges sagt mir, dass ich ihn eigentlich gleich sehen sollte. Kurz darauf entdecke ich ihn. Zuerst nur den roten Kopf, dann das schwarz-weiße Gefieder. Ein großer Specht. Er kommt näher. Noch näher. Fliegt vorbei und ist nun in Irmins Nähe. Es knallt fast – zumindest kommt es mir so vor – als er mit dem harten Schnabel seiner Art des Holzhackens nachgeht. „Lautes Scheißvieh!“, würde ich ihm am liebsten nachrufen. Ich bin neidisch auf ihn. Er darf sich frei bewegen, Lärm machen, und kein Bär stört sich daran.

Wenn der Bär jetzt käme, fände ich es total gerechtfertigt, wenn Russell ihm die Kugel geben würde. Schließlich ist er schuld daran, dass mein linker Fuß eingeschlafen ist. Aber, nix da. Kein Bär kommt, und ich muss weiter auf dem Folterfelsen sitzen, Russels hochmodernes Jagdgewehr und unsere Kameras schussbereit in Griffnähe. Die Sonne ist kaum noch zu sehen. Abendröte durchtränkt den Wald. „You should be very quiet now. This is the perfect time for the bear“, raunt uns Russell zu. Ich frage mich, wie ich noch ruhiger sein soll, aber tue so, als würde ich intensiv wie nie darauf achten, dass meine schmerzenden Glieder nicht zur Lärmquelle werden. Auch Irmin schlägt sich wacker. Zwischendurch befürchte ich, dass er ohnmächtig geworden ist, denn so leise, wie er ist, kann man eigentlich gar nicht sein. Es wird noch dunkler, und eine feuchte Kälte schleicht sich langsam in die Klamotten. Ich danke dem Herrn, dass sich die sonst allgegenwärtigen Moskitos nicht blicken lassen. Oder sollte das daran liegen, dass wir uns nicht bewegen?

Weitere zwanzig Minuten später bläst Russell den Jagdgang ab. „Wenn er bis jetzt nicht gekommen ist, dann kommt der Bär heute nicht mehr“, teilt er uns mit. Morgen früh könne man ja noch mal ansitzen, schlägt er vor und lobt uns für unser professionelles Stillsitzen. Das geht natürlich runter wie Butter, obwohl er vielleicht nur höflich sein will und sich insgeheim denkt: „Nie wieder mit zappelnden Deutschen auf Bärenjagd!“

Eigentlich bin ich ganz erleichtert, dass wir hier nichts geschossen haben. Allein die Erfahrung, anzusitzen wie ein Jäger, hat mir viel gebracht. Und wie hätten wir einen vielleicht hundertfünfzig Kilo schweren Bären durchs Dickicht geschleppt? Irmin hatte schon vorher angekündigt, er werde als Vegetarier kein totes Tier anfassen.

Im Dunkeln stapfen wir zurück durch den Wald, schieben dann das Boot vom Ufer und machen uns auf zum Mill Lake Point, wo wir den schon leicht durchgefrorenen Shelton abholen. Auch er hat vergebens angesessen, berichtet aber über eine Menge vielversprechender Geräusche, die er gehört habe. „They were fucking close, believe me. I could feel the bears, but never saw one", erklärt er aufgeregt.

In der Lodge essen wir zu Abend. Europäer zu versorgen, wird von der Crew immer wieder als eine besondere Herausforderung wahrgenommen. Uns munden die Toasts, Maiskolben und Grillkartoffeln hervorragend. Irmin bekommt noch ein Stück vom hausgemachten Zuckerkuchen. Ich ziehe mir im Gegenzug das Äquivalent an Kalorien in Form von ein paar Bieren rein. Wir sehen staunend, dass Jerry über den Tag wohl fünfundzwanzig neue Gäste bekommen hat. Die Stimmung in der Mainlodge gleicht der ausgelassenen Atmosphäre in einer gut gefüllten Kneipe an einem Samstagabend. Country- und Rockmusik tönen aus dem Radio, die Gäste fühlen sich wie zu Hause, zaubern aus allen Ecken Drinks hervor, und ausgelassenes Gelächter, Stories über sooooo lange Fische, fiese Bären, Klapperschlangen und 500-PS-Motoren machen die Runde. Irmin und mir fallen recht früh die Augen zu. Wir verziehen uns in unsere Versorgungshütte, in der es eine Duschkabine, elektrischen Strom und echte Betten gibt. Trotzdem träumen wir uns aber auf unsere Insel zurück.

LAGERFEUERGESCHICHTEN, TEIL 2

47. Je weiter unser Aufenthalt in den Herbst hineinreicht, desto früher wird es dunkel. Das verwundert nicht wirklich, aber daraus ergibt sich auch, dass unsere Lagerfeuer unmerklich jeden Tag ein bisschen früher aufflackern. Da wir aber stets in etwa zur gleichen Zeit in die Schlafsäcke kriechen, werden somit unsere Gespräche am Feuer immer länger. Und das verwundert nun doch ein bisschen, denn eigentlich müssten wir uns längst „alles“ erzählt haben. Kaum eine Begebenheit aus unserem Leben ist unerwähnt geblieben – und trotzdem haben wir weiterhin an den Abenden häufig mehr Gesprächsstoff als Feuerholz auf dem Vorratsstapel.

Christian erzählt zum Beispiel, dass er mal einen Filmbeitrag über den angeblich einzigen Blutegelzüchter in Deutschland gesehen hat. Dem könnten wir hier sofort das Geschäft kaputtmachen, denn in den Tümpeln um unser Lager herum wimmelt es von den ekeligen Egeln. Christian erinnert sich, dass der Blutegelzüchter Heilpraktiker und andere alternative Medizinmänner beliefert. Der Clou der Geschichte ist jedoch, dass er auch eine Art „Altenheim für Blutegel“ betreibt – einen Hort, an dem die an- und wieder abgesetzten, also die vollgesaugten Egel ihren Lebensabend genießen, denn aus hygienischen Gründen werden die Tiere immer nur einmal am lebenden Menschen eingesetzt. Christian ahmt die Gespräche der Blutegel-Oldies nach: „Ey Alter, ich hatte mal eine schicke Dicke – da hab ich wie wild gelutscht und gesaugt. Ich war total voll.“

Ich lache und kann die Geschichte vom Blutegel-Altenheim kaum glauben, und es folgt der Lagerspruch Nummer eins: „Die Leute woll'n das krass serviert.“ Die Zeile ist unsere verbale Aufmunterungsdroge und stammt aus einem Song von Fünf Sterne Deluxe. Weitere Sprüche-Favoriten sind: „Wir sind hier doch nicht auf'm Ponyhof" oder, weil irgendeiner von uns täglich irgendwas sucht: „Das Haus verliert nichts" – was stimmt und auch fürs Lager gilt. Unvermeidlich, wenn zwei einsame Männerherzen an einem Lagerfeuer in der Wildnis sitzen und manchmal tagelang keine anderen Menschen zu Gesicht bekommen, sind natürlich ein paar Frauengeschichten.

Halt – nicht Frauen, sondern eher Mädchengeschichten. In Absprache mit dem Frauenbeauftragten im Lager erzählen wir uns nur die Erlebnisse mit dem anderen Geschlecht, die sich bereits vor „Ewigkeiten" zugetragen haben, als wir noch Schüler waren. Wir geraten dabei ins Schwärmen und Fantasieren, als ob es gestern war. Spätestens hier merke ich unsere Vereinsamung und schlimmer: unsere beginnende Vergreisung. Trotzdem erwähnenswert ist eine Lovestory von Christian mit zeitverzögertem Happy End. Er war so verliebt in eine Klassenkameradin – geradezu die ideale Frau fürs Leben! Und dann kam der grausame Typ aus der Klasse über ihm und spannte sie ihm aus. Das Glück war dahin, und es gab kein Wiedersehen – so gemein spielt das Schicksal. Aber dann: Zwanzig Jahre später trifft Christian den Nebenbuhler und alles wird gut: Der Mann hat es nämlich „nur" zum Unterhosenverkäufer bei Karstadt gebracht. So gerecht ist das Schicksal!

Topfit stellen wir uns aber einer anderen Fantasie. Einer von uns kommt auf die Idee, dass wir weitere sechs Monate im Lager bleiben, also hier überwintern könnten. Die konstruierte Ausgangslage ist durchaus realistisch: „Stell dir mal vor, RTL macht mit uns eine Doku. ‚Zwei Männer im Eis' oder so." Ich bin total begeistert, der Gedanke, hier zu überwintern, gefällt mir sofort. Aber Christian treibt zunächst das Honorar in die Höhe. Er will mindestens 250.000 Euro, sonst bleibt er nicht. Ich würde es für weniger machen, aber aus Gleichbehandlungsgründen will ich natürlich genau so viel wie er. Dann spinnen wir weiter und überlegen, wie es hier im Winter wohl zugeht. Ich merke an, dass man bei Eis und Schnee niemals den schrägen Felsen zum Lager hochkommen würde. Mir fällt als Lösung ein, dass ich ja bis zum Frost schnell noch Treppenstufen schlagen könnte. Aber Christian braucht meine Arbeitskraft, um genügend Holz zu besorgen. Er meint: „Wenn wir hier überwintern, müssen wir ab morgen jeden Tag zehn Stunden Holz hacken, sägen, sammeln und zum Feuerplatz schleppen. Oder – RTL stellt eine Motorsäge." „Das tun die nie", sage ich, „das ist gegen die Doku-Ethik." Christian glaubt aber nicht an Ethik beim Privat-TV und will die Motorsäge.

Ein paar Feuerabende später will Christian auf einmal eine Hütte fürs Überwintern. Er sagt: „Im Zelt geht man ein. Ab minus 30 Grad wird's ungemütlich." Und so kalt wird es hier locker, sagt Jerry bei unserem nächsten Treffen und erzählt, dass der Georgian Bay sogar zufriert. Das spräche für eine Nahrungsmittelversorgung mit dem Schlitten – aber auch da spielt Jerry den Bremser: „Das geht erst ab Mitte Januar, vorher trägt das Eis nicht."

Mir ist alles egal, ich finde das Winterprojekt einfach spannend, und je mehr wir darüber reden, desto klarer wird mir, dass unsere Veranstaltung von Juli bis September eigentlich die Outdoor-Variante für Milchreisbubis ist. Schade, die Erkenntnis trübt ein wenig meinen Stolz aufs Durchhalten hier in der Wildnis. Vielleicht sollte man doch mal den Winter anpeilen, auch ohne Reality-Doku?

Christian baut mich wieder auf. Als ich ihm erzähle, dass ich meinen Edelstahl-Blech-Becher mit nach Hause nehmen will, um ihn in mein alltägliches Leben zu integrieren, sagt er: „Das mache ich auch. Und ich lass ihn gravieren: I survived on Deer Irland!" Ich muss laut loslachen. „Yeah – me too!", denn ich fühle mich auch wie ein Überlebender!

STREIT ZU ZWEIT

48. In unserem kulinarischen Sündenpfuhl, dem Gateway Diner in Killarney, unterhalte ich mich mit einer Rucksacktouristin aus den Niederlanden. Ich erzähle ihr bei einer Tasse Kaffee, dass Irmin und ich inzwischen seit knapp drei Monaten auf einer kleinen Insel in zwei Zelten hausen, und sie fragt, wie oft wir denn bisher ernsthaft Streit gehabt hätten. Und das ist nur die Übersetzung. Im Original sagt sie: „Fights." Das klingt nach körperlicher Auseinandersetzung. Kinnhaken und so.

Ich kann mich nicht wirklich daran erinnern, wann ich das letzte Mal überhaupt körperliche Gewalt eingesetzt habe. Irgendwann habe ich einem betrunkenen Skinhead, der mich des Nachts in der Hamburger U-Bahn anfiel, mehr oder weniger aus einem Reflex heraus mit meinem Schirm auf den Kopf gehauen und bin danach geflüchtet. Auch eine andere Situation fällt mir ein, als mich ein wirklich ungehobelter Typ bei einem Konzert so angerempelt hat, dass ich ihm noch einen Fußtritt hinterherschicken wollte. Dummerweise habe ich mich dabei so ungeschickt angestellt, dass ich mir durch die Aktion eine Bänderdehnung eingefangen habe, obwohl der Tritt ins Leere ging.

Aber Irmin hauen? Zugegeben, er ist so jemand, den man gemeinhin als „polarisierenden Typen" bezeichnet. Gemeinsame Bekannte von uns haben mich gefragt: „Du und Irmin, allein im Busch? Bist du bewaffnet?" Meine Lebensgefährtin befragte mich etwas dezenter, als es mit unserem Kanada-Trip tatsächlich losgehen sollte: „Hast du dir das gut überlegt mit Irmin?" Ich fragte:

„Ja, wieso? Was meinst du?“ Sie begann mit mir zu sprechen wie mit jemandem, dem man schonend beibringen will, dass es keinen Weihnachtsmann gibt. „Na, zum Beispiel, was war denn die längste Zeit, die du jemals mit ihm an einem Stück verbracht hast?“ Ich runzelte die Stirn. „Ich war mal mit einem Freund und meinem Sohn eine Woche zu Besuch in seinem Haus.“ Sie schaute mich an. „Und wie war es?“ Die Woche war in der Tat etwas nervig gewesen. „Naja, eigentlich wollte ich danach erst einmal Urlaub machen.“ Andrea klang beinahe triumphierend. „Siehst du, das meine ich.“

Im Anschluss an das Gespräch mit meiner Frau kam ich ins Grübeln. Ich wollte mehr als zwei Monate ganz alleine mit einem Menschen verbringen, der absolut aktionistisch veranlagt ist, der die Sachen, die er macht, prinzipiell alle klasse findet, der anderen Leuten das Essen madig macht, wenn es nicht zu achtzig Prozent aus vegetarischer Rohkost besteht, und der auch sonst überbordend viele Ratschläge für seinen Gegenüber parat hat, selbst wenn der gerade keine braucht. So langsam begann ich, die Bedenken meiner Frau zu verstehen. Da ich ein Mensch bin, der gern beide Seiten der Medaille beleuchtet, stellte ich mir das gleiche Gespräch zwischen Irmin und Candis vor. „Du willst also wirklich mit so einem verschrobenen Texter verreisen, der raucht, ständig merkwürdige Musik hört, schnarcht und ernsthaft bekennt, jeden Samstag Pferdewürste zu essen?“, legte ich der guten Candis ein paar insistierende Fragen in den Mund. „Mit so einem, der bis spät in der Nacht vor dem Rechner hängt, sich über alles lustig macht und am liebsten bis mittags im Bett liegt?“ Ich musste grinsen bei der Vorstellung, dass Irmin einfach treudoof „Joaa!“ antworten würde.

Die Holländerin im Gateway Diner schaut mich sensationslüstern an. Ich könnte ihr jetzt erzählen, dass wir schon mehrfach mit schweren Hämmern und Meißeln aufeinander losgegangen seien oder dem anderen in hinterhältiger Absicht Klapperschlangen im Schlafsack deponiert hätten. Aber – wie langweilig – ich kann ihr nur versichern, dass es zu keinerlei Handgreiflichkeiten gekommen ist. Ich habe zwar Schlangen, Mäuse und Moskitos brutal niedergemetzelt, aber Irmin habe ich kein Härchen gekrümmt. Und ehrlich gesagt, haben wir uns noch nicht einmal ernsthaft gestritten. Sicherlich gibt es Potenzial. Zum Beispiel, wenn Irmin mit so einer quengeligen Stimme und meist aus weiter Entfernung – während ich gerade intensiv mit etwas anderem beschäftigt bin – „Christi-a-an!?“ ruft und ich „Ja-aah?!“ zurückrufe, in der Hoffnung, dass es eine Erklärung für dieses Quengeln gibt. Wenn dann, wie mir scheint, minutenlang nichts passiert, bis er einen halben Meter von mir entfernt ist und dann in der gleichen Lautstärke noch einmal das enervierende „Christi-a-an!?“ von sich gibt, sind das Momente, in denen spitze Gegenstände auf mich plötzlich einen gewissen Reiz ausüben.

Vielleicht handelt es sich bei meinem nachsichtigen Verhalten ja um das, was psychologisch geschulte Experten „Stockholm-Syndrom“ nennen – die nicht mehr hinterfragte Sympathie der Geisel mit dem eigenen Entführer. Daran glaube ich aber nicht. Es ist vielmehr eine Ruhe, die ich mir hier angewöhnt habe. Ich lasse die Dinge erst einmal auf mich zukommen. Es gilt zunächst zu schauen, was mit mir passiert, um dann abzuwägen, wie ich reagieren will.

Draußen vor dem Gateway Diner hupt ein Auto, und die Holländerin zuckt zusammen. Sie kramt hastig ein paar Münzen aus ihrer Hosentasche und bittet mich, für sie zu bezahlen, sie müsse dringend los. Ich sehe durch die Scheibe, wie sie von einem Surfer-Typen in Empfang genommen wird, der hier in der Wildnis ziemlich deplaziert wirkt und der vor allem ein Gesicht macht wie sieben Tage Regenwetter. Die beiden steigen in den Wagen, ohne sich zu grüßen oder auch nur anzusehen, und mich wundert nun gar nicht mehr, dass die Holländerin so sehr am Thema Streit interessiert war.

Ich beschließe ebenfalls aufzubrechen und mache mich auf den Weg zum Chikanishing Creek, wo ich in einer halben Stunde mit Jerry verabredet bin. Auf dem Weg durch den Hafen muss ich an meinen Vater denken, der irgendwann einmal gesagt hat, man könne hin und wieder auch die wichtigen Sachen ruhig mal in Vergessenheit geraten lassen. Das habe ich mir gemerkt und so interpretiert, dass es erlaubt ist, gewisse Dinge zu übersehen, großzügig mit potentiellen Streitgefahren umzugehen oder auch einfach mal auf tantenhafte Kleinkariertheit zu verzichten. Dass eine solche Grundhaltung nicht als opportunes Ausweichmanöver gewertet werden muss, beweisen die wunderschönen Verhaltensänderungen, die Irmin und ich an den Tag legen. Ich zum Beispiel muss gestehen, dass ich es mir habe gefallen lassen, insgesamt bestimmt zwölf Stunden dem ehemaligen Sänger von Chicago, Peter Cetera (widerliche Fistelstimme, ätzender Kaufhaus-Sound), auf dem schepperigen Tape-Deck unseres Trucks zuzuhören, ohne dabei zum Serienmörder zu werden. Ich habe fürchterliche Wortwitze aus den Siebzigern akzeptiert, wie „Zum Bleistift“ oder „Im Rücken schmerzt der Scheuermann, am Ruder scherzt der Steuermann“ oder eben dieses langgezogene „Christi-a-an!?“. Im

Gegenzug habe ich dafür aber auch Gesten absoluter Größe von einem wirklich liebenswerten Inselpartner erlebt. Einmal zum Beispiel brachte Irmin mir aus Killarney – ohne, dass ich vorher gemault oder gefragt hätte – ein riesiges Steak mit. Eine amtliche Leistung für einen Fleischverächter!

Am Abend nach meiner Begegnung mit der Holländerin sitzen wir am Lagerfeuer und unterhalten uns über eine rauschende Partynacht, die wir irgendwann zusammen in Hamburg erlebt haben. Plötzlich schaut Irmin eine Weile schweigend ins Feuer, blickt dann behaglich wieder auf und sagt: „Christian, rauch' doch mal eine!" Legt man so einem netten, militanten Nichtraucher eine Klapperschlange in den Schlafsack?

DER HOLZBÄR

49. Nach über acht Wochen, in denen Bären nur durch unsere Fantasie gestapft sind und wir zugegebenermaßen immer lässiger geworden sind im Umgang mit den schon beschriebenen Abwehrmitteln, ist auf einmal der Bär los. An einem ruhigen Vormittag kurz vor elf bricht Christian in Begleitung seiner Säge, der Axt und einer blauen Kiste auf, um Lagerfeuerholz zu sammeln. Vor mir steht schon meine blaue Leinentasche mit Hammer, Meißel und Co., denn eigentlich habe ich jetzt Dienstbeginn. Aber ich lese gerade ein spannendes Buch, das immer spannender wird, und so verbummele ich noch ein paar Minuten.

Neben mir, in vielleicht acht Metern Entfernung, steht eine Kiefer, und an deren Stamm bewegt sich etwas. Das Signal aus dem Augenwinkel kommt keine Sekunde zu früh, denn als ich hinsehe, klettert ein etwa vierzig Zentimeter großes Schwarzbärkind den Stamm hoch und verharrt dann auf Augenhöhe mit mir. Ich springe sofort auf, stehe dann aber einige Sekunden regungslos und leider auch völlig hilflos und mit einem Mordsschrecken in den Gliedern vor dem neugierigen Bärenjungen. Bärenkinder in dieser Größe halten sich für gewöhnlich in der Nähe ihrer Mütter auf – von der aber nichts zu sehen ist. Meine Gedanken überschlagen sich, keine Lösung scheint mir die einzig richtige zu sein. Abhauen? Aber ab wann setzt bei Bärenkindern der Jagdinstinkt ein, und vielleicht würde sich bei einer eventuellen Verfolgungsjagd die Mutter anschließen? Krach schlagen? Das lockt vielleicht erst recht die Mutter an, die ihr Junges dann in Gefahr wähnt und mich angreifen könnte.

Ich beginne mit hektischen Drohgebärden – schlage die Arme auf und ab und zische wie eine Schlange. Meine Pantomime zeigt sofort Wirkung. Junior-Bär seilt sich blitzschnell vom Baum ab und läuft in den Wald hinter unseren Zelten. Mir klopft das Herz wie verrückt, und ich schnappe mir den Bärentöter – jenen Mistgabelstiel mit aufgeflanschtem Taschenmesser. Dann sehe ich die Bärenmutter in circa dreißig bis vierzig Metern Entfernung. Jetzt wäre eigentlich das Brüll- und Krachschlagritual fällig, mit dem wir schon zweimal so erfolgreich gewesen sind, aber die Bärenmutter biegt genau an der Stelle in den Wald ab, an der vor fünf Minuten Christian ins Holz gegangen ist. Was nun? Ich sehe Christian in höchster Not – vielleicht von hinten angegriffen und heimtückisch niedergemetzelt. Ich spüre meinen Herzschlag bis in den Hals hinauf pochen.

Reflexartig renne ich zu meinem Zelt und hole das Pfefferspray. Dann rase ich los – immer im Zwiespalt, ob ich rufen soll oder besser nicht. Kurz vor der Abbiegung vom Fels in den Wald entscheide ich mich und schreie „Christian – Bär – Christian – ein Bär!“ Ich treffe sofort auf Christian, der vielleicht zwanzig Meter im Waldesinneren vor mir steht und rumalbert: „Ich bin der wilde Holzbär und wer bist du?“ Atemlos und total aufgeregt erzähle ich ihm von meinem Erlebnis. Das nimmt sogar Christian ernst. Um uns zu beruhigen, brüllen wir in alle Richtungen des Waldes: „Hau ab, du Sau“ und meinen natürlich den Bären. Wir klatschen in die Hände und schlagen mit der Axt an die Säge, was schön metallisch klingt.

Es soll die letzte Begegnung mit einem Bären auf unserem Lagerplatz gewesen sein. Diesmal hält der Schreck jedoch bis zum Ende unseres Aufenthalts an und sorgt dafür, dass wir die Bärenglocken wieder mit der gebotenen Disziplin an uns tragen.

Als wir Jerry später von unserem Erlebnis erzählen, lächelt er und sagt: „Du hättest den Kleinen fangen sollen, die lassen sich prima dressieren.“ Blöde Antwort, ich wette, er glaubt uns kein Wort. Doch dann erzählt er ganz ernst, dass er vor zwei Tagen einen Bären ausgenommen habe, weil dem Jäger, der ihn geschossen hatte, dieser Job zu ekelig gewesen sei. Jerry erzählt: „Der Bär war voller Gras. Die fressen zurzeit nur Gras. Allerdings waren im Magen auch ein paar Glocken.“ Wir schauen ihn ungläubig an, dann merken wir, dass er uns hochnimmt. Für ihn sind unsere Bärenglocken einfach lächerlich und so nützlich wie mechanische Traumfänger – aber wir glauben daran, denn solange wir sie getragen haben, hat es im Lager keine Bären gegeben. Das reicht als Beweis.

Aber unser Bärenhunger ist noch nicht gestillt. Auf einer Tour nach Killarney entdecken wir direkt neben dem General Store – sozusagen am Times Square des Ortes – hinter einem Apfelbaum einen stabilen Metallkäfig. Der Käfig ist fast leer, nur am Ende liegt eine verdächtige Plastiktüte, die fest angebunden, aber einladend weit geöffnet ist. Aus der Tüte gucken Äpfel und Knochen heraus. Um den Käfig, in drei Metern Abstand, ist ein gelb-schwarzes Absperrband gezogen, das stellenweise bedruckt ist, mit, man glaubt es kaum, einem Bärensymbol und dem Wort „Caution“. Auch der Käfig hat ein Warnschild mit schwarzer Bärensilhouette. Die schwere Käfigtür ist nach oben hochgezogen und hängt am seidenen Faden der Plastiktüte. Hier sind also Profis am Werk, und zwar auf beiden Seiten der Absperrung. Irgendein Bär hat mitgekriegt, dass alle Äpfel reif sind, und nun kommt er zur nächtlichen Ernte auf die Obstplantage – was der Dorfbevölkerung natürlich gar nicht passt. Wenn man an die Aufregung um den Problembären Bruno in Bayern denkt, ist diese entspannte Käfigfalle ziemlich cool.

Ebenso cool muss man drauf sein, wenn man den Müllplatz am Ortseingang betritt. Neben dem großen Schild: „Garbage Disposal – Come in“, hängt noch ein kleineres: „Danger – Bears at large“. Mit unserem Truck drehen wir eine Runde über den Müllberg. Was wir zu sehen bekommen, würde einen Schilderaustausch rechtfertigen: „Bärengehege – geöffnet! Vorsicht Müll!“

Neben etwa zweihundert Möwen und fünfzig Krähen wühlen fünfzehn große Schwarzbären und etliche Waschbären im Müll herum. Wie gut geschulte Zootiere lassen sie sich von uns Besuchern nicht stören. Genau genommen würdigen sie uns keines Blickes, obwohl einige der Bären keine zehn Meter von uns entfernt aktiv sind. Aber sie halten unseren Truck (noch) nicht für Müll, und dass die Ladefläche leer ist, scheint das versammelte Tierreich bereits über die Buschtrommel erfahren zu haben. Welcher deutsche Zoo hat schon fünfzehn Schwarzbären im Angebot? Ich staune und freue mich, so viel geboten zu bekommen, ohne Eintritt bezahlen zu müssen.

WAS MAN BRAUCHT UND WAS NICHT

50. „Sag mal, was schleppt man denn für so einen monatelangen Trip alles mit?", lautet eine Frage, die uns vor unserer Abreise oft gestellt wurde. Die Antwort ist ganz diplomatisch: So viel wie nötig und so wenig wie möglich. Für die Planung, welche Ausrüstung mitkommt, haben wir uns viel Zeit gelassen, Listen geschrieben, Dinge gewogen und schlussendlich abgestimmt, was dann wirklich in den Rucksack oder die Packkisten kam. Was mich erstaunt hat, war, dass wir ohne dramatisches Nachkaufen ausgekommen sind, aber auch nicht zu viel Ballast mit uns herumgeschleppt haben. Normalerweise fehlt dann ja oft plötzlich das Wichtigste. („Hier ist das Schweizer Taschenmesser, da der Butankocher, Irmin, sag mal, wo sind eigentlich die Zelte?") Aber nichts dergleichen ist passiert. Im Camp herrscht weder Askese noch Dekadenz, und aufgrund unserer Lebensmitteltrips nach Killarney sind wir immer gut versorgt. Jetzt, wo sich der Abschied von der Insel nähert, geistert mir allerdings der Gedanke durch den Kopf, doch einmal die Tops und Flops der Equipmentliste zu notieren, denn es gibt doch ein paar Dinge, über die man reden sollte.

Die Wasserfilter

Auch wenn die Georgian Bay als Teil des Lake Huron in unserer Gegend kristallklares, trinkbares Wasser bietet, haben wir es uns nicht nehmen lassen, unser Wasser zu filtern. Weiß man, ob in der Bucht nebenan nicht vielleicht gerade ein Bär vermodert oder ein unbeobachteter Jägerfreund das Chemoklo entleert? Man weiß es nicht, und darum haben wir einen amtlichen Marathon-E-Wasserfilter der Marke Mountain Safety Research an Bord. Das kleine rote Plastikding soll einem, wenn man brav den kleinen

Pumpenschwengel bedient, innerhalb von einer Minute einen Liter Wasser aus dem See in den Trinkwassertank befördern. Das ist eine der dreistesten Lügen, die mir jemals aufgetischt wurde, denn anfänglich braucht man mindestens fünf Minuten, und mit zunehmendem Alter des Gerätes (wir reden hier von Tagen) steigt der Pumpaufwand für unsere Tagesration sogar noch an. Bald brauchen wir mehr als eine halbe Stunde für fünf Liter, und das ist der Moment, in dem Irmin mit zornesrotem Kopf sehr unhöfliche Dinge über den Wasserfilterhersteller äußert. Bei Wild Rock, dem kanadischen Outdoor-Ausrüster unseres Vertrauens, gibt es den Tipp: „Nehmt doch den HikerPro von Katadyn, der bringt die gleiche Leistung, ist einen Hauch teurer, aber eben besser." Aber auch „America's No° 1 selling Microfilter" hält unseren harten Anforderungen nicht stand und zerfällt trotz sanfter Behandlung innerhalb weniger Wochen in seine Einzelteile. Für den Gegenwert der beiden Schrottfilter hätten wir übrigens 500 Liter Wasser in praktischen Wasserkanistern kaufen können.

Aceton

Irmins Schwiegervater hat das absolute Patentrezept: Sollten wir wider besseren Wissens in Berührung mit der heimtückischen kanadischen Giftpflanze Poison Ivy kommen, schnell die befallenen Körperteile mit Aceton abwaschen. Was er allerdings nicht weiß: Auf unserer Insel wächst das böse Pflänzchen gar nicht. Allerdings lässt sich nach einem kräftigen Regen mit Aceton wesentlich leichter das Feuer wieder anzünden.

Raid Max Flying Insect Killer2

Elegant sieht sie ja aus, die schöne große Sprühdose von Raid Max. Auf dem Etikett sieht man genau, was man mit dem Inhalt des Metallzylinders Schönes anstellen kann. Da liegen Fliegen, Schaben und Käfer mit gekreuzten Beinchen auf dem Rücken. Auch das Potenzzeichen im Namen zeigt an, dass die Insekten nicht eines einfachen Todes sterben werden, sondern es ihnen dank einer von bösen Giftmischern in langen Nachtschichten entwickelten Spezialformel gleich doppelt besorgt werden soll. Irmins zum Teil gellende Wutschreie über unsere Lieblingsfreunde, die Moskitos, legen die Vermutung nahe, dass die Pulle schon innerhalb der ersten zwei Tage aufgebraucht gewesen ist. Allein der Tatsache, dass wir Mörder mit Stil sind, ist es zu verdanken, dass die Raid-Max-Pulle unangebrochen die Rückreise antritt. Die chemische Keule ist einfach nicht unser Fall.

Moskitohut mit Netz

Es gibt etwas total Praktisches, wenn man vermeiden möchte, dass einem die Moskitos zu Hunderten in Nase, Ohren oder Mund fliegen: den Moskitohut von Jeantex. Das ist ein Hut, an dem rund um die Krempe ein Schlauch mit Moskitonetz angebracht ist. Stülpt man das Ding über, schaut man durchs Netz und grinst die miesen Stechviecher frech an. Das Schöne an meinem Modell ist zudem, dass sich die Kopfbedeckung falten lässt und prima in die Hosentasche passt. Super. Ich gebe die Bestnote. Wäre da nicht meine Eitelkeit. Wie sieht denn das bitte aus, wenn ich mit so einer Gardinenmütze durch die Gegend laufe? Ich stelle mir vor, dass jeder, der mich damit sieht, sofort in schallendes Gelächter ausbricht. „Da kommt er wieder, unser Mückenkrieger!" An dieser Stelle möchte ich mich dennoch bei meiner Frau für das spitzenmäßige Kleidungsstück bedanken. Andrea, es funktioniert bestimmt. Ich trage ihn, wenn ich in Irmins Alter gekommen bin.

Coghlan's Fire Lighters („Each stick burns 7 minutes")

Danke, Herr Coghlan, und auch schöne Grüße an die Gemahlin. Ihre dicken, ölgetränkten Streichhölzer aus fingerdicker Presspappe sind ganz ungelogen der Hit. Wir saßen nach einem Irrsinnsgewitter abends an der Feuerstelle und haben damit doch tatsächlich das feuchte Gestrüpp anzünden können. Herrlich! Gäbe es die Bundesverdienstmedaille für sinnvolle Outdoor-Ausrüstung, wir würden Sie als Ehrenträger nominieren.

Schwarze Plastikmüllsäcke (Gewerbebedarf)

Uns wird immer ein Rätsel bleiben, wie man einen hauchdünnen, schlappen Müllbeutel, der schon vom Ansehen Löcher bekommt, mit dem verlogenen Prädikat „Extra Strength" als Qualitätsware in die Regale legen kann. Diesem Totalversager von Hersteller sollte man zur Strafe den ganzen Müll einsammeln lassen, der aus den aufgerissenen Beuteln auf den sauberen Waldboden fällt. Oder noch besser, ihm den Müll ins Wohnzimmer kippen. Glücklicherweise hat Irmins Schwiegervater vernünftige Beutel. Echte, brettharte Industrieware. Kann man im Katalog bestellen. Da steht nix von wegen extra strength. Da steht: 100 Stück, Fassungsvermögen 120 Liter. Basta. Superzeug!

Gaskocher

Über Gaskocher kann man im Outdoor-Laden zweistündige philosophische Debatten führen. Die Hersteller von feinstem Trekking-Equipment füllen Websites und Kataloge mit den Anpreisungen solidester Technik, systematischer Brennstoffausbeute und selbstverständlich perfekten Packmaßen. Ein ganzes Bataillon der Kocher ist beispielsweise bei Globetrotter (Deutschlands führender Outdoor-Apotheke für wohlstandsverwahrloste Frischluftfanatiker) zu sehen, wo einem Verkäufer mit geweiteten Augen und immer tiefer werdenden Stimmen zu erklären versuchen, warum ein klappriges Titangestell, das beim ersten Windstoß umfällt, exakt 250 Euro kostet. Natürlich ohne die ausschließlich für dieses Gerät passenden Ersatzkartuschen, welche nach zwei Stunden Brenndauer den Geist aufgeben. (Das ergibt zwei große Kannen Tee und umgerechnet auf die Kanne Brennkosten von 9 Euro.) Anyway, ich halte diese Outdoor-Fuzzis sowieso allesamt für Verbrecher. Wir haben mit unserem Asia-Wok-Kartuschenkocher (der kostet 29 Dollar und 40 Kartuschen für je 1 Dollar) zweieinhalb Monate volle Pulle gekocht. Mit einem vergleichbaren Kochgerät aus der Dschungelapotheke wären wir bei gleicher Leistung auf circa 850 Dollar für Kauf und Betrieb gekommen.

Generator

Auch topp, kann ich nur sagen: unser Honda-Generator – nicht größer als ein regulärer Benzinkanister – ist das Mittel der Wahl, um den ganzen Elektro-Schnickschnack, auf den wir zivilisierten Städter einfach nicht verzichten können, mit der nötigen Spannung zu versorgen. Zudem haben wir schnell herausgefunden, dass der kleine rote Koffer in den Stunden ängstlicher Zweifel, ob wir nicht doch noch Bärenbesuch bekommen würden, eine weitere positive Eigenschaft hat: Er macht – wenngleich moderat – Lärm. Und was mag Meister Petz nicht? Genau.

Sgt. Peppers Luggable Loo

Noch einmal das Thema „Entsorgung“. Irmin bestand ja darauf, den soliden Plastikeimer mit der runden Brille mitzunehmen. Die Sitzhöhe ist unangenehm und an sehr warmen Tagen ebenfalls der Geruch. Lustig sieht es aus, das Eimerchen, und der schönste Effekt: Nach zweieinhalb Monaten hat es ein schönes rundes Muster in den Moosuntergrund gestanden. Wenn's nach mir ginge, bräuchten wir das Ding beim nächsten Mal nicht. Ich würde es dann so wie die Bären machen.

Rubbermaid Ruffneck

Ich erinnere mich noch an das Siebzigerjahre Werbejingle: „Rubbermaid, weil's besser geht.“ Damals ging es um aufklebbare Plastikblumen, die einen in der Dusche vor Sturzgefahr bewahrten. Im Canadian Tire werden wir auf weitere Produkte des Praktisch-Praktisch-Herstellers aufmerksam. Feste, blaugrau-metallicfarbene Kunststoffboxen namens Ruffneck, die man ähnlich wie eine Tupperdose verschließen kann. Das Fassungsvermögen zwischen 30 und 70 Litern. Genügend Platz, um all das wichtige Zeug, das auf jeden Fall nie nass werden darf, standesgemäß im Kanu zu transportieren. Im Lager selbst werden die Ruffnecks mal schnell zum Regal, zum Kleiderschrank, zum Feuerholzcontainer, zur Generatorgarage oder zum Geschirrspülbecken umfunktioniert. Danke, Fräulein Rubbermaid.

ALLE WETTER

51. An dieser Stelle zunächst ein kurzer Dank an den Wettergott von Killarney. Sechs Wochen lang war alles perfekt, und wir haben uns an die Sonne, an den sternenklaren Himmel und an kräftigen oder weniger kräftigen Wind gewöhnt – die paar Gewitter sind schon vergessen. Aber jetzt kommt er – der Dauerregen im Maxiformat!

Zunächst bleiben wir ein paar Stunden länger als üblich in unseren Schlafsäcken liegen und finden den Regen noch ganz gemütlich. Dann treibt uns die Blase nach draußen, und wir müssen unser Regenzeug raussuchen. Wir sitzen ein paar Stunden im Konfi-Zelt und lesen. Der Gaskocher macht heißes Wasser, und wir diskutieren über die schwere Entscheidung: Tee oder Kaffee? Dann kommt ganz langsam eine gewaltige Unruhe auf. Unsere Blicke wandern immer öfter zur Kücheninsel hinüber, wo unsere gesamten Lebensmittelvorräte in drei Thermotruhen ruhen, gut auf Temperatur gehalten von Regen, Regen, Regen.

Die Unruhe wird größer, und eine Stunde später reden wir über Kochrezepte und Restaurants, in denen wir mal großartig gegessen haben. Irgendwann sinkt das Gesprächsniveau, und wir reden über die Imbissbuden, in denen es die besten Pommes gibt. Ich will Pommes mit Ketchup – Christian steht auf Majo und Tabasco. Dass wir auf Deer Island keinen Home-Delivery-Service beauftragen können, liegt nicht zuletzt daran, dass wir hier keinen Handyempfang haben. Aber Hunger! Zwischen unserem Hunger und etwas Essbarem gibt es Wasser von oben, von unten und von allen Seiten.

Nach sechs Stunden wird Christian zum Held des Tages. Er zieht seine Badehose an und schwimmt rüber. Frierend, aber bester Laune, kommt er zurück.

Es gibt Äpfel, Cracker und Käse, dazu heißen Tee. Weitere Regenstunden später können wir nicht mehr sitzen und alle Kleidung ist klamm. Mit meinem roten Fahrrad-Regenponcho sehe ich aus wie Rumpelstilzchen. Regenjacke und Regenhose sind darunter äußerlich fast trocken, von innen durch die Körperwärme allerdings nass beschlagen. Die regenfesten Schuhe sind mittlerweile ebenfalls feucht, und in diesem Moment wird mir klar: Auf dieser Insel gibt es keinen einzigen trockenen Flecken mehr.

Am zweiten Regentag in Folge ist auch mein Schlafsack klamm. Wir müssen uns nicht mehr umgewöhnen, alles ist nass oder feucht, sogar das Taschenlampenglas von innen. Ich versuche, meinen Aufenthalt im Zelt auf fünfzehn Stunden zu erhöhen, aber mein Kreuz macht nicht mit. Die Rückenschmerzen treiben mich raus durch den Regen und ins Konfi-Zelt. Hier haben Christian und ich zwei Quadratmeter mannshohe Stehfläche, genug für eine Engtanzdiscothek, aber bei uns tanzt nur der Regen auf dem Zeltdach und von dort auf unsere Nerven. Als die Regenlethargie unerträglich wird, gehen wir raus, um ein paar Schritte zu laufen. Aber wir sind auf unserem Felsen gefangen, denn die Flechten auf dem Weg hinab sind auf einmal gefährlich glatt und wir können uns an den schrägen Stellen nicht auf den Beinen halten. Somit bleibt nur der Weg durch den Wald, der aber vom Regen so aufgeweicht ist, dass uns das Laufen schwerfällt.

Nach einer Viertelstunde haben wir genug und setzen uns frierend zurück ins Konfi-Zelt. Natürlich weiß man als gebildeter Mensch, dass jeder Regen einmal zu Ende geht. Aber gerade dieses Wissen macht einen so ungeduldig, denn man denkt pausenlos: Wenn es ohnehin aufhören wird zu regnen, warum nicht jetzt? Das Ende des Regens kommt dann so unspektakulär, dass wir es erst mit einiger Zeitverzögerung bemerken. Ich sage zu Christian: „Du, es hat aufgehört zu regnen!" Er liest und sagt: „Glaube ich nicht."

Die Sonne nach dem Regen trocknet mithilfe des Windes schnell unsere Sachen, und wir genießen Anfang September sommerähnliche Wetterverhältnisse. Auffallend daran ist, dass man um siebzehn Uhr noch mit T-Shirt und kurzer Hose herumlaufen kann und ab achtzehn Uhr Pulli, Jacke und lange Hose braucht. Abends wird es schlagartig kälter, und wir machen uns schon große Hoffnung. Christian und ich sitzen gebannt in der Abenddämmerung zusammen und warten ab, ob wir wohl unter uns bleiben werden – aber weit gefehlt! Für unsere Moskitofreunde ist es leider noch lange nicht kalt genug.

WERKSCHAU

52. Um es gleich vorweg zu sagen: Ich bin der festen Überzeugung, dass der laienhafte Blick auf ein Kunstwerk große Vorteile für die Rezeption und das tiefere Verständnis des Werkes mit sich bringt.

Frei von allem Schubladendenken und jedem Interpretationszwang, unabhängig von komplexen Theorien, die oftmals sowieso an den Haaren herbeigezogen sind und einem das Gehirn verknoten. Stattdessen nur für sich genommen ist Kunst eine Sache, die Spaß macht. Kunst kann Gespräche anstoßen und, vor allen Dingen, sie kann uns beflügeln. Meine Definition von Kunst orientiert sich deshalb an den Dingen, die durch Kunst ausgelöst werden können. Noch einfacher: Ich denke, Kunst ist eine Form von Energie, der gegenüber man selbst positiv oder negativ gepolt ist. Kunst ist nicht einheitlich, sondern stets in Spannung, Widerstand und Stärke unterschiedlich. Kunst kann die unterschiedlichsten Dinge antreiben, auslösen, verbrennen, ein Kribbeln auf der Haut verursachen oder einen schlichtweg umhauen.

Und da will ich es mir natürlich nicht verkneifen, auch zu Irmins Werk, das hier in den Weiten der Georgian Bay entstanden ist, etwas zu erzählen. Ein paar erste Kommentare hat unser Künstler ja schon von den Ureinwohnern erhalten. „Nice“, von der Indianerin und: „Jede Menge Arbeit“ von ihrem Vater. Diese spontanen, wenn auch etwas kurz geratenen Eindrücke gefallen mir. Irmins Kunstwerk ist ganz offensichtlich in der Lage, bei unterschiedlichen Menschen eine Reaktion hervorzurufen. Das ist, wie ich meine, eine gute Grundvoraussetzung. Um zu erklären, was ich selbst über Irmins Kunstwerk denke, muss ich ein paar Schritte zurücktreten (auch zeitlich gesehen) und bei dem Moment beginnen, in dem plötzlich feststand, dass Irmin sein schrilles Projekt auch wirklich realisieren würde.

Die Steinarbeiten, die ich vor unserer Reise von ihm gesehen habe, fielen bei mir spontan allesamt nicht gerade in die „Wow!"-Kategorie. Wandertaufsteine und abstrakt Geklöppeltes aus Sandstein, Kunst, die immer mit einem flotten Spruch versehen wurde, damit man sie sich erklären konnte – bisher waren Irmins Ergebnisse einfach nicht mein Fall. Das soll nicht heißen, dass es nicht auch Leute gibt, die sich für Irmins Sachen begeistern können. Bloß ich selber gehöre eben nicht zu den Fans, die aufgrund dieser Werke in seinem Atelier übernachten wollen.

Die ehemals geplante Zusammenarbeit von Tom und Irmin erschien mir zunächst sehr aussichtsreich, da mit den beiden Persönlichkeiten zwei Welten aus Fertigkeiten, Stil und Inspiration aufeinandergeprallt wären. Meiner Meinung nach hätte das gut einen Urknall auf dem Granit der kanadischen Einöde erzeugen können. Tom, der mit nahezu fotorealistischem Ausdruck Skulpturen schlagen kann, und Irmin, der mit seiner schlichten Abstraktheit dem glatten Perfektionismus eins auswischt. Dann hat Tom jedoch aus vielerlei Gründen an unserem Abenteuer nicht teilgenommen. Irmin und ich hingegen haben uns immer stärker auf das Projekt eingelassen: Wir haben ein uns bis dato nur teilweise bekanntes Land kennengelernt, mehr über die Menschen erfahren und uns auf der Suche nach Motiven nicht nur von vorgefertigten und mitgebrachten Ideen leiten lassen, sondern uns für die verschiedensten Einflüsse begeistert.

Der Besuch jenes jahrhundertealten Indianerkunstwerks, der sogenannten Petroglyphs bei Peterborough, hat uns und, wie ich glaube, vor allen Dingen Irmin die Augen für eine bislang wenig beachtete Ausdrucksform geöffnet: „Rock Art" und im weitesten Sinne auch „Land Art". Das zeichnerische Arbeiten mit dem Stein und das konsequente Einbeziehen des Areals, in dem die Kunst verwirklicht werden soll, ist anschließend immer stärker in seinen Fokus gerückt.

Auf meiner Hochzeitsreise durch Nordamerika habe ich dann weitere Rock-Art-Werke gesehen und einige Bücher für Irmin gekauft. Ich glaube nicht, damit viel zu seinem Entschluss beigetragen zu haben, aber ich denke, er hat instinktiv gespürt, dass ich genau wie er der zeichnerischen Art, Spuren zu hinterlassen, aufgeschlossener gegenüberstand als einer großen, in Fels geschlagenen Skulptur. Je mehr diese Impulse ihre Wirkung taten, desto mehr freut es mich, dass Kanada nun auch zukünftig ohne Wandertaufsteine auskommen wird.

Das Kernsymbol seines Werkes – ob nun als Spermium, Kaulquappe, Larve oder Bakterie angesehen – hat mir in seiner einzelnen Form zunächst aufgrund der Schlichtheit gut gefallen. Schwierigkeiten hatte ich mit dem Bezug zum Spermium und damit zum jovialen, machohaften Schenkelgeklopfe der geistlosen Sexfraktion. Das fand ich dann doch zu primitiv. Glücklicherweise habe ich mich dennoch darauf eingelassen. Stehe ich heute in der verlassenen Bucht vor den schön geschwungenen und von zahlreichen Rottönen durchzogenen Granitgiganten, finde ich, dass Irmin hier etwas Gutes gelungen ist. Die fließende Formation der Symbole, ihre wie magnetisch angetriebene Prozession durch die einmalige Landschaft, fügt sich auf vielerlei Weise zu einem stimmigen Gesamtbild zusammen. Es sind schwarmhafte Gebilde, die sich ihren Weg suchen.

Auch innerhalb der einzelnen Symbolgruppen finden sich „Hingucker“ oder sogar kleine, humorvolle Zitate – einzelne Zeichen etwa, die abseits ihrer „Kollegen“ ihren eigenen Weg gehen. Steht man auf einem der Punkte, von denen die Gesamtbetrachtung des Arrangements ideal möglich ist, entdeckt man einen sorgsam ausgearbeiteten optischen Trick. Irmin hat die Figuren in unterschiedlicher Größe in den Stein geschlagen und sich dabei die Perspektive zunutzegemacht. Von dem Beobachtungspunkt aus wirft man den Blick auf einen riesengroßen Schwarm, der nur scheinbar aus gleich großen Organismen besteht, die alle auf einen Punkt zustreben.

Die Mischung aus diffusem Schwärmen, gemeinsamem Fließen und einer zielgerichteten Bewegung lässt bei mir die einzelnen Symbole zu Gruppen verschmelzen. Ähnlich wie beim Scharf- und Unscharfstellen im Sucher einer Kamera entstehen dadurch immer wieder neue Bilder. Mit Symbolen, die feiner und detaillierter ausgearbeitet gewesen wären, hätte das bestimmt nicht so schön hingehauen. Der Effekt – zumindest bei mir – ist der eines sich stetig wandelnden Gesamtbildes.

Damit ist viel erreicht, denn Bilder, die immer nur gleich sind, langweilen mich schnell, weil sie mir zu wenig Raum für die Inspiration lassen. Die Nähe zu der einfachen, symbolhaften Felskunst der indianischen Kultur gefällt mir ebenfalls gut. Nicht auszudenken, wie unpassend hier in der Natur irgendein am Reißbrett aufgezirkeltes, modernes Werk gewesen wäre. Womöglich würde eine Konzeptkunst im Sinne designerischer Kälte oder cool abgezogener visueller Gesellschaftskritik für mehr Aufsehen sorgen – ein zehn Meter hohes SONY-Logo zum Beispiel oder der akribisch in den Felsen gemeißelte Konstruktionsplan einer Mittelstreckenrakete. Aber wer einmal drei Monate in dieser Landschaft verbracht hat, kann auf dergleichen verzichten. Das sollen andere in New York oder Bochum machen. Irmins Theorie vom Lebenszyklus, der steten Wiederkehr, dem Streben nach Erneuerung, dem natürlichen Weg allen Seins kann ich zwar folgen, aber das muss ich gar nicht zwangsläufig, weil ich mir meine eigenen Gedanken machen kann, wenn ich in die Bucht schaue, die besonders in den Abendstunden eine magische Atmosphäre bekommt.

Fasse ich zusammen, ist die Kritik – was mich selbst erstaunt – eine hervorragende, denn um mit den Lagerfeuerworten zu sprechen: „Da geht was." Und zwar richtig. Die ganze Klopferei, die Klapperschlangenattacken, die Bärenbesuche, selbst die klebrigen Kuchen im Gateway, die Sehnsucht nach meiner Familie, der zentimeterlange Bart, die Angst, was denn da gerade am Zelt raschelt – all das hat sich gelohnt, weil sich die Energie hier auf unvergleichlich schöne Art ihren Weg gebahnt hat. Meine Empfehlung: hinfahren, anschauen!

VÖLKERKUNDE FÜR ANFÄNGER

53. Während wir im Juli und August ab und zu Boote vorbeifahren sehen – meist in einigen hundert Metern Entfernung – kommt jetzt im September absolut niemand mehr in die Gegend. Das bedeutet, wir sehen jeweils für eine Woche keine anderen Menschen. Wenn unsere Futterkisten nicht immer schlappmachen würden, könnten wir die konsequente Einsiedelei tatsächlich durchhalten – beziehungsweise natürlich die konsequente Zweisiedelei. So aber sind wir einmal pro Woche in Killarney und auf dem Weg dorthin in der Mill Lake Lodge.

Die Leute, vor allem Jerry, kümmern sich rührend um uns. Okay, sie halten uns für bekloppt, aber sie lassen es sich kaum anmerken. Jerry guckt mir immer tief in die Augen und fragt dreimal, ob wirklich alles okay sei. Mandy, seine rechte Hand und seit Lauras Auszug aus der Lodge die „Frau" im Haus, sieht uns vom Hungertod bedroht und fährt zumindest das kleine Küchenprogramm auf, da wir die große Variante kategorisch ablehnen. Kommen wir vormittags vorbei, gibt's Toast von selbst gebackenem Weißbrot, und sie wundert sich, wie man mit zwei Spiegeleiern zufrieden sein kann. Üblich sind hier vier bis sechs Eier und dazu gebratener Speck und Bohnen, ein paar frittierte Kartoffelchips und fingerdick Erdnussbutter auf dem Toast. Angler, die in der Lodge Station machen, finden diesen Kalorienangriff offensichtlich normal und genießen ihn. Wenn sie dann mit dem Motorboot zu ihren „Abenteuern im Sitzen" aufbrechen, werden sie von Mandy mit kiloschweren Sandwichpaketen versorgt, die einige Angler vorm Ablegen schon mal antesten. Ein letzter prüfender Blick, ob genügend Köder, Bier und Zigaretten an Bord sind, und der Spaß beginnt.

Alle Angler träumen vom Muskie, einem hechtähnlichen Raubfisch, der mindestens „45" inch – also circa „115 Zentimeter" lang sein muss, ansonsten darf man ihn nicht töten und er muss zurück ins Wasser geworfen werden, meist nach einem aufregenden Kampf im Boot. Muskies haben ein so gefährliches Gebiss, dass die Angler spezielle Handschuhe benutzen, um die Angelhaken mit der Zange aus dem um sich schlagenden Fisch herauszufummeln. Ich habe bei früheren Besuchen in Killarny Angler getroffen, die seit Jahren auf „ihren" Muskie warten. Einer hatte drei Alu-Koffer mit circa zweihundertfünfzig verschiedenen Ködern dabei, in allen Farben und Formen und mit ausgeklügelten Haken an allen Enden, aber das schien den Muskies nicht zu imponieren. Bei ihm bissen nur die „falschen" Fische an. Diese falschen Fische – meist Bass (Barsch), Walleye (Zander) oder Pike (Hecht) werden auf der Lodge von Jerry ausgenommen und landen abends auf dem Grill für „alle". „Alle" sitzen dann in der Main Lodge, die Jerry mit Holz aus dem angrenzenden Wald gebaut hat.

Der Hauptraum mit den vier großen Tischen ist gemütlich und äußerst kommunikationsfördernd. Hier gibt es kein Fremdeln und keine Privatatmosphäre. Wer „da" ist, wird mit ins Gespräch einbezogen, und gute Laune ist garantiert. Jeder hat irgendwas erlebt, meist ein Missgeschick in der freien Natur, und daraus entsteht ein Gruppenzwang zum Lachen – völlig zwanglos natürlich.

Wenn wir mal in den Abendstunden vorbeikommen, stellt Mandy uns einen „kleinen Teller" Fisch hin – allerdings nur für Christian. Für mich gibt's das hochgetunte Beilagenprogramm für Fischhasser: hausgemachte Kartoffelchips, Bohnen und etwas Salat, dazu oft Nudeln mit einer Sauce, die ich mir aus den bereitgestellten Plastikflaschen aussuchen kann. Dabei muss ich allerdings aufpassen, dass ich keine von den Plastikflaschen fürs Salatdressing erwische oder eine der Senf-, Ketchup- oder Relish-Flaschen. Zehn verschiedene Plastikflaschen zu einem Essen auf jedem Tisch, das muss man erst mal toppen!

Völlig europäisch, ja eigentlich deutsch, ist die Beziehung der Kanadier zum Bier. Nach siebzehn Uhr hat Christian, kaum dass er die Mainlodge betritt, eine Flasche Bier in der Hand, und, das kann ich wirklich bestätigen, nicht aus eigenem Antrieb. Allerdings scheint es ihm auch nicht besonders unangenehm zu sein. Schön ist dann wieder, dass sich diese Bierflaschen mit den Saucenflaschen auf dem Tisch gut vertragen, denn sie sind meist aus Plastik. Bier aus einer Plastikflasche, ob das auch in Deutschland irgendwann eingeführt wird? Christian klärt mich auf und erzählt mir, dass es Bier in PET-Flaschen schon lange gibt. Das erschüttert mich, fern der Heimat von diesem Sittenverfall zu hören.

Die Kanadier sind uns auch bei der Weinverpackung voraus: Guter Wein im Tetrapack ist keine Seltenheit. Ich höre in Gedanken schon den schwärmerischen Satz: „Und dann haben wir noch eine gute Tüte Wein getrunken." Aber wahrscheinlich lebe ich auch hier im Tal der Ahnungslosen. Wahrscheinlich gibt es all das in Deutschland schon lange, und bald kann sich niemand mehr erinnern, dass man Bier und Wein mal aus Glasflaschen getrunken hat.

Das Umweltbewusstsein der Menschen, die es in diese Gegend treibt, ist allerdings hoch entwickelt. Man findet zwar entlang der Küste an schönen, flacheren Felsen oftmals Reste von Feuerstellen, die mit mühsam aus der Bay gefischten Steinen aufgebaut worden sind. Aber diese Steinringe sind die einzigen Anzeichen menschlichen Lebens. Das Wasser wirft keinerlei Treibgut ans Ufer, was mir täglich ein gutes Gefühl vermittelt, wenn ich unser Trinkwasser pumpe. Die Kanadier gehen scheinbar schonend mit ihrer Natur um und müllen sie nicht zu, auch wenn sie genug Plastikflaschen dafür zur Verfügung hätten.

Das könnte man mal den Mittelmeeranwohnern verklickern, kommt es mir in den Sinn. Und die verraten den Kanadiern dann im Gegenzug, wie man gut lebt ohne schwirrende und stechende Moskitos. Und wenn sie schon dabei sind, wie wäre es mit ein paar Speisevorschlägen und Rezeptideen? Kanada wäre das Paradies auf Erden mit italienischer Küche, französischem Rotwein, deutscher Geschwindigkeitsbegrenzung auf dem Highway und ostfriesischem Tee!

DAS MOSKITOMANIFEST

54. Gegen Ende unseres Inselaufenthaltes bin ich nicht nur gelassener, wenn es um die nahezu allgegenwärtigen Moskitos geht, ich habe auch verstanden, worauf sich jeder einzulassen hat, der unbedingt seine Zeit in ihrem Gebiet verbringen möchte. Nach Hunderten, wenn nicht sogar Tausenden von Stichen und einer ansehnlichen Zahl von erlegten Stechbiestern bin ich quasi so etwas wie ein Moskitoexperte. Um den hoffentlich vielen Besuchern dieser einmaligen Landschaft ein paar handfeste Gedanken zum Umgang mit der geflügelten Pest zu vermitteln, habe ich in Absprache mit meinem Inselbildhauer folgende Regeln zu Papier gebracht:

Regel 1: Grundsätzlichkeit
Es gibt immer und überall Moskitos. Zusatzregel: Von den kanadischen gibt es immer ein paar Millionen zu viel.

Regel 2: Saisonales Aufkommen
Wenn jemand behauptet, am 15. August verschwinden die kanadischen Moskitos, hat er recht. Dass sie am 16. August wieder da sind, ist der zweite Teil der Wahrheit.

Regel 3: Unwirksamkeit von Repellents
Die Unwirksamkeit von Mückenabwehrmitteln steigt proportional zu ihrem Preis.

Regel 4: Wirksamkeit von Repellents
Auf kanadische Moskitos wirken ausländische Mückenmittel appetitanregend. Zusatzregel: Hautschonende Mittel greifen die Imprägnierung der teuren Outdoor-Jacke an. Paradoxon: Das Imprägniermittel zum Einsprühen der teuren Jacke wirkt gegen Moskitos (allerdings nur bei aufwändiger Einzelbehandlung des Blutsaugers).

Regel 5: Einfache Steigerung des Moskitoaufkommens
Das Aufkommen von Moskitos steigt proportional mit jedem Kleidungsstück, das man ablegt. Zusatzregel: Je spannender das Buch ist, in dem man liest, desto mehr Moskitos interessieren sich für die Ohren des Lesers.

Regel 6: Vielfache Steigerung des Moskitoaufkommens
Die Heftigkeit eines Moskitoangriffs vervierfacht sich in dem Moment, in dem man beide Hände für eine andere Tätigkeit als das „Um-sich-Schlagen“ benötigt. Beispiel: komplizierte Reparatur eines Wasserfilters, Zwiebelschneiden, Lösen eines besch... Knotens am Wanderschuh und so weiter.

Regel 7: Moskitos und Wind
Moskitos lassen sich von kräftigem Wind vertreiben. Zusatzregel: Die ebenfalls lästigen und stechenden Horseflies interessieren sich nicht sonderlich für das Windaufkommen.

Regel 8: Verschwinden der Moskitos
Der Moment, in dem man sich entspannt zurücklehnt und sich darüber freut, dass die Moskitos verschwunden sind, ein Buch aufklappt und an der spannenden Stelle weiterliest, ist mit an Sicherheit grenzender Wahrscheinlichkeit der Augenblick, in dem sich der erste Moskito einer Elitenachhut auf der Stirn des Lesers ans Saugen macht.

Regel 9: Moskitos und Nachtruhe

Die Wahrscheinlichkeit, dass einem ein Moskito ins Ohr fliegt, steigt mehrfach proportional mit der wachsenden Nähe zum Zeitpunkt des Einschlafens.

Regel 10: Moskitos und Kälte

Eine wirkliche Garantie für das absolute Verschwinden von Moskitos kann erst gegeben werden, wenn es draußen so kalt ist, dass man sich auf gar keinen Fall dort aufhalten will.

Regel 11: Wirksame Kommunikation mit Moskitos

(sprachübergreifend:) „Du blöde Sau, ich mach dich platt!“

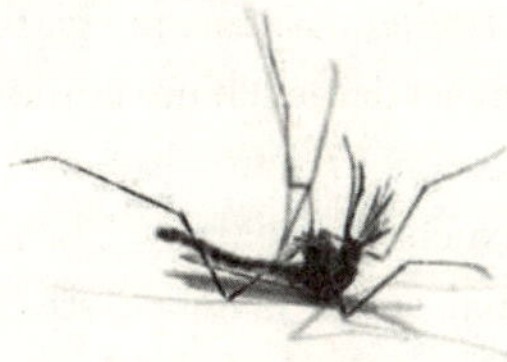

SCHERENSCHNITTE

55. Nach genau zwei Monaten Lagerleben stelle ich auf einmal erleichtert und erschreckt zugleich fest, dass meine Haare doch noch gewachsen sind. Schön, dass es noch funktioniert. Aber immer, wenn ich feststelle, dass meine Haare zu lang sind, muss ich sofort handeln. Dieser Reflex ist demnach unverändert und stellt mich kurz vor ein Problem. Es gibt keinen Friseursalon auf Deer Island und für alle, die es interessiert, auch nicht in Killarney. Übrigens auch kein Blumen- oder Schuhgeschäft, nicht mal einen Juwelier. Also, wo ist die Lösung? Zum Haare schneiden braucht man neben der Einsicht, dass es dringend nötig ist nur ganz wenig: einen Stuhl (haben wir – geliehen von Jerry, ist zwar ein Küchenstuhl und sieht schlimm aus, aber man kann drauf sitzen) und einen Ablagetisch für Spiegel, Kamm und Kaffeebecher (haben wir – ist selber gebaut aus Vollholz mit Rinde, dafür extrem stabil). So perfekt ausgestattet wie wir es sind, dauert es keine zwei Minuten und alles liegt fein säuberlich bereit. Was fehlt noch? Ein Friseur! Der gehört bei uns ebenfalls zur Grundausstattung – in diesem Fall bin ich es sogar selber. Wer bis hierher aufgepasst hat, weiß schon a.) was noch fehlt und wer noch besser aufgepasst hat, weiß b.) wo die Schere liegt. Richtig, im Erste-Hilfe-Koffer und dort ganz unten. Da ich extrem unter den piekenden, feinen Härchen leide, die einem jeden Friseurbesuch zur Qual werden lassen, hoffe ich jetzt noch auf eine Brise Wind und Sonne für den nackten Oberkörper. Und der Service ist perfekt. Trotz der Schlechtwetterphase der letzten Woche gibt es in dieser Hinsicht heute keine Lieferschwierigkeiten: Wind weht und Sonne scheint.

Ich fange an, fachmännisch die Haarbereiche abzutrennen und ziehe die Büschel dann in die Höhe. Alles was mir zu lang erscheint, kommt in die Schere. An dieser Stelle folgt jetzt ein Geheimnisverrat, den mir wahrscheinlich alle Friseurinnungen von Killarney bis Deutschland übel nehmen werden: man muss sich nämlich nur die Länge merken, bei der man zuerst die Haare – zwischen die Finger der Innenhand gezogen – abgeschnitten hat. Schneidet man nun alle so durch die Finger gezogenen Haare im etwa gleichen Abstand ab, entsteht die perfekte Frisur. Zum Geheimnis noch ein Trick: mit genässten Haaren geht's leichter!

Was ist mit dem Hinterkopf, fragen jetzt die Skeptiker? Kein Problem, einfach Methode beibehalten und jeweils mit schräg gehaltenem Kopf vorm Spiegel die mehr gefühlten als gesehenen Überlängen abschneiden. Nach ungefähr dreißig Minuten bin ich fertig. Die Finger tun von der ungewohnten Haltung weh, aber die Freude überwiegt.

Christian ist überrascht und findet den Haarschnitt „voll in Ordnung". Na ja, etwas mehr Anerkennung hätte ich mir schon gewünscht, aber vielleicht ist es auch nur, weil er mit seiner graumelierten Matte weiter rumlaufen muss, während ich überproportional viele graue Haare weggeschnitten habe. Der Wind hat tatsächlich alle abgeschnittenen Haare auf den Felsen und von dort ins Wasser geweht. Ich rechne mir aus, wie viel Geld ich wieder gespart habe, dazu Kilometer, Zeit und Telefonkosten, denn ohne Termin läuft bei meinem Heimatfriseur nichts. Als ich dabei an meine Lieblingsfriseurin Ellen denke, kommt doch etwas Wehmut auf – was mich überrascht! Seit Wochen habe ich in dem Bewusstsein gelebt, dass ich mich auf unserer Insel rundum wohl fühle und mir absolut nichts fehlt. Ich habe mich ganz in meinen Tagesrhythmus hineinfallen lassen, zwar regelmäßig an Candis und die Kinder gedacht, die ich unverändert vermisse, aber ansonsten habe ich keinerlei Heimweh verspürt oder auch nur sonderlich oft an Zuhause gedacht. Dass ich ausgerechnet jetzt beim Haareschneiden und in Gedanken an meine Friseurin einen Sehnsuchtsstich bekomme, amüsiert mich – passt andererseits aber auch ganz gut. Unsere letzte Woche bricht morgen an, also ist es an der Zeit, sich gedanklich auf den Abschied vorzubereiten.
Immerhin werde ich die Rückkehr in die Zivilisation gut frisiert antreten!

ALLES MUSS BRENNEN

56. Am vorletzten Morgen wache ich früher auf als sonst. Die Sonne geht grade auf. Nach einer Weile halte ich es nicht mehr in meinem Zelt aus. Der Anblick beim Aufschlagen der Zelttür ist großartig. Ein ruhiger, sonniger Tag scheint sich anzubahnen. Was für ein Geschenk für die letzten Stunden! Im halbwachen Zustand wandere ich das Camp ab. Erst mal pinkeln, Wasser aufsetzen und ein wenig warten, ob Irmin nicht doch gleich erscheint. Tut er aber nicht.

Ich höre die Eichhörnchen, die gerade jetzt ihre Hauptarbeitszeit haben. Müssen sie doch die Vorräte für den Winter einfahren. Ich schnappe mir den Fotoapparat und habe Glück. Eines sitzt gerade in einem nahen Baumwipfel und verrichtet Akkordarbeit. Während ich mehrmals auf den Auslöser drücke, wird ein Pinienzapfen nach dem anderen abgeknabbert und fällt knallend ins Unterholz. Der Wasserkessel zischt vor sich hin. Ich mache Kaffee und bin fast schon ein wenig beunruhigt, dass mein Partner einfach nicht aufsteht. Aber ich nutze die Ruhe und wo ich grad schon einmal den Fotoapparat dabei habe, experimentiere ich ein wenig mit dem Selbstauslöser und schieße mich dabei, wie ich in der Morgensonne auf dem Felsplateau sitze und meinen Cowboy-Kaffee trinke. Danach räume ich im Zelt herum, bis Irmin auftaucht. Er hat heute nicht sonderlich viel zu tun. Sein Kunstwerk ist vollendet, die Arbeit ist getan. Bei mir steht noch einiges an. Auf der Kücheninsel schätze ich ab, was wir morgen mitnehmen werden. Weniger ist mehr, denke ich bei mir. Eine starke Brise kommt gegen Mittag auf. Ich hoffe, dass sie kein schlechtes Vorzeichen ist.

Während Irmin in seinem Zelt schon seine Sachen packt, mache ich mich an das Konfi-Zelt. Ich entferne die großen Holzplatten vom Tisch und stelle ein paar Kisten zusammen. Leider ist der Wind zu stark, um mit einer Fuhre vorab schon mal einen ersten Teil unserer Ladung zur Lodge zu bringen. Bald darauf sitze ich in meinem Zelt und schreibe das Abschiedskapitel für mein Tagebuch. Es ist herzzerreißend, und beim nochmaligen Durchlesen werde ich extrem sentimental. Unser letzter Tag auf der Insel. Ich werde das alles hier vermissen. Ein kleiner Mittagsschlaf kühlt das Gemüt. Nach dem Aufwachen verdrücke ich mich nach Kitchen Island und bastele stundenlang an einer Gemüsesuppe für den Abend. Auch ein paar Flaschen Wein habe ich bereitgestellt. Mir ist nach einem schönen Abschied. Gut essen, etwas trinken und ein schönes großes Lagerfeuer. Bereits vor Tagen habe ich erstklassiges Feuerholz geschlagen. Jede Menge davon.

Das Wetter macht mir einen Strich durch die Rechnung. Die Suppe und der Wein munden zwar hervorragend, aber der Wind wird immer stärker. Irmin ist nicht wirklich gesprächig und verzieht sich bald nach dem Abendessen ins Zelt. Ich bin genervt. Da sitze ich jetzt mit meinem Riesenhaufen Holz und Irmin geht pennen. Und das soll nun der legendäre letzte Abend sein?, frage ich mich. Rotwein ist auch noch da. Es stürmt mittlerweile. „Reinen Tisch machen!“, murmele ich vor mich hin und stelle fest, dass ich mittlerweile richtig wütend bin. Ich werfe immer mehr von den großen Scheiten ins Feuer. Die Flammen lodern, und der Wind sprüht Funken und Glut in jede Richtung. Ich nehme noch einen kräftigen Schluck Rotwein. „Das muss alles weg.“ Aus der Wut wird Raserei. Ein Kampf mit den und gegen die Flammen. Alles soll verschwinden. Das Holz, die Zeit, die ich auf Deer Island verbracht habe, alles ... Ich will, dass sich alles gelohnt hat. Dass meine Zeit nicht umsonst war. Ich tanze wie ein Derwisch um das Feuer. Der Wind hat orkanmäßiges Format angenommen.

Immer mehr Äste, Scheite und die Tischplatten wandern in die Feuersbrunst. Ich will verbrennen, feiern, tanzen, vergessen, gewinnen. Alles, was nicht gegen die Vernunft gesichert ist, wird verfeuert. Diese sinnlosen Moskitomittel, der halbvolle Sesamölkanister, das verwitterte Geschirrtuch, die blöde Tasse von der Indianerin – alles muss weg. Muss vergehen, muss brennen. Soll es brennen, bis zum Morgengrauen. „Was ist mit meinen Schuhen?“, frage ich mich und leere den Rotwein. Die Sohle löst sich. „Scheiß Timberland-Zeug! Ab in die Glut.“ Die Flammen sind riesig. Es raucht und zischt. Dazu tobt der

Orkan. Ich greife um mich, verfeuere alles, was mir in die Finger kommt. Ich bin außer mir. Gegen zwei Uhr ist die Wut darüber, dass ich gehen muss, verpufft. Auch der Wind hat sich gelegt. Ich bin versöhnt. Während meine Arbeitshandschuhe in der Glut verfallen, lösche ich mit dem Wasserkanister das Feuer. Alles ist gut. Ich möchte nach Hause. Morgen räumen wir unsere Sachen zusammen. Ich habe das Gefühl, dass nicht mehr viel übrig ist.

EIN HARTES ENDE, TEIL I

57. Als ich unseren Aufenthalt auf Deer Island als „Abenteuer light“ beschrieb und uns als „Milchreisbubis“ herabwürdigte, weiß ich noch nicht, was sich in den letzten 24 Stunden abspielt. Für den „Milchreisbubi“ entschuldige ich mich hiermit bei Christian, denn das Ende ist hart. Der Nerventest beginnt mitten in der Nacht. Ein Wolf stellt sich vielleicht 20 Meter neben unsere Kopfkissen und beginnt ein Trauerlied. Es kommt mir vor, als ob sich seine Kehle, aus der er heulende, leicht gurgelnde und teilweise weinende Töne presst, direkt hinter meinem Zelt befindet. Er jault im Duett mit einem anderen Wolf, der seine Partie in großer Entfernung gibt – so leise, dass man es fast nur erahnen kann. Viele Menschen fürchten sich ja vor diesem Wolfsgeheul. Ich habe zwar keine Angst, bin aber auch nicht direkt locker und schon gar nicht angriffslustig. Mir geht durch den Kopf die Bärenhupe in Betrieb zu nehmen, aber irgendein innerer Widerstand hindert mich, aus dem Zelt zu kriechen und den warmen Schlafsack zu verlassen.

So liege ich mit komischen Gefühlen gut anderthalb Stunden wach, denn so lange dauert der Terror. Meine Nerven werden auf eine sehr harte Probe gestellt, zumal ich mich ganz alleine fühle, denn aus Christians Zelt mischt sich nur ohnmächtiges Schnarchen in die Wolfsarien. Dieser Wolf hat ein unheimlich breites Repertoire an Heultönen. So geprüft und gequält ist es eine kurze Nacht mit wenig Schlaf.

Als ich morgens wach werde, begrüßt mich ein fast sturmähnlicher Wind und starker Regen. Das sind nicht gerade die idealen Zutaten für einen geordneten Lagerabbau. Christian und ich treffen uns frierend im Konfi-Zelt und warten erst mal ab. Warum beschließen wir nicht einfach unseren Tagesplan auf morgen zu verschieben? Wahrscheinlich sind wir beide zu preußisch erzogen. Wir machen einfach genau das, was wir uns vorgenommen haben, obwohl der Sturm stärker wird. Wir sind leider darauf programmiert, die positiven Anzeichen zur Entscheidungsfindung heranzuziehen, denn die Wolken reißen auf und der Regen wird dünner. Kurz vor 12 Uhr starten wir mit leerem Magen und bei leichtem Regen das von Christian konzipierte Abbauprogramm – immerhin würzt er seine Anweisungen mit dem Hinweis, er sei der „Lagermeister".

Ich nehme mir fest vor, die nachfolgenden Ereignisse nicht aufzuschreiben, um nicht ein schlechtes Vorbild zu liefern. Aber dann kommt mir der Gedanke, dass schlechte Vorbilder auch Gutes bewirken, besonders wenn man die richtigen Schlüsse daraus zieht. Insofern gilt: Alles, was jetzt kommt, nicht nachmachen! NIEMALS!
Abenteuer sind spannend, fordern einen heraus und zeigen die eigenen Grenzen auf. Wenn man sie besteht, fühlt man sich stärker und besser. Wenn man die eigenen Grenzen jedoch überschreitet oder den Blick für die Gefahr verliert, nimmt man unnötiges Risiko in Kauf. Leider tun wir genau das.

Der Abbau eines Lagers in der Wildnis muss mit den Wetterverhältnissen im Einklang stehen. Man gibt sein Dach über dem Kopf auf und kommt in Zugzwang. Dass wir unsere Zelte und Sachen im Regen packen ist nur unbequem und doppelte Arbeit, weil wir später bei Walter auf der Farm alles wieder auspacken und trocknen müssen. Aber der Transport unserer Packkisten, Boxen, Säcke und so weiter ist gefährlich, weil wir sie über die glitschigen Felsen zum Wasser tragen müssen. Wir haben uns von Jerry ein kleines Motorboot geliehen, um das viele Gepäck erst einmal zur Lodge zu bringen. Ein Weg, der eine knappe Stunde dauert, jedenfalls bei normalem Wetter.

Wir beladen das Boot, das selbst in unserer geschützten Bucht nervös auf den Wellen hin und her tanzt. Auch dieses letzte Warnsignal ignorieren wir unfröhlich, nass und hungrig. „Mach was zu essen, ich bin in zwei Stunden zurück", rufe ich ihm noch zu, nachdem der Motor endlich angesprungen ist. Christian will den Rest packen und unseren Lagerplatz ordentlich hinterlassen. Außerdem muss unsere Toilette noch entleert und entsorgt werden. Das allein ist für mich schon ein sehr guter Grund, Kapitän des Frachtkreuzers zu sein, und so schippere ich die kurze Strecke bis zum offenen Bay auf munteren Wellen, sozusagen die kleinen Brüder der großen Wellen, die der Sturm auf die Georgian Bay zaubert.

Kaum bin ich aus dem Schutz der felsigen Bucht, gibt es kein Zurück und kaum ein Vorwärtskommen. Anderthalb Meter hohe Wellen machen mit dem Boot, was sie wollen. Gefährlich sind vor allem die Wellentäler. Auf der komplizierten Route zwischen großen Felssteinen, die normalerweise einen Meter unter der ruhigen Wasseroberfläche liegen, ragen sie nun auf einmal für wenige Sekunden aus dem Wasser, um dann sofort wieder überspült zu werden. Dazu peitscht mir ständig hartes Wasser in die ungeschützten Augen und das Boot hebt sich so hoch, dass ich viel zu wenig freie Sicht nach vorne habe. Ich fahre so gut wie blind. In mir steigt Angst auf, denn ich merke, dass ich nicht mehr Herr der Lage bin. Genau genommen bin ich sogar ziemlich ausgeliefert. Ich traue mich nicht den 15-PS-Motor voll aufzudrehen, andererseits ist er es, der mich von den flachen Felsen wegbringt. So steuere ich zunächst nur in Richtung offener Bay und jammere in mich hinein. Jede Sekunde kann das Boot zerkrachen. Ich weiß das und fühle mich hilflos und verlassen.

Aber dann kriege ich genug Abstand vom Ufer und nun gilt es, die Bewegungen der Wellen richtig zu lesen, damit sie das Boot nicht überrollen. Nach einiger Zeit fühle ich mich wie ein Surfer und etwas mehr Zuversicht steigt in mir auf. Scheinbar lese ich die Wellen richtig und verstehe ihren Takt. Jetzt muss ich den Bogen schaffen und in die Einfahrt des Collin's Inlet hineinkommen. Dort gibt es wieder mehr und flachere Felsen, aber die Fahrrinne ist hoffentlich tief genug. Ich führe das Boot wie eine zentnerschwere Tänzerin, die man jedenfalls nicht mit der eigenen Körperkraft in den Griff kriegt.

Nach circa 20 Minuten bin ich aus der Bredouille und danke allen guten Geistern, wenngleich ich wohl völlig von diesen verlassen bin, wie man noch sehen wird.

STÜRMISCHER ABSCHIED

58. Das erste Tröpfeln weckt mich im morgendlichen Zelt. Blitzartig überfällt mich der Gedanke, dass ich in der Nacht meine Schuhe verfeuert habe. Na, das kann ja noch heiter werden, denke ich, und schon bin ich raus aus meinem Schlafsack. Heute ist nicht das Übliche dran. Es gibt kein Feuerholz zu sichern, kein Essen vorzubereiten, keine Spaziergänge zu machen, sondern ein komplettes 100-Tage-Lager einzutüten. Irmin sitzt entspannt im Konfi-Zelt, als würde gar nichts passieren. Es regnet. Ohne Frühstück fange ich an, zumindest den Generator in seine Kiste zu verpacken. Mit dem schönen Rotweinkater vom Vorabend ist das keine Freude. Solange es regnet, begnüge ich mich damit, im Konfi-Zelt, im Vorratszelt und in meiner Behausung alles in Kisten oder Packsäcken zu verstauen. Was mich die ganze Zeit ärgert ist, dass wir unsere Zelte gleich nass zusammenlegen müssen. Irmin scheint tiefenentspannt zu sein und bewegt sich recht bedächtig. „Bei dem Tempo sind wir nächste Woche noch hier“, schimpfe ich vor mich hin. Es muss am Kater liegen, dass ich so ungnädig bin. Glücklicherweise lässt der Regen nach und wir schaffen es, trotz mächtiger Böen, ein Zelt nach dem anderen triefnass in die Packsäcke zu fummeln.

Als Irmin kurz darauf in See sticht, frage ich mich, ob es eine gute Idee ist, die Abreise unbedingt bei diesem Wetter durchzuziehen. Ich sehe, wie er große Probleme hat, überhaupt mit dem Boot auf die Bay hinauszukommen. Der Sturm scheint immer stärker zu werden.

Kaum ist Irmin um die Ecke verschwunden, stürze ich mich in mein Abschlussprojekt. Ich will die Insel unbedingt genau so verlassen, wie wir sie vorgefunden haben. Kein Fitzelchen Müll soll noch herumliegen. Ich humpele ein wenig bei dieser Aufgabe, denn Irmin hat mir seine Boots geliehen, die wahrscheinlich zwei Nummern zu klein sind, aber auf den rutschigen Felsen jedenfalls besser als die Sandalen, die ich selbst noch habe. Zunächst räume ich die letzten verbliebenen Sachen auf der Lagerinsel zusammen und paddle sie mit meinem Kanu auf die Kücheninsel hinüber. Dort will mich Irmin nachher aufsammeln. Zwei-, dreimal muss ich die fünfzig Meter durch das aufgewühlte Wasser fahren, dann ist es geschafft. Auch die Inselküche baue ich ab. Das geht schneller als gedacht, da einige der Proviantkisten bereits geleert sind und ich sie mit Schüsseln, Tellern und Küchenkram befüllen kann. Ich blicke über den Georgian Bay. Gischt spritzt. Die Böen heulen. Von meinem Kompagnon ist noch nichts zu sehen.

Auf der Lagerinsel mache ich einen letzten Rundgang. In einer biologisch abbaubaren Tüte vergrabe ich den Inhalt unserer Outdoor-Toilette. An unserer Lagerfeuerstelle beschließe ich, den großen, aber total verrußten Teekessel für die Nachwelt zu hinterlassen. Allerdings nicht ohne in den Ruß zu ritzen: „I belong here." Ich halte nachdenklich inne. Irgendwie gilt der Satz nicht nur für den Teekessel, sondern auch für mich: Ich selbst gehöre auch ein wenig hierher. Zumindest ist das während der letzten drei Monate so gewesen.

Allein auf der Insel zu sein und die letzten Minuten in der Nachbetrachtung zu verbringen, erscheint mir wie ein Geschenk. Ich wandere noch einmal zum Kunstwerk, gehe zum Tümpel, wo wir die Klapperschlangen versenkt haben und blicke über die Bucht. Die Insel will uns den Abschied leicht machen und zeigt sich samt Wetter von ihrer unwirtlichen Seite. Einmal bläst mich der Wind fast vom Felsen. Überall ist es rutschig. Ich sammele die letzten Reste unseres Lagers in einer Mülltüte ein, werfe sie ins Kanu. Ein Blick zurück. Die Kiefern biegen sich hin und her, während der Wind durch ihre Kronen pfeift. Das Kanu gleitet ins Wasser. Ich muss richtig arbeiten, um es nach drüben auf die Kücheninsel zu bekommen. Dort gelandet, sortiere ich die Kisten und Packsäcke so, dass wir sie zum Beladen des Motorbootes schnell auswählen können. Dann und wann schaue ich nach drüben auf die Lagerinsel und sehe die verwaiste Feuerstelle mit dem Teekessel.

Ich werfe einen Blick über die Bucht und werde langsam unruhig. Über die viele Aufräumerei habe ich Irmin ganz vergessen. Der ist doch bestimmt schon seit zweieinhalb Stunden weg, denke ich. Ob ihm etwas geschehen ist? Ich stelle mich ans Ufer und schaue aufs tobende Wasser hinaus. Von Irmin keine Spur. Ich versuche, mich selbst zu beruhigen. Wir haben Bären und Klapperschlangen überstanden, dann wird uns so ein bisschen Regen doch wohl nichts anhaben können. Und dann sehe ich ihn. Ein winziges Boot zwischen den mannshohen Wellen. Eine tanzende Nussschale im kochenden Wasser. Kurz vor dem Kentern. Ich stehe da und blicke auf die offene Bay. Ab und zu verschwindet das Boot in den Wellentälern. Irmin scheint U-Boot zu fahren. Mir stockt der Atem.

Rosa Granit, eine der härtesten Gesteinsarten überhaupt, verlangt Irmin einiges ab. Schon nach kurzer Zeit macht der Meißel zum ersten Mal schlapp.

Die ersten Schwärme entstehen. Nach wenigen Wochen durchziehen die Symbole in fließenden Formationen das felsige Gelände der Bucht.

Die Kunst zieht recht schnell die ersten Besucher an. Das kulturelle Echo hält sich erwartungsgemäß in Grenzen.

5 bis 45 Symbole sind täglich zu schaffen. Je nach Härtegrad des Steines, der zwischen sehr hart, extrem hart und „#@x*!“ hart variiert.

Die Felszeichungen passen sich ihrer Umgebung an. Trotzdem „bewegt" sich jeder der zum Teil weit verteilten Symbolschwärme auf ein Ziel zu.

Von einem erhöhten Punkt kann man auf das Zentrum des Werkes schauen, auf das alle einzelnen Stränge der Felszeichnungen zustreben.

Die abendlichen Ausfahrten mit den Kanus gehören zu den Highlights. Leise gleiten wir durch das Wasser und genießen die Dämmerstimmung.

Eines Morgens gibt es Seenebel. Die Landschaft scheint verschwunden zu sein. Wir kommen uns vor wie die letzen Bewohner der Erde.

Jeden Abend verzaubert die untergehende Sonne die ganze Umgebung. Diese Zeit gehört zu den magischen Momenten.

Kaum ist die Sonne untergegangen, wird es still auf der Insel. Ein paar Grillen zirpen, und dann hören wir nur noch das sanfte Wellenrauschen des Sees.

Beinahe hätten wir ihn vergessen, Irmins Geburtstag. Sichtlich gerührt nimmt er die rustikal verpackten Geschenke entgegen.

Wenige Tage vor der Abfahrt wird Christian sentimental, rudert auf eine weiter westlich gelegene Insel und hinterlässt eine Botschaft.

Nach dem Aufräumen verbleiben die Feuerstelle und das hölzerne Mobiliar auf der Insel. Für alle, die nach uns kommen werden …

Kurz vor der Abreise schießen wir ein letztes Bild von Mandy, Sharon, Jerry und Derek, unseren Freunden von der Mill Lake Lodge.

Von nun an und für die nächsten Jahrtausende verbleiben die Zeichnungen auf der Insel. Wer weiß, wer sie irgendwann einmal findet und sich wundert?

Christian und Irmin – hier noch im Camp. Mittlerweile schon wieder am Pläne schmieden.

EIN HARTES ENDE, TEIL II – ODER: SOS

59. Ich Volltrottel fahre zur Lodge und lade den ganzen Kram am Ufer ab. Jerry sieht mich und fragt erstaunt: „Where do you come from?“ Natürlich komme ich von Deer Island – blöde Frage.

Er ist trotzdem überrascht und redet was von „schönem Sturm da draußen“ und ich glaube, er sagt auch ein paarmal „unbelievable“. Unglaublich, in der Tat. Noch unglaublicher ist, dass ich nach einem kurzen Toilettenstopp wieder ins Boot steige, um Christian zu retten. Er hat was zu essen, er kann ein Zelt wieder aufbauen, er hat festen Boden unter den Füßen und er kann auf das Wasser blicken und sehen, dass es eher unmöglich ist, mit einem kleinem Boot, noch dazu einem leeren, zurückzukommen. Den Collin's Inlet befahre ich mit ausgeschaltetem Verstand, denn ich weiß ja eigentlich, was auf mich zukommt. Der Wind ist noch stärker geworden und macht die Wellen nicht kleiner, eher angriffslustiger. Sie scheinen auf mich zu warten und ich enttäusche sie nicht. Mit dem leeren, leichten Boot fahre ich direkt in sie hinein und als mein Verstand wieder einsetzt, ist es schon zu spät.

Wieder machen die Wellen mit dem Boot was sie wollen. Was ich will, scheint niemanden zu interessieren. Und dann kommen sie: zuerst die Angst und dann die Killerwellen. So hilflos und armselig habe ich mich noch nie gefühlt. Wieder beginne ich zu jammern und mir kommen die Tränen. Welches Unglück! Das ist das Ende – und ich bin selber schuld. Es ist schwer zu beschreiben, wie sich der persönliche Zustand in so kurzer Zeit verändert. Was bin ich für ein kleines Würstchen: als die Welle das Boot von vorne anhebt und nahezu senkrecht stellt, klebe ich am Ruder wie Senf am Löffel. Ein leichter Druck auf eine Seite und alles ist aus. Gott sei Dank kommt der Wind direkt von vorne. Aber, etwas mehr davon und die Rolle rückwärts ist nicht nur zum Greifen nahe. Jetzt weiß ich: entweder werde ich kentern oder auf einen Felsen geschleudert. Bei mir herrscht Endzeitstimmung. Aber ich beginne auch zu kämpfen – gegen Tränen und Wellen.

Ob es richtig ist oder nicht, abrupt ändere ich den Kurs. Anstatt den großen Bogen aus dem Collin's Inlet zu fahren, der uns immer sicherer vorkam, weil das Wasser tiefer ist, steuere ich aufs Ufer zu. Ich muss zwar um noch mehr Felsen herumjonglieren, aber ich habe nun Wind und Wellendruck von hinten. Die Chance, hier überkopf zu gehen, ist zwar gleich groß, aber ich hoffe auch, dass sich die Wellen an den Felsen brechen. Wenn ich ohne Felsberührung durchkomme, bin ich gerettet! Meine Angst ist immer noch riesengroß und drückt auf alle Organe, jedenfalls empfinde ich es so. Dann werde ich von den Wellen viel zu schnell durch eine Art felsgesäumten Kanal in die geschützte Bucht gedrückt. Die letzten 100 Meter sind wie die erste Abfahrt einer Achterbahn – allerdings ohne Schienen – rasant, laut und nur angsteinflößend. Mein Adrenalinspiegel erreicht die Rekordhöhe. Mir ist schlecht. Der ganze Körper vibriert. Ein fürchterliches Gefühl!

Dann beruhigen sich die Wellen, das Boot wird wieder 100% steuerbar und ich rufe plötzlich „halleluja!". Aber mein Körper bleibt angeschlagen – ich fühle mich total elend. Fünf Minuten später erreiche ich die Kücheninsel. Unfähig, das soeben Erlebte in Worte zu fassen, stehe ich vor Christian. Er hat gute Laune. „Hey Captain Blaubär, wie wär's mit ein paar Fischstäbchen?", albert er rum und gesteht, dass er nichts zu essen gemacht hat. Ich will nur weg hier – und steigere damit den Wahnsinn auf kosmische Ausmaße.

So viel Leichtsinn – einfach unfassbar.

Wir beladen das Boot und fahren tatsächlich wieder los. Wellen schwappen rein und wir haben nicht einmal ein Gefäß zum Leerschippen zur Hand. Meine Schuhe sind so nass wie wenig später meine gesamte Kleidung. Christian ist unter Taue eingeklemmt und klammert sich todesmutig am Bug fest. Er gibt mir Zeichen, wann ich Felsen unter Wasser ausweichen soll, aber wieder habe ich Wasser in den Augen und das Boot folgt nur eingeschränkt meinen Steuerbefehlen.

Ja – wir sind total verrückt. Jetzt setzen wir unser Leben aufs Spiel und haben nicht einmal einen vernünftigen Grund dafür.

Dann erreichen wir die Einfahrt zum Collin's Inlet. Ich lasse nun den Motor „volle Kraft voraus" laufen und wir sitzen auf einmal in einem Rennboot. Wind und Wellen von hinten und freie Fahrt nach vorne. Die Angst lässt nach, die Stimmung wird schlagartig besser. Christian hebt den Daumen und ruft: „Dreh' noch mal um, ich hab' den Kessel vergessen." Dann lachen wir zwar, aber wir wissen auch, dass wir das Glück mit einer Überdosis Leichtsinn herausgefordert haben. Das darf man einfach nicht tun!

BLICK ZURÜCK

60. Es war klar, irgendwann würde der Moment kommen: Abschied. Wer jetzt denkt, dass ich in Sentimentalität vergehe, hat sich getäuscht. Ich denke, es ist alles so gekommen, wie es kommen sollte. Wir haben erreicht, worauf wir in einer jahrelangen Planungsphase hingearbeitet haben. Irmin wollte sein Kunstwerk, ich wollte Natur. Das Rock-Art-Arrangement steht, und in Sachen Natur gab es ordentlich was zu erleben. Wetter, Landschaft und Getier in jeder Größenordnung und Häufigkeit. Ich habe Holz geschlagen, sooft ich wollte, bin um die Insel und durch den Wald gewandert und allein oder mit Irmin im Kanu gefahren. Irmin und ich sind uns so nahegekommen, wie nie im Leben zuvor. Ich kenne seine ganzen Nickeligkeiten, habe seine Q-Tips im Feuer brennen sehen, weiß Tausende von Details aus seinem Leben, die er am Lagerfeuer preisgegeben hat, und auch meine Eigenarten, Macken, Erfahrungen und Ansichten sind ihm nicht verborgen geblieben.

Über das Land habe ich mehr gelernt, als ich vorher zu hoffen gewagt hätte. Die Geschichte der Indianer, die immer noch im argen Streit mit der Regierung liegen, der Zorn der Anwohner gegen den National Park, der sich – wie auch immer man über so lobenswerte Naturreservate denkt – mit staatlicher Hilfe auf das Land ausbreitet, das für ihre Familien seit Generationen eine Heimat ist. Ich war so oft in Killarney, dass ich auch die Kehrseiten des „Juwels der Georgian Bay“ kenne, die Langweile in dem winzigen Kaff, die Lethargie der zum Teil wirklich arg übergewichtigen Menschen, denen jede Bewegung zu viel ist. Ich habe sogar einen Zwei-Stunden-Einsatz als Bankräuber überlebt. Den Anglern und Jägern habe ich gelauscht und die Verschlüsse ihrer Bierdosen am Ufer des Collin's Inlet gefunden. Jede Menge Moskitos (leider zu wenige) starben durch meine Hand. Ich bin nicht krank geworden, habe mich nicht verletzt und bin froh, dass wir unseren Erste-Hilfe-Koffer unbenutzt zurückschleppen werden.

Während ich das schreibe, sitze ich nach unserem wilden Abfahrtsdrama bei einem heißen Becher Kaffee in der Mill Lake Lodge.

Ich denke an den Felsen vor dem Camp, von dem aus man einen kleinen Teil der Georgian Bay überblicken kann, die wiederum nur ein Teil des unvorstellbar großen Lake Huron ist. Eine kleine Insel ohne Namen liegt ungefähr eine Meile weiter westlich. Man kann sie von dem Felsen aus gut sehen. Dort habe auch ich mein persönliches Rock-Art-Werk vollendet. Eines langen Nachmittags bin ich hinausgepaddelt, bin auf den höchsten Fels des Eilands geklettert und habe sorgsam eine Perspektive ausgewählt. Auf einem Plateau, zehn Meter tiefer gelegen, habe ich daraufhin einen tonnenschweren Steinhaufen errichtet. Mehrere hundert Steine sind dafür notwendig gewesen. Jeder Einzelne sorgsam platziert. Das Sammeln, Aufschichten und Ausrichten hat Stunden gedauert, und zum Teil musste ich riesige Felsstücke, die ich gerade noch tragen konnte, aus dem Wasser wuchten.

Wenn je ein einsamer Kajakfahrer auf der Insel anlandet, dann wird er sich wundern. „Warum in aller Welt, liegen da so viele Steine in der Mitte des Plateaus?“, wird er sich beim Anblick des scheinbar ohne jeden Sinn und Verstand errichteten Geröllhaufens womöglich fragen. Kann sein, dass er dann auch einfach sechs oder acht Steine herunternimmt, um anstelle von Heringen sein Zelt eben damit am Boden zu verankern.

Wenn es der Zufall jedoch will, wird er, auf der Suche nach einem Aussichtspunkt, den höchsten Felsen der Insel erklimmen, die Hand als Sonnenschirm nutzen, um sich ein wenig umzuschauen, und in südwestlicher Richtung abwärts auf das Plateau blicken. Dann wird er schlagartig erkennen, dass der Steinhaufen mit Absicht dort liegt, denn exakt aus dieser Perspektive bildet er ein großes Herz. Und warum liegt es dort? Weil ich mein Herz an diese so unglaublich schöne Gegend verloren habe. Weil ich es, während ich das hier schreibe und der Wind an den Fenstern der Holzhütte rüttelt, nur schwer ertragen kann, dass ich unserer Insel den Rücken kehren muss.

Mehr als zwei Monate konnte ich nachts die Augen schließen und je nach Stand des Windes die Georgian Bay wie ein Meer toben hören, oder die Grillen sangen mir ein Lied, während die Bäume rauschten. Am Tag habe ich die Ufer durchkämmt, Fische entdeckt, Schlangen und Frösche und die Tiere ihrerseits haben mich entdeckt. Am Lagerfeuer konnte ich die Sterne sehen und ich habe beim Fallen der Sternschnuppen innig kleine Wünsche ausgesprochen.

Ich hatte für eine lange Zeit alles: Spaß, Anstrengung, Entspannung und viel Zeit zum Nachdenken. Ab und zu war ich melancholisch, weil ich all das nicht mit meiner Frau oder meinem Sohn teilen konnte, und mir wurde deshalb schwer ums Herz.

Jetzt ist es so weit. Nur noch wenige Stunden trennen mich von dem Moment, an dem ich sehen werde, wie die Landschaft perspektivisch immer kleiner wird und durch die Wendung in nördlicher Richtung zum Chikanishing Creek schlussendlich ganz aus dem Blick verschwindet.

Wir werden den Truck packen und ein paar Biere mit Walter trinken. Dann werden die sterilen Gates am Flughafen auf mich zukommen. Im Trubel des Wiedersehens, der Anerkennung, dass ein Bart so lang wachsen und ein Bauch so dünn werden kann, werde ich Frau und Kind herzen und dann unweigerlich feststellen, dass mich, noch bevor der Rucksack im Auto verschwindet, Universen von just diesem Moment trennen, in dem die Bäume rauschen und sich der Fels wie seit Jahrtausenden schon abkühlt und wieder erwärmt.

Da drüben, nur ein paar Meilen weiter westlich, liegt mein Herz. Und wer jetzt denkt, man könne einen Abschied von der Georgian Bay ohne Sentimentalität hinkriegen, der hat sich gewaltig getäuscht.

FAMOUS LAST WORDS

61. Nach der aufregenden Abreise von Deer Island war unser Projekt ja leider zu Ende. War es ein Projekt? Was ist überhaupt ein Projekt? Für mich war es zu Beginn eine Angeberei, dann eine fixe Idee und schließlich ein Traum, der allein durch die Vorbereitungen schon stark meinen Lebensrhythmus verändert hat – ganz zu schweigen von den Erfahrungen, die ich von Deer Island mitgebracht habe und die mein zukünftiges Leben verändern werden.

Hinter mir liegt eine außergewöhnliche Zeit. Der tiefste und schönste Eindruck war die Natur. Christian und ich haben für fast hundert Tage auf einem Flecken Erde gelebt, der heute so unberührt daliegt wie vor fünfzig, fünfhundert oder fünftausend Jahren. Diese mächtige Felsenlandschaft hat der Mensch einfach noch nicht verschandeln können. Die Vegetation ist vollkommen ursprünglich und für eine kommerzielle Ausbeutung offenbar reizlos. Oft habe ich mir vorgestellt, dass auf unserem Lagerfelsen vielleicht schon vor Hunderten von Jahren Indianer gezeltet haben. Das hat den Ort für mich historisch wertvoll und damit besonders gemacht.

Und an diesem Ort habe ich gearbeitet und Symbole in die Granitfelsen geschlagen, die mich überdauern werden. Dass ich meinen Plan umgesetzt habe, macht mich nicht stolz, ist aber ein gutes Gefühl. Das Ergebnis gefällt mir ausgesprochen gut, obwohl ich darauf trainiert bin, Eigenlob nur sarkastisch zu gebrauchen oder um mich selbst auf den Arm zu nehmen. Trotzdem: Ich finde, mein Werk fügt sich harmonisch in die natürliche Umgebung ein, und das nimmt mir inzwischen alle Zweifel, ob meine heimliche Kunstaktion eigentlich erlaubt gewesen ist.

Ich wünsche mir, dass meine Kinder in ihrem Leben ab und zu mal nach Deer Island kommen. Damit wäre allen gedient. Ich bekomme eine Gedenkminute und sie einen Happen Naturerlebnis, der selbst im Rahmen eines Kurzurlaubs schon das Bewusstsein erweitert. Es gibt nichts Wertvolleres für den Menschen als die Natur! Das ist mir hier deutlicher klar geworden als je zuvor. Wenn meine Rock-Art anderen Menschen einen kleinen Hinweis in diese Richtung gibt – allein dann schon hat sich die Mühe gelohnt.

Christian war ein großartiger Lagerkoch, ein prima Lagerfeuer-Geschichten-Erzähler und ein Mensch mit gleichem Ehrgeizpotenzial. Das hat unsere Zeit so friedlich, freundlich und freundschaftlich geprägt. Wir sind bestens miteinander klargekommen. Ich bin sehr dankbar für das gemeinsame Erlebnis mit ihm, er ist ein idealer Reisebegleiter, obwohl er meinen Becher immer im Trinkbereich mit den Fingern angefasst hat, zu viel raucht, depressive Musik liebt und sowieso anders ist, als er sein sollte ... Aber er hört ja nicht auf meine Ratschläge!

Auch meine Rückkehr nach Deutschland ist eine sehr positive Erfahrung. Meine Familie bereitet mir ein emotionales und warmes Willkommensfest, und die Freude des Wiedersehens ist noch größer, als ich erwartet habe. Das ist sehr schön! Lustig finde ich die gelben Bänder am Baum vor unserem Haus. Da ich die Symbolik nicht gleich kapiert habe, singt Candis den Refrain von „Tie a Yellow Ribbon Round the Ole Oak Tree“. Den Song fand ich eigentlich immer doof, und ich habe den Text nie so richtig verstanden. Candis erzählt mir nun, es gehe um einen Gefängnisinsassen, der seine Liebste auffordert, ein gelbes Band um einen Baum zu binden, sofern sie ihn bei seiner Entlassung noch haben wolle. Ich bin also der Entlassene, und ich werde noch gewollt!

Gelegentlich beginnt es in den ersten Wochen allerdings in meinem Kopf zu rumoren. Tausend Leute fragen mich: „Na, wie war's?“ Und ich antworte immer: „Toll. Nur zu kurz.“ Und irgendwann taucht dann eben der Gedanke auf: „Da will ich wieder hin!“ Mein unbeschreiblich guter körperlicher Zustand, dieses allumfassende Wohlfühlgefühl in mir, das durch schweißtreibende Arbeit, Reizunterflutung, gutes Essen und das Leben in der Natur eingetreten ist, geht mir nicht mehr aus dem Kopf. Ich habe tatsächlich ein bisschen Heimweh nach Deer Island.

Da unsere Pläne für eine Überwinterung auf der Insel an Christians unverschämten Honorarforderungen und damit am Ausbleiben des Doku-Soap-Angebots scheitern, stehen die Chancen leider schlecht, dass wir allzu schnell zurückkehren können. Ich mache Christian darum zwei Vorschläge. Erstens lade ich ihn in zwanzig Jahren zu einem Revival-Aufenthalt ein, meinetwegen mit Krankenschwestern, Rollstühlen und Hilfspersonal. Die einzige Einschränkung, die ich dabei mache: „... dass ich bis dahin nicht verarmt bin." Christian schlägt mir vor, schon morgen mit dem Sparen zu beginnen und das Geld mündelsicher bei ihm anzulegen. Der zweite Vorschlag geht dahin, dass wir eine Abschlussparty für unser Projekt organisieren, und zwar im – na, wo wohl? Natürlich im Schwarzen Vogel – dort, wo alles begann. Auch das findet die Zustimmung von Christian. Er schlägt vor, dass wir den Abschiedsabend gemeinsam mit unseren Frauen begehen. „Dann endet unsere Geschichte auch nicht so traurig!", wie er treffend kommentiert.

Der Ausbruch aus der Normalität wird vielfach beschworen und angekündigt, gelingt aber nur, indem man einen entsprechenden Plan entwirft und diesen unbeirrt durchzieht. Dazu müssen ständig Zweifel aus dem Weg geräumt werden, denn die sind bekanntlich die einzigen Feinde des guten Vorsatzes. Unser Ausbruch aus der Normalität hat uns in eine Freiheit geführt, in der man tiefer atmen und angenommene Angewohnheiten abstreifen konnte. Nichts ist schwerer, als die Überwindung von Angewohnheiten, aber nichts lohnt sich mehr.

Es hat sich gelohnt!

EIN BISSCHEN STATISTIK ZUM SCHLUSS

62. Für alle, die Zahlen und Fakten mögen, hier ein wenig von dem so heiß geliebten, unnötigen Wissen über unser Projekt:

1	verrückte Idee
2	Männer auf der Insel
3	Boote zum Transfer
4	Zelte waren unser Zuhause
5	Sterne Deluxe lieferten unsere Lagerhymne
6	kam im Lager nicht vor
7	Klapperschlangen im Camp – eine in Christians Zelt
12	Killarney-Besuche
7	Liter Öl für den Dodge
3,7	Milliarden Moskitos (geschätzt)
18	tote Moskitos auf einen Streich mit einer Hand (Rekord!)
3	Schwarzbären + Kids im Camp
467	gepflückte Blaubeeren
3	Regentage – allerdings 24 Stunden lang
30	Grad im Schatten an den restlichen Tagen (im Juli und August)
15	Lichtschutzfaktor hat gereicht
51	Mal hat sich Irmin rasiert
0	Mal hat sich Christian rasiert
4	Zentimeter Bart bei Christian zur Abfahrt
3	Mal gab's etwas Streit

3	Mal haben wir uns wieder vertragen
1,8	Liter Sesamöl blieben über
143	Kilo Obst verfrühstückt
6	Stücke Granny Cake – Irmin war sechsmal schlecht davon
182	Tassen Kaffee
2	verbrannte Timberland Boots
1	Flasche Canadian Club
12	Flaschen Wein
6	Stunden Zeitverschiebung
45	Zentimeter maximaler Baumumfang, bevor die Bügelsäge aufliegt
2,5	Meter der höchsten Welle in der Georgian Bay
2733	Tim Hortons Stores in Kanada (Stand 2007)
600	Symbole in 72 Tagen geschlagen
25	Meter minimalste Sichtweite am Seenebeltag
147	Stunden Lagerfeuer
1,7	Tonnen Feuerholz
1	kaputte Brille
62	Liter Wasser aus dem Kanu geschöpft (nach Regen)
32	Zentimeter Wasserunterschied je nach Windlage in der Bucht
30.000	Inseln in der Georgian Bay
3	Musikkassetten im Truck (eine zu viel von Peter Cetera)
8	verschiedene Chemotoiletten zur Auswahl bei Canadian Tire
12	Briefe für Christian
2	Briefe für Irmin
6,7 Std	Filmmaterial
2798	Fotos
1	Buch geschrieben

REZEPTE VON DER INSEL

Deer Island Raw Delight

Zutaten, Salat:
2 mittelgroße Tomaten, 1 Avocado, 100 g Weißkohl, 1 halbe Salatgurke, 1 halbe rote Paprika, 1 Stange Frühlingszwiebel, 50 g Steckrübe

Zutaten, Dressing:
3 EL Olivenöl, 1 EL mittelscharfer Senf, 1 EL Teriyaki-Sauce, Salz, Pfeffer, Knoblauch

So wird's gemacht:
Das Gemüse grob schneiden. Wichtig ist, dass man beim Kauen auch noch etwas zu tun hat und sehen kann, was man da eigentlich isst. Ausnahmen sind Steckrübe und Weißkohl. Die beiden Kandidaten sollte man in ganz feine Streifchen zerlegen. Sie sorgen später dafür, dass es beim Futtern „cruncht". Was einem beim Dressing nicht verwunderlich erscheint: Alle Zutaten mischen, mit Salz, Pfeffer und Knofi abschmecken, und ab dafür! Eigentlich sollte der Salat aufgrund seiner Bestandteile mindesten 10 Minuten ziehen. So lange konnten wir meist nicht warten.

Rock'n'Ratatouille

Zutaten:
1 rote Paprika, 1 grüne Paprika, 1 mittelgroße Zucchini, 200 g Kürbis (Hokkaido oder Squash), 1 Knolle Fenchel, 100 g Sellerie, 1 kleine Aubergine, 5 Zehen Knoblauch, 1 rote Chilischote (mittelscharf), 4 mittelgroße Tomaten

6 EL Olivenöl, 1 halbe Tube Tomatenmark
0,5 l „Naked Grape", Merlot oder einen anderen guten Rotwein

Paprika (edelsüß), Koriander, schwarzer Pfeffer, Galgant, Salz

So wird's gemacht:
Eine gute Ratatouille ist eine Kunst für sich. Selbst wenn man alle Zutaten genau kennt, vermag die Alchemie des Moments Wunder zu vollbringen. Auf Deer Island gelang mir die beste Ratatouille ever. Sämtliches Gemüse grob würfeln, Knoblauchzehen nur halbieren. Die Chilischote entkernen und halbieren. Die Tomaten vierteln. In einem ausreichend großen Topf das Olivenöl so stark erhitzen, dass es beinahe anfängt zu rauchen. Dann das grobe Gemüse (nur die Tomaten noch zurückhalten) hinzugeben und mehrere Minuten anrösten. Maßgeblich für den Zeitpunkt, an dem man die Tomaten hinzufügt, ist, dass die Zucchini zumindest teilweise eine goldbraune Färbung annehmen. Merke: Hier geht es um Röststoffe. Sind die Tomaten drin, kann man beherzt den Rotwein hinzufügen und die Temperatur so weit herunterfahren, dass alles nur noch leicht köchelt. Nach einer Viertelstunde des Köchelns dürfen das Tomatenmark und die Gewürze mit zum Gemüse. Diese Melange sorgt dafür, dass die Ratatouille ihre Bindung bekommt. Jetzt sollte man dabeistehen und versuchen herauszufinden, wann die Ratatouille fertig ist. Ich empfehle, das Warten mit dem restlichen Wein zu begleiten. Man wird mutiger und stellt relativ schnell fest, dass es Zeit zum Essen ist. Rekordzeit für die Ratatouille ist 30 Minuten. Man kann sich aber auch 45 Minuten bis zu einer Stunde Zeit lassen. Kommt drauf an, ob man das Gemüse lieber noch mit Biss mag oder eher löffelfertig. Es gibt Menschen, die essen dazu Reis oder Brot. Bei der Menge, die wir hier skizziert haben, konnten wir zu zweit auf weitere Beilagen verzichten. Allerdings fehlte mir später beim Lagerfeuer die Flasche Rotwein.

Gingerspeed Veggies

Zutaten:
1 rote Paprika, 1 grüne Paprika, 1 große Zucchini, 1 große Zwiebel, 50 g Sellerie, 3 Zehen Knoblauch, 30 g Ingwer, 100 g Zuckerschoten

3 EL Sonnenblumenöl, 1 Viertel TL Sesamöl, 1 EL Chilisauce, 3 EL Teriyakisauce

Beilage:
Reis oder Reisnudeln

So wird's gemacht:
Den Sellerie, Knoblauch und Ingwer ultrafein wiegen. Das restliche Gemüse wieder grob würfeln, die Zuckerschoten bleiben ganz. Im Wok das grobe Gemüse auf höchster Flamme unter stetem Rühren im Sonnenblumenöl anbraten. Wenn die Zucchini goldbraun werden, das Sellerie-/Knobi-/Ingwergemisch hinzugeben. Dreimal umrühren, Sesamöl, Chili- und Teriyakisauce hinein. Runter vom Feuer. Aufessen. Wer Reis oder Reisnudeln dazu mag, sollte die Beilage vorher gemacht haben. Bei einer Zubereitungszeit von unter 10 Minuten für den Gingerspeed hat man keine Zeit, etwas anderes nebenher zu erledigen.

Danke, Danke, Danke

Von Irmin:
Wie kann man unsagbar viel Dank in Worte fassen? Sollte mir da noch etwas einfallen, schreibe ich es auf einen Zettel und schiebe ihn Candis unters Kopfkissen. Liebe! Danke an meine Kinder, die die Zeit ohne mich genossen haben und sich dennoch bei meiner Rückkehr so gefreut haben, dass wiederum ich mich sehr gefreut habe. Für euch ist dieses Buch. Danke Hannes, du hast mich so gut vertreten, dass ich jetzt überflüssig bin, oder? Danke Uwe, was für eine schöne Ordnung im Büro! Danke Walter, deine materielle Unterstützung war sehr großzügig – deine ideelle Unterstützung einfach großartig. Thanks Jerry! You are a wonderful man – your Mill Lake Lodge is like a second home to me. Thank you Adele. Danke an Frau Wachholz. Danke Caudiga – gut getippt! Danke Marion – gut korrigiert. Daniel, nächstes Mal kommst du mit! Danke Tom und Sybille – ohne euch wären Steine für mich unveränderbar geblieben. Danke Ilka, Kai, Lars, Nicolina und Harald, die Finca in Nürnberg ist der Hammer! Danke Andrea, dass du Christian losgelassen hast. Danke Bert, dein Erste-Hilfe-Koffer war teuer, aber er hat geholfen. Danke allen Freunden, deren Wünsche in Erfüllung gingen: Ich bin gesund zurück! Und ich hatte Spaß. Danke Christian! (Welches Projekt machen wir als Nächstes?)

Danke, Danke, Danke

Von Christian:
Mein Herz schlägt für Andrea und Laurenz. Euch habe ich vermisst, ihr habt es ausgehalten, dass ich mir diese Zeit genommen habe, und ihr wart es, die mich wieder in die Arme nahmen, als ich wie ein vollbärtiger Waldschrat aus dem Flieger stolperte. Mein Dank ist grenzenlos. Walter war der Fels in der Brandung. Gott habe ihn selig. Malte, ein Hoch auf die Trennung von Wahrnehmung und Kommunikation! Mill Lake Lodge Crew, you are the best! Blue Streak Records, Peterborough – keep the vibe! Helga und Tom, seid gedrückt. Wolfgang, deine Festplatte!!! Daddy, danke, dass du dich der Strohwitwe angenommen hast. Und Küsschen gibt's für alle anderen (ihr wisst schon). Irmin, hast du die Kanuschlüssel?

Von Irmin und Christian
Danke an unsere Testleser. Eure Kritik war besonders hilfreich: Oliver Ramm, Dorothea Ladek, Sylvia Heinlein, Daniel Mach sowie Swea von Mende. Ein absoluter Dank geht auch an all die wackeren Cover-Krieger: Torge Stoffers, Sven Kröger, Thomas Kloppenburg und Andrea Pfaff. Und – jetzt wird's Englisch: Thanx to Wayne Eardley who took the great night-shot of the artwork in 2009. Ganz besonders wollen wir uns natürlich bei unserem Lektor Mathias Teiting bedanken. Ohne dich hätten wir zwar viel weniger Arbeit gehabt, aber dann hätten sich die „Loide" das Manuskript ja auch nur unter Schmerzen reinhebeln können, oder so ... *kicher*

Die Autoren – danach

„Waren das die besten Monate meines Lebens? Vielleicht. Jedenfalls war es einmalig und genau das darf es nicht bleiben.
Ich will da wieder hin!"

Irmin Burdekat, Juli 2010

„Noch einmal 100 Tage in die Natur? Ok.
Aber ohne Handy und so."

Christian Pfaff, Juli 2010

INHALT

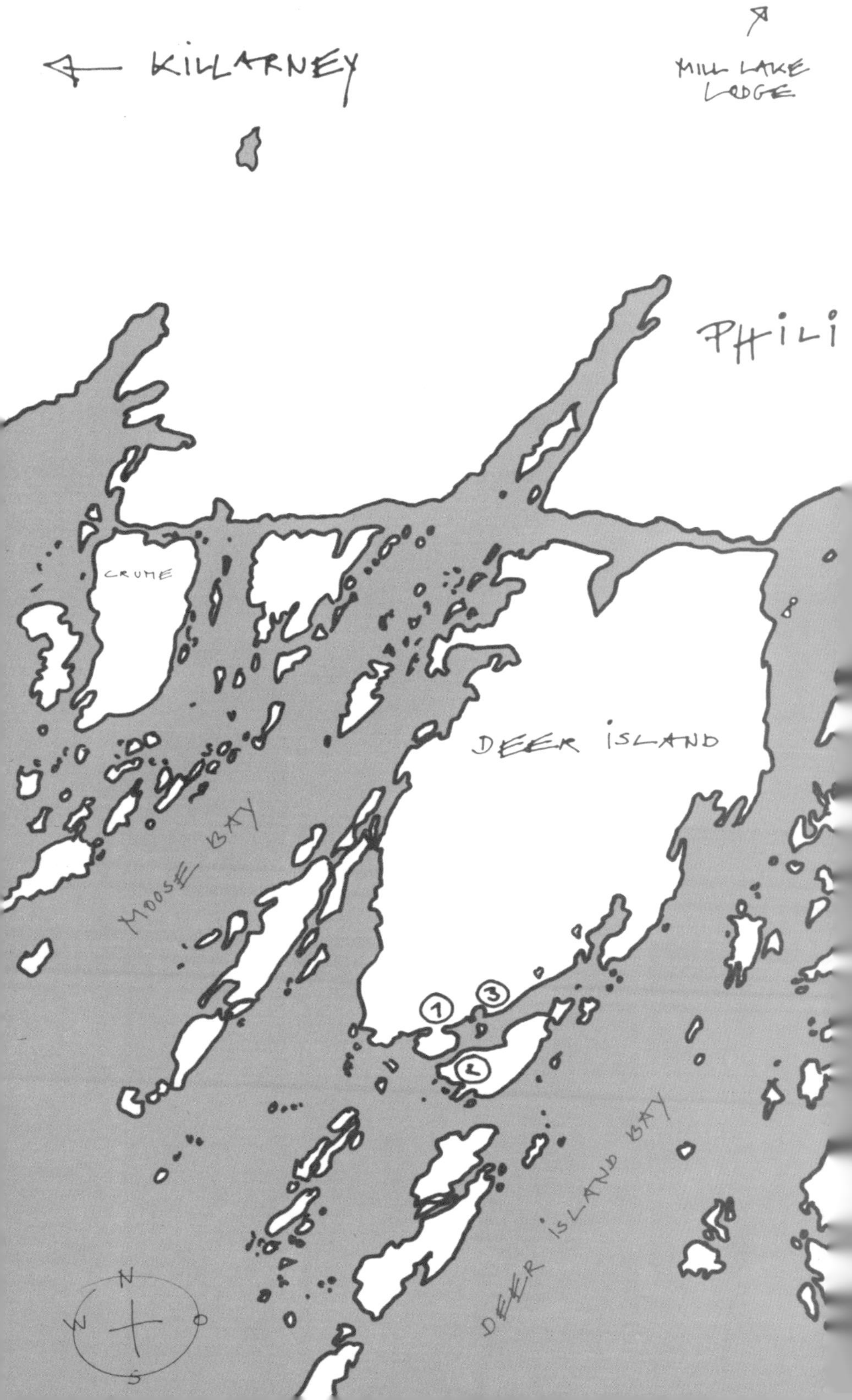

KILLARNEY
MILL LAKE
LODGE
PHILI
CRUME
DEER ISLAND
MOOSE BAY
1
2
3
DEER ISLAND BAY
N
W
O
S